国家自然科学基金项目（41671136、41230631） 资助出版

旅游地理论与实践探索丛书

旅游地社会—生态系统恢复力研究

王 群 陆 林 著

科学出版社

北 京

内 容 简 介

本书以人地关系为指向，以旅游地社会—生态系统为研究对象，在对其恢复力的概念、特征、要素、测度及评价等进行理论探讨的基础上，综合运用旅游地理学、生态学、社会学等相关理论与方法，以千岛湖为典型案例地，以旅游地社会—生态系统“适应性循环历程、外部干扰、客体恢复力（区域恢复力）历时测度、主体恢复力（社区恢复力认知）现状测度、可持续判定与适应性管理”为研究主线，由历史到现在，由外部到内部，由客观到主观，由理论到实践，层层深入，依次展开，从恢复力视角揭示旅游地社会—生态系统的发展轨迹及可持续状态。

本书既适合从事旅游、地理、生态等研究的人员阅读，也适合旅游行业经营及管理者阅读，可为其制定旅游决策提供参考。

图书在版编目（CIP）数据

旅游地社会—生态系统恢复力研究 / 王群，陆林著. —北京：科学出版社，2018.8

（旅游地理论与实践探索丛书）

ISBN 978-7-03-058389-5

Ⅰ. ①旅… Ⅱ. ①王… ②陆… Ⅲ. ①旅游地-生态管理-研究 Ⅳ. ①F590.3

中国版本图书馆 CIP 数据核字（2018）第 170959 号

责任编辑：许 健

责任印制：黄晓鸣 / 封面设计：殷 靓

科学出版社 出版

北京东黄城根北街 16 号

邮政编码：100717

http://www.sciencep.com

当纳利（上海）信息技术有限公司印刷

科学出版社发行 各地新华书店经销

*

2018 年 8 月第 一 版 开本：B5（720×1000）

2019 年 11 月第三次印刷 印张：14 1/4

字数：287 000

定价：90.00 元

（如有印装质量问题，我社负责调换）

序

1979 年 7 月 15 日，一代伟人邓小平同志徒步登上黄山之巅，语重心长地说："黄山是发展旅游的好地方""要有点雄心壮志，把黄山的牌子打出去。"由此开启了黄山乃至整个中国现代旅游业发展的历史大幕。近 40 年来，我国改革开放事业取得了举世瞩目的成就，旅游业也迅速发展，已经成为国民经济的综合性产业，全面融入国家战略体系。

中国旅游业的发展为旅游研究提供了千载难逢的机遇。安徽师范大学师生深受鼓舞，20 世纪 80 年代初，在卢村禾、韩也良先生的带领下开始了旅游学术研究，韩也良先生主持了我国第一项旅游研究的国家自然科学基金项目"黄山风景区开发理论的地学研究"。之后，安徽师范大学老师承担了多项旅游研究的国家科研项目，持续开展旅游学术研究，取得了一些研究成果，培育了一批旅游研究人才。

我既是这一过程的见证者、参与者，也是这一过程的受益者。我于 1985～1988 年师从安徽师范大学卢村禾先生，攻读硕士研究生，开始从事旅游研究；1992～1995 年，师从南京大学曾尊固先生，攻读博士学位，继续从事旅游研究；1995～1997 年，师从中国科学院地理科学与资源研究所郭来喜先生从事旅游研究的博士后工作。三位先生的教导，让我终身受益。

三十余年来，我一直从事旅游研究，获得了多项旅游研究的国家科研项目支持，培养了 100 多位旅游研究领域的博士和硕士研究生，他们中不少已经成为旅游研究领域的研究者。在研究过程中，我们取得了一点成果，成果较明显地指向了旅游研究核心领域之一的旅游地研究。随着我们研究的深入和拓展，具备了形成主题化、系统化研究成果的条件。相对集中的研究领域、研究兴趣和研究成果为出版《旅游地理论与实践探索丛书》提供了条件。

希望以《旅游地理论与实践探索丛书》的形式，集中、系统出版研究成果，能更好地向国内外同行学习、与国内外同行交流，更好地为旅游地研究服务。

《旅游地理论与实践探索丛书》是一个开放的学术平台，我们非常欢迎相关研究成果以学术丛书的形式出版，一起为旅游地研究做贡献。

许多人为《旅游地理论与实践探索丛书》的出版做出了贡献，今后，还会有人为此做出贡献，在此衷心地感谢所有贡献者。

限于作者的学识和水平，丛书中的不到之处，敬请专家和读者批评、指正！

陆　林

2017 年 6 月于安徽师范大学文津花园

前　言

习近平在“十九大”报告中指出，“建设生态文明是中华民族永续发展的千年大计。必须树立和践行绿水青山就是金山银山的理念，坚持节约资源和保护环境的基本国策，像对待生命一样对待生态环境”。当今经济的蓬勃发展在大大增加社会财富积累，提高人民生活水平的同时，也给生态资本带来了巨大的压力，自然资源的损耗不容忽视。可持续发展强调社会、经济、环境三大效益并存，然而实际发展中社会、经济发展水平的各项指标却在一定程度上掩盖了生态风险与危机。

恢复力是系统经受干扰并可维持其功能和控制的能力，是社会—生态系统概念性框架的核心理论。2002 年在瑞典召开的“可持续发展世界峰会”提出构建恢复力是全人类共同的责任，并建议将恢复力的观点作为补充内容加入《21 世纪议程》中。将恢复力思想和方法运用于社会—生态系统，是全球可持续发展研究的一个新视角。可持续旅游是全球可持续发展的重要内容，旅游地是重要的社会—生态系统类型，以社会—生态可持续为目标的旅游发展本质使恢复力成为考虑的中心要素，从恢复力视角研究旅游地复杂性、动态性及综合性，成为旅游可持续发展研究的重要途径。

本书共十一章，分为四大部分：

第一部分为绪论，即第一章。主要阐明本书研究背景与意义、研究主旨与思路、研究框架与逻辑体系等基本内容。

第二部分为理论篇，包括第二章至第四章。第二章系统梳理社会—生态系统恢复力的概念、属性及特征，归纳当前恢复力研究的几个经典理论。第三章由社会—生态系统到旅游地社会—生态系统，综述其恢复力的研究尺度与对象、驱动因素、测度与评价、适应性管理等。第四章基于前人研究，提出旅游地社会—生态系统的界定、特征、类型和要素，从理论上构建旅游地社会—生态系统恢复力的研究框架及测度评价体系等。

第三部分为实证篇，包括第五至十章。以千岛湖为案例地，第五章基于适应性循环理论，对千岛湖旅游地社会—生态系统的演化历程、适应性循环阶段及驱动机制进行了分析。第六章基于扰沌理论，运用耦合协调模型，对 1987～2012 年千岛湖与杭州市区的互动干扰进行历时性分析。第七章根据盆地模型和恢复力属性特征，运用集对分析，从客体（区域）角度构建包括社会、经济、生态多维度的恢复力具体指标体系，对千岛湖旅游地社会—生态系统的脆弱性、应对能力、恢复力进行历时性定量测度评价，探讨各子系统的相互作用及各要素对恢复力的影响机理，揭示恢复力要素的影响曲线规律及系统潜在风险。第八章运用通径分析，从主体（社区居民）恢复力认知角度，设计社会、经济、生态和治理四个维度问卷调研，测度社区居民对系统脆弱性、应对能力和恢复力的认知状况，揭示社区恢复力认知的驱动机制。第九章对第七章、第八章的主客观恢复力测度结果进行比较，判定千岛湖旅游可持续发展状态。第十章根据适应性共管理论和前文研究，运用问卷调研和深度访谈，探讨千岛湖旅游地适应性共管现状，提出千岛湖旅游地发展导向和适应性管理建议。

第四部分为结论篇，即第十一章。通过旅游地社会—生态系统的理论与实证研究，得出以下主要结论：①理论上，从脆弱性和应对能力相互作用的视角测度旅游地社会—生态系统恢复力，将恢复力分为区域客体测度和社区认知两大板块及社会、经济、生态与治理四个子系统，其结果不仅可以判断旅游地的总体恢复力，还可以更细致地揭示各个子系统的恢复力趋向。旅游地社会—生态系统运行轨迹可分为内生型、外生型和变异型三种，脆弱性不断下降和应对能力不断上升所带来的恢复力提高，方为理想的社会—生态系统运行轨迹和可持续发展状态。②实践上，区域恢复力测度结果显示，系统总脆弱性受生态子系统脆弱性的影响最大，总应对能力受经济子系统应对能力的影响最大，总恢复力受社会和经济子系统恢复力的影响较大。总应对能力对恢复力起着决定性作用，其中社会和经济子系统应对能力作用更加突出。旅游地社会—生态系统影响因子与恢复力之间大致呈现两种影响方式六种曲线类型。社区恢复力认知测度显示，社会压力、生态退化 2 个公因子作用最为显著。居民对社区脆弱性的认知较为强烈，旅游获利的多少使其认知具有明显的分化倾向。从主客体恢复力比较来看，客观的区域恢复力测度值处于相对较高的水平，而主观的恢复力认知测度值却处于中等偏下水平，客观的高恢复力没有被社区感知到，或者说社区并不满意这种客观的高恢复力发展状态。

本书特别强调三个研究层面：一是从脆弱性和应对能力相互作用的视角研究恢复力，揭示在旅游地总体恢复力不断提高的现象下，旅游地脆弱性也在不断增加，说明旅游地发展应注重物质资本积累，避免过于偏向社会能力的创造，因为每一项应对能力的出台都有可能对系统造成创造性毁灭，产生新的问题，新问题又诱发新应对能力，如此循环，可能会潜移默化地伤害系统本底资源，直至系统瘫痪。二是从社会、经济、生态及治理四个维度研究恢复力，探讨不同维度的脆弱性、应对能力及恢复力，揭示在社会、经济及总恢复力不断提高的趋势下所隐藏的生态风险，生态子系统的脆弱性及应对能力应得到更多的重视。同时也揭示在以旅游为主导驱动力的社会—生态系统中，应注意扶持相关产业发展，防止旅游单一经济系统过度支配而带来脆弱性的增加。三是从主客观两个层面测度旅游地社会—生态系统恢复力，揭示主客观测度结果的差异性，说明统计资料中各类数据的增长与人民群众满意度的增长尚具有一定的差距。人是社会—生态系统中的核心要素，主客观恢复力测度结果的一致性，是旅游地可持续发展取向的重要参考。

旅游地社会—生态系统恢复力研究在国内尚处起步阶段，本书仅是抛砖引玉，期待有更多的研究成果。由于作者研究水平限制、资料有限等，本书仍存在诸多不足，敬请各位专家和读者批评指正！

作　者

2018 年 1 月

目　　录

第一章　绪　　论

恢复力是可持续发展研究的一个新视角，社会—生态系统（social-ecological systems，SESs）恢复力在旅游领域中的研究，真正兴起于21世纪初，目前在国内尚处于起步阶段，但已得到学者的广泛关注。本章阐述本书研究的理论与实践背景、意义，并构建全书的内容体系。

第一节　研究背景

一、理论背景

（一）系统性研究的强召唤——旅游研究应纳入社会—生态系统

旅游地是旅游业发展的依托，也是一个相对比较完整的社会—生态系统（王群等，2014a）。旅游对目的地的影响来自旅游者、东道主社区和目的地景观相互作用的复杂过程（Farrell and Twining，2004；McMinn and Cater，1998）。这样的交互作用放在复杂的适应性社会—生态系统中能够被更好地理解，因为生态系统和社会之间存在强烈的相互作用（Holling and Gunderson，2002）。如果学者对于一些相互作用的变量，如政治、社会、文化、历史、生态和法律等，没有明确的认识，任何旅游研究揭示的都是一个不完整的或可能迷惑的画面（Farrell and Twining，2005）。虽然在相互联系的社会—生态系统中，从社会维度分析，我们发现其处理和适应变化的能力会明显变大。但这样的适应力也许是以生态系统适应力的变化为代价的，它会影响生态系统商品和服务质量，使整个生态系统产生分离或断裂点，最终导致混乱行为（Lacitignola et al.，2010）。科学家常检查社会和自然系统，而不是它们之间的链接（Folke et al.，1998）。而这种链接能够强化人类和自然相互作用的整体的、系统的概念（Holling and Gunderson，2002；Berkes and Folke，1994）。Holling 和 Gunderson（2002）指出社会—生态途径能够将生态、经济和社会问题结合起来。Farrell 和 Twining（2004）呼吁旅游研究应该再概念化，将旅游研究纳入社会—生态系统理论中。

（二）可持续发展的新视角——恢复力理论适用于旅游地社会—生态系统研究

2002年在瑞典召开的“可持续发展世界峰会”（World Summiton Sustainable Development）提出构建恢复力是全人类共同的责任，并建议将恢复力的观点作为补充内容加入《21世纪议程》中（Beisner and Haydon，2003）。以社会—生态系统为研究对象，从复杂系统动力学的视角研究系统对外界干扰的恢复力和适应力，是可持续发展研究的一个新视角。

可持续本身是一个很难测量和评估的概念，社会—生态系统理论认识到可持续是一个过程，而不是一个最终目标（Berkes et al.，2003）。社会—生态系统的复杂性、不确定性和动态性特征的共识为恢复力纲要打下了基础（Resilience Alliance，2007b；Allison and Hobbs，2006）。恢复力的建立可以真正被看成社会—生态系统更新的进步（Berkes and Folke，2000），因为恢复力是社会—生态系统总的功能，而不是其要素的稳定性（Adger，2000），是保持社会—生态系统要素间连接的相关能力，尽管它们也有可能转化，使系统被保护。因此，恢复力理论有助于解释复杂系统，特别是这个系统内生物多样性的重要性、自我组织的能力、记忆、系统的等级结构、反馈和非线性过程（Cumming et al.，2005）。它提供了一个战略分析焦点，即强调了所有系统功能的关键层面——变化中的连续性（Ruiz-Ballesteros，2011）。旅游开发是旅游地社会—生态系统的主要扰动因子，以社会—生态可持续为目标的旅游发展本质使恢复力成为考虑的中心要素（陈佳等，2015；Ruiz-Ballesteros，2011）。

然而，大量实践证明，旅游地系统通常呈现出以下特征：因果关系经常是非线性的和不清晰的；系统随着不同的发展阶段适应性移动；阈值随着变量和系统状态而不断变化；多维、相互作用的尺度是准则（Folke，2006；Gunderson，2000）。传统的线性方法很难解释这些问题，因此，学者开始尝试从系统论、非线性等与线性方法相结合的视角来研究旅游可持续问题。Ruiz-Ballesteros（2011）认为社会—生态系统恢复力的分析与可持续旅游发展特别相关，它是一个新工具，有利于与旅游创新性相关的规划和决策过程；社会—生态系统恢复力的范围作为旅游研究和评估的尺度，增加了更多旅游可持续分析的意义。迅速发展的思潮将旅游概念化为一个综合适应系统，包括多种相互作用的因素，与迅速出现的恢复力方法相一致（Lacitignola et al.，2007；Farrell and Twining，2005；Sirakaya et al.，2002；Russell and Faulkner，1999）。

二、实证背景

（一）都市圈统筹的大背景——千岛湖社会—生态系统的适应性发展

2008年9月，国务院下发了《关于进一步推进长江三角洲地区改革开放和经济社会发展的指导意见》，该意见中将旅游业发展作为都市圈建设与发展的重要内容，长江三角洲（长三角）将建设成世界一流水平的旅游目的地体系。2010年5月国务院正式批准实施的《长江三角洲地区区域规划》又提出形成“一核五城七带”的旅游业发展空间格局，建设杭州都市圈，建设杭州国际旅游休闲中心，建设以“杭州—千岛湖—黄山”为主的名山名水旅游带。都市圈的统筹建设对区内旅游地来说是一个巨大的外部扰沌，给区内旅游地发展带来了诸多新要素、新机遇、新挑战。

千岛湖旅游地隶属于杭州都市圈，对于这类都市圈边缘型旅游地，都市圈发展所带来的各类影响要素，如区域发展战略、快速交通、城市化、信息化、新消费方式、资源整合、营销整合等，对千岛湖社会—生态系统的内部运行产生了较为复杂的影响。千岛湖作为一个完整的复杂的适应性系统，面对杭州都市圈发展带来的大尺度、高等级扰沌，更多的是通过记忆积累和储存潜力进行更新。在适应性历史过程中，千岛湖社会—生态系统先后实现了“传统种植农业经济—林茶经济—旅游经济”的模式转变，有效地利用并适应了都市圈发展。然而，系统如何经历各种状态的转变与适应发展？其动力因素有哪些？这些问题都关系着系统的发展方向与前景，值得进一步研究。

（二）旅游地进程的向心性——千岛湖“以湖兴县，融入都市”的发展战略

《淳安县国民经济与社会发展第十一个五年规划纲要》中提出实施“以湖兴县，融入都市”的发展战略；“十二五”规划中又进一步明确强调要始终坚持、深入实施“以湖兴县，融入都市”的发展战略，依托千岛湖这一最为宝贵的战略资源，以国家实施长三角区域规划为契机，切实增强融入大都市、接轨长三角的自觉性、主动性，积极承接吸纳大都市的辐射和带动，进一步凸显千岛湖在大都市经济圈中的独特地位，加快打造都市特色功能区。这是“蝶变千岛湖”的又一个新起点和转折点，也是千岛湖旅游地社会—生态系统运行的正常向心趋向。但是在这种正常趋向的系统内部，各类要素如社会发展方式、旅游发展方式、居民生活方式、地价、主要产业、居民生计、资源与生态环境等是如何相互协调运行的？系统恢复力及影响机理如何？社区居民对恢复力的认知和驱动机制如何？其中的规律和特律都有待进一步探讨。

第二节 研究意义

恢复力既是一种思想，又是一种方法，将其运用于社会—生态系统，是可持续发展研究的一个新视角。可持续旅游是全球可持续发展的重要内容，旅游地是重要的社会—生态系统类型，也是一个相对比较完整的社会—生态系统，旅游研究迫切需要一个系统或社会—生态方法（Farrell and Twining，2004；Berkes and Folke，1994）。以千岛湖为案例地，从恢复力视角研究旅游地复杂性、动态性及综合性，成为旅游可持续发展研究的重要途径，具有重要的理论意义和实践价值。

一、理论意义

1）本书借鉴相邻学科理论，构建旅游地社会—生态系统研究体系，从恢复力视角研究旅游地社会—生态系统的可持续发展，并基于脆弱性、应对能力和恢复力三维视角，提出旅游地社会—生态系统的运行轨迹及可持续状态的判定，拓宽旅游地可持续发展的研究视野。

2）本书针对当前旅游地社会—生态系统恢复力的理论研究缺乏系统性和突破性，构建旅游地社会—生态系统区域恢复力和社区恢复力的测度研究框架，并深入探讨其影响机理和驱动机制，深化旅游地社会—生态系统恢复力测度的理论研究，丰富地理学的人地关系研究。

3）本书针对特定区域背景因素的干扰，对中尺度的旅游地社会—生态系统的社会、经济、生态及治理恢复力进行研究，弥补已有研究对中观层次及多要素、多维度研究不足的缺陷。

4）本书通过构建集对分析、因子分析、通径分析等系统化、多元化数理模型，并运用理论与实证、定性与定量相结合的分析方法，丰富旅游地社会—生态系统恢复力研究的方法论。

二、实践价值

1）千岛湖社会—生态系统历经几次重大转折性变化，目前属于典型的人工湖泊型旅游地，社会、生态和经济高度结合，系统非常敏感。在我国建设和谐社会与共筑“美丽中国”的宏观背景下，将这些理论运用于指导典型的旅游地社会—生态系统恢复力建设实践中，有助于从可操作层面促进旅游地建设。

2）通过对千岛湖旅游地社会—生态系统的演化过程、恢复力测度及驱动机制进行分析，判定其系统运行轨迹和可持续发展状况，提出合理可行的适应性管理策略，以解决和缓解旅游地社会—生态系统中的矛盾，促进旅游地可持续发展。

3）通过千岛湖旅游地社会—生态系统恢复力的实证研究，评价各子系统之间的关系和作用机理，以完整揭示系统现实状态，进而提供典型单元范式，为其他同类型旅游地社会—生态系统恢复力的建设提供参考。

第三节 内容体系

一、研究主旨

本书以人地关系为指向，将理论范式和典型案例探讨相结合，建立旅游地社会—生态系统恢复力研究的概念性框架，寻求典型旅游案例地社会—生态系统区域恢复力与社区恢复力的测度体系、影响机理与驱动机制，揭示旅游地社会—生态系统运行轨迹，判定旅游地可持续发展状况。

二、研究思路

基于以上研究主旨，本书通过对国内外旅游地社会—生态系统恢复力研究背景和研究进展进行分析，理论上探讨旅游地社会—生态系统及恢复力的概念、要素及特征等，构建旅游地社会—生态系统恢复力研究体系；实践上选择千岛湖为典型案例地，以"旅游地社会—生态系统适应性循环历程、外部扰沌、客体恢复力（区域恢复力）历时测度、主体恢复力（社区恢复力认知）现状测度、可持续判定与适应性管理"为研究主线，层层深入，依次展开。

在实证研究中，本书特别注重以相关理论为依据，将理论探讨始终贯穿于实证分析中，实现理论和实证的有机结合（表 1-1）。

表 1-1 理论与实证结合的分析思路

研究板块	理论运用	实证分析	结论
旅游地社会—生态系统适应性循环历程	适应性循环理论 扰沌理论	千岛湖旅游地社会—生态系统适应性发展过程	旅游地社会—生态系统适应性循环阶段划分与扰动要素
旅游地社会—生态系统外部干扰	扰沌理论 耦合协调理论	千岛湖与杭州都市圈的互动干扰	千岛湖与杭州都市圈的耦合协调阶段及影响因素
旅游地社会—生态系统区域恢复力测度	社会—生态系统理论 恢复力理论 脆弱性理论	千岛湖旅游地社会—生态系统恢复力指标体系构建、测度	千岛湖旅游地社会—生态系统脆弱性、应对能力、恢复力值及恢复力影响机理

续表

研究板块	理论运用	实证分析	结论
旅游地社会—生态系统社区恢复力认知测度	社会—生态系统理论 恢复力理论	千岛湖旅游地社会—生态系统社区恢复力认知指标体构建、测度	千岛湖旅游地社会—生态系统恢复力社区认知值及驱动机制
旅游地社会—生态系统可持续判定与适应性管理	社会—生态系统理论 适应管理理论	千岛湖旅游地社会—生态系统运行轨迹、适应共管要素、潜在风险	千岛湖旅游地社会—生态系统可持续判定与适应性管理建议

三、研究内容

根据以上研究主旨与思路，本书具体分为四部分内容展开论述。

第一部分（第一章）：绪论部分。介绍研究背景、研究意义、内容体系等，让读者了解全书的研究框架。

第二部分（第二章至第四章）：理论部分。

1）第二章，对社会—生态系统恢复力概念及特征进行梳理，详细总结与社会—生态系统恢复力研究相关的基础理论，并对相关概念进行辨析。

2）第三章，对社会—生态系统恢复力和旅游地社会—生态系统恢复力研究进展进行综述，提出有待进一步研究的问题。

3）第四章，明晰旅游地社会—生态系统界定、特征、类型、要素等，构建旅游地社会—生态系统研究框架、恢复力内涵与类型、恢复力测度及评价体系、可持续判定方法等。

第三部分（第五章至第十章）：实证部分。

1）第五章，以千岛湖为案例地，运用适应性循环理论，从社会、经济、生态子系统三个方面全面梳理千岛湖社会—生态系统历史演化过程，揭示系统特征与主导要素，并判定其适应性循环阶段及驱动机制等。

2）第六章，运用耦合协调模型，对杭州市区与千岛湖旅游地的互动发展历程、耦合协调度及干扰因子进行分析。

3）第七章，从客体（区域）角度，建立基于属性特征的恢复力测度框架，构建包括社会、经济、生态多维度的恢复力指标体系，运用集对分析方法，对 1987～2012 年的千岛湖旅游地社会—生态系统的脆弱性、应对能力、恢复力进行历时性定量测度评价，探讨各子系统的相互作用及各要素对恢复力的影响机理，揭示恢复力要素的影响曲线规律及系统潜在风险等。

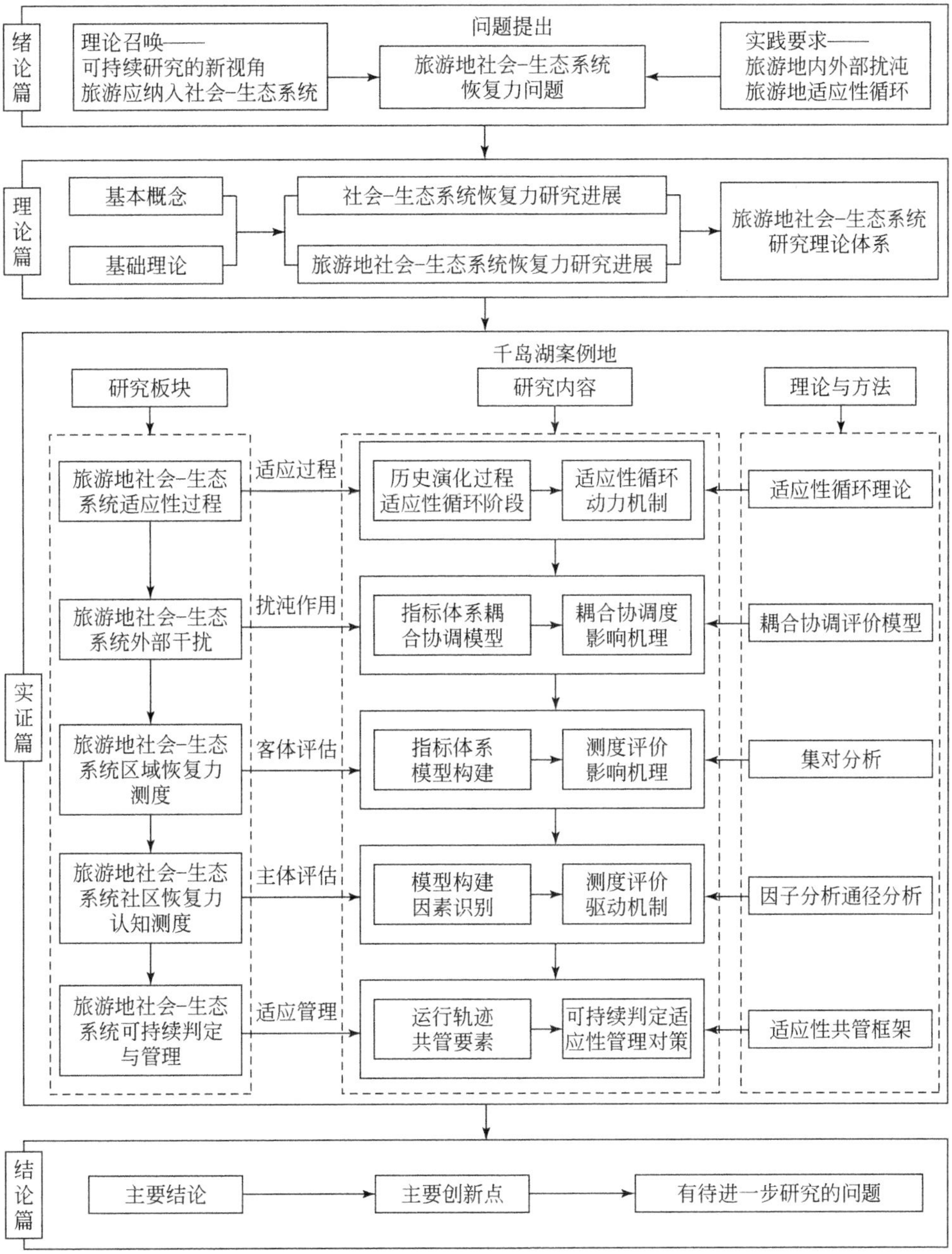

图 1-1　本书研究框架与逻辑体系

4）第八章，从主体（社区居民）认知角度，建立社区恢复力认知测度框架，从社会、经济、生态和治理四个维度设计问卷，并根据问卷调查结果，运用 SPSS 统计软件进行因子分析，运用 DPS 统计软件进行通径分析等，测度社区居民对系统脆弱性、应对能力和恢复力的认知状况，揭示各因子对恢复力的复合影响作用及社区恢复力认知的驱动机制。

5）第九章，根据第七章和第八章主客体恢复力的定量测度结果，以及第四章的理论研究，判定千岛湖旅游地社会—生态系统的运行轨迹、可持续发展状态及发展导向。

6）第十章，针对千岛湖旅游地社会—生态系统的恢复力状况，从管理与对策的角度，进一步运用适应性共管理论，对适应管理关键变量认知、潜在风险认知和管理意愿进行评价，提出千岛湖旅游地社会—生态系统适应性管理对策。

第四部分（第十一章）：结论部分。总结研究的主要成果，讨论研究中的一些问题，并对今后进一步的研究提出设想。

根据以上研究主旨、思路及内容，本书的主要研究章节及内容间的逻辑关系见图 1-1。

本章小结

1）旅游地是重要的社会—生态系统类型，旅游研究应纳入社会—生态系统理论中。恢复力应用于社会—生态系统，是全球可持续发展研究的一个新视角。因此，旅游地社会—生态系统恢复力研究成为旅游可持续发展研究的重要内容。

2）千岛湖经历了“传统种植农业经济—林茶经济—旅游经济”几次重大系统转变，是一个完整而且复杂的旅游地社会—生态系统。以千岛湖为案例地，具有较强的典型性和代表性。

3）本书综合旅游学、社会学、地理学、生态学等学科的相关理论与方法，深化旅游地社会—生态系统恢复力研究，拓宽了旅游地可持续发展研究的视野。同时，力求探讨典型单元研究范式，可为其他同类型旅游地社会—生态系统恢复力建设提供参考。

4）本书以人地关系为指向，理论与实践研究相结合，在探讨旅游地社会—生态系统恢复力的相关理论基础上，着重构建案例地恢复力区域测度和社区认知测度体系，进而判定可持续发展状态，提出适应性管理对策。

第二章　社会—生态系统恢复力的基本概念与基础理论

旅游地是一种重要的社会—生态系统类型，厘清社会—生态系统及恢复力的相关概念、理论是研究旅游地社会—生态系统的基础。本章对恢复力的概念进行详细梳理，提练出旅游地社会—生态系统恢复力研究所依赖的基础理论。此外，恢复力与传统的脆弱性、适应性循环、生命周期理论、可持续理论既有区别又有联系，概念和操作上常存在一些混淆和替代现象，因此本章对这些概念进行辨析。

第一节　社会—生态系统恢复力概念与特征

一、恢复力概念演变

恢复力思想提供了一种人类与不断适应的复杂的自然系统之间的一种理解方式（Walker and Salt，2006；Allison and Hobbs，2004）。恢复力（resilience）源自拉丁文“resilio”，即跳回的动作。韦氏字典将其解释为：物体受到压力，产生变形后恢复其原来面貌的能力；从灾难或变化中恢复或适应的能力（Merriam-Webstercs，2003）。在过去的四十余年里，恢复力概念被广泛运用于各个学科，心理学和生态学最为突出，政治学、行政学、社会学、历史学、灾害学、城市规划和国际发展等方面的运用也越来越广泛。然而，各个学科的应用都对其概念和理念进行了扩展和延伸，不同的运用产生了不同的方法或方法体系（孙晶等，2007）。

1973 年，生态学家 Holling 创造性地将恢复力概念引进生态学研究中，认为生态恢复力是系统通过改变控制系统行为的变量和过程来对其自身结构进行重新定义前所能吸收干扰的量级；生态恢复力是基于多稳态的，关注持续、变化和不可预测性；更关注远离均衡稳态（regime）的条件（Holling，1973）。Adger（2000，1997）调查了社会恢复力与生态恢复力两者的联系，将社会恢复力定义为人类社会承受外部对基础设施的打击或干扰（如环境变化、社会变革、经济或政治剧变）的能力及从中恢复的能力；社会恢复力可以用制度变革和经济结构、财产权、资源可获取性以及人口变化来衡量。20 世纪 70 年代，社会—生态系统理论研究在国外兴起，学者致力于研究复杂社会—生态系统的动态发展，恢复力的定义也逐步完善。国际著名学术性组织“恢复力联盟”（Resilience Alliance）运用适应性循环理论对社会—生态系统（social-ecological systems，SESs）动态机制进行了描述和分析（Brian et al., 2004），并提供了一个把恢复力观点运用到 SESs 的总草案。Gunderson 和 Holling 将恢复力正式引入社会—生态系统，并将其定义为系统经受干扰后，仍可维持其功能和控制的能力（Holling，2001）。Carpenter 等（2001）认为恢复力是指干扰的大小，也就是社会—生态系统由一种稳态进入到另一种稳态之前，系统可以承受干扰的大小。Walker 和 Salt（2006）又将恢复力定义为系统能够承受且可以保持其结构、功能、特征，并在本质上不发生改变的干扰大小。恢复力成为社会—生态系统概念性框架的核心理论（Brian et al., 2004）。

二、社区恢复力概念溯源

社区恢复力的思想从社会恢复力演化而来。Plodinec（2009）回顾了 1973～2009 年的 40 个恢复力定义，涉及物理、自然、社会经济和社区等，其中 23 个定义涉及社区恢复力。Frankenberger 等（2013）列举了 2000 年以来具有代表性的社区恢复力定义，并在此基础上按照时间顺序，对社区恢复力的概念进行系统归纳和总结（表 2-1）。

表 2-1　社区恢复力定义

序号	时间/年	第一作者	定义
1	1981	Timmerman	一个系统从一个危险事件的发生中吸收和恢复能力；反映一个社会应对和继续应付未来的能力
2	1991	Wildavsky	在风险变得明显时，应对未预料到的风险的能力
3	1996	Brown	对不幸或持续的生活压力的恢复或调整能力
4	1998	Sonn	通过中介结构（学校、团体、家庭）和活动设置调节压迫性系统影响的过程
5	1999	Comfort	推动现有的资源和技能适应新系统与运行要求的能力
6	1999	Mileti	在没有外力援助的情况下，承受极端事件，而没有遭受惨重损失、损害、生产力下降或生活质量下降的能力
7	2000	Center for Community Enterprise	通过有意的行动来提高个人和集体的应对能力，影响社会经济的变化
8	2001	Paton	通过能力反弹和使用物质与经济资源，有效地帮助社区从暴露的危险中恢复

续表

序号	时间/年	第一作者	定义
9	2001	Chenoweth	应对危机能力的方式，包括加强社区纽带、资源和应对能力
10	2001	Cadell	适应、应对不利环境的能力
11	2003	Bruneau	社会单位减轻灾害的能力，最大限度地减少由社会中断活动造成的影响
12	2003	Ganor	能力；社区处理持续、长期压力状态的能力，这种压力造成环境刺激和应对行为之间的差距
13	2003	Godschalk	一个物质系统和人类社区的可持续网络，能够处理极端事件；在极端压力下，必须能够生存和正常运转
14	2003	Kofinas	两种类型的社会适应能力：①社会系统促进人类努力推断变化趋势，减少脆弱性，促进适应的能力；②社会—生态系统维持经济活动的首选方式的能力
15	2003	Quinlan	恢复力包括三部分：①可以经受仍基本上保持相同的结构、功能、身份与在功能和结构中的反馈及系统变化程度；②一个系统具有自组织（和干扰后重新组织）的程度与能力；③自组织程度系统表现为学习和适应能力
16	2004	Ahmed	物质、社会政治、社会文化与心理资源的发展，促进居民安全和缓冲逆境
17	2004	Kimhi	个体意识到自己的社区能力，成功地处理政治暴力
18	2004	Coles	一个社区的能力、技能、知识，让它充分参与灾害恢复
19	2005	Doron	是创建与加强个人、家庭、社会、组织和经济系统，抵御及有效地应对压力、威胁、危机和突发事件的过程
20	2005	Allenby	面对内外部的变化和逐渐衰减时，系统必须维持其功能和结构的能力
21	2005	Gunderson	社会生态系统的恢复时间包括：①系统在新的动态环境中的更新能力；②人的学习和改变的能力（反过来，部分是通过知识共享、学习、管理而获得的，主要由制度和人与人之间的社会资本决定）
22	2005	Pfefferbaum	社区成员采取有意义的、深思熟虑的能力以及集体行动来补救问题产生的影响能力，能够理解环境，进行干预，并继续前进
23	2005	UN/ISDR	暴露于社会或社区危害中的系统适应能力，为了达到和保持一个可接受水平的功能及结构，系统可能抵抗，也可能改变
24	2006	Perrings	系统能够承受市场或环境的冲击而没有失去有效地分配资源的能力
25	2007	Liu	干扰后保持相似的结构和功能不断发展的能力
26	2007	Frankenberger	以集体的能力来应对逆境和改变，保持系统功能。一个有恢复力的社区可以响应的方式，包括加强社会联系、社区资源和社区应对能力等
27	2008	Cutter	一个社会系统响应灾难和恢复的能力，包括这些内在条件，即允许系统吸收影响和处理事件的能力，以及事后促进社会系统重组、适应变化、威胁响应的自适应过程
28	2008	Norris	受到干扰后，能通过一组适应能力，调节至正确轨迹和功能适应性的过程
29	2010	Walker	社区吸收变化，抓住机会，提高生活水平，并转变生计系统，同时维持自然资源基础的一般能力。它是由集体行动、解决问题、谈判协调、建立共识的反应能力等社区能力决定的

续表

序号	时间/年	第一作者	定义
30	2011	Pasteur	即社区能力。面对危害影响，社区抵抗、吸收、恢复和以及时有效的方式适应变化的能力
31	2011	DFID	即社区管理变化能力。在冲击或压力面前，社区通过维持或转变生活标准而不影响他们的长期发展前景的能力
32	2012	Arbon	当群体成员因工作而产生关联时，即使在压力下，他们也能够运行和维持关键系统，适应变化，自力更生，从经验中学习，提高自我
33	2012	Béné	抵抗能力，恢复和适应冲击或变化的影响能力
34	2012	USAID	面对人、家庭、社区、国家和系统采用减少长期脆弱性和促进包容性增长的方式，减缓、适应与从冲击和压力状态中恢复的能力
35	2013	UNDP	强化社区变革能力，社区预测、预防、恢复、适应和（或）转变来自冲击、压力及变化的能力

注：根据参考文献（Frankenberger et al.，2013；CARRI，2013）整理而来。

其中，Adger（2000）较早地提出了可接受的社会适应力的定义，即“由于社会、政治和环境等变化，而促使社区或群体产生的应对外部压力和干扰的能力”。Folke（2006）描述了社会适应能力作为人类系统学习管理变化的必要性，意味着“不确定性和惊喜是游戏的一部分”。美国联邦政府和学术机构——“社区和区域恢复力机构”（The Community And Regional Resilience Institute，CARRI）确定了社区恢复力的定义，认为社区恢复力是社区面对激烈变化，预测风险，限制不利影响，经历生存、适应、进化和增长等方式的快速反弹能力（Plodinec，2009）。进一步地，社区和区域恢复力机构（CARRI）确定了社区恢复力的5个核心概念（表2-2）。

表 2-2　社区恢复力的 5 个核心概念

核心概念	定义
属性或特征	恢复力是社区的一个属性
持续性	社区的恢复力是社区内在、动态的组成部分
适应性	社区能够适应逆境
轨迹性	相对于危机之后的社区状态，特别是在它的功能方面，适应力导致社区呈现一个积极的结果
可比性	鉴于社区积极适应逆境的能力，允许不同社区之间进行特征比较

注：根据参考文献（Plodinec，2009）整理而来。

从社区恢复力概念演化来看，社区恢复力既是结果，也是过程；既是预防（制定风险缓解策略，避免不良后果），也可能是恢复（创伤事件后推动恢复）。社区恢复力也提及较为脆弱的利益群体（即经济或政治方面的弱势群体）能否从干扰中恢复过来，而不降低任何其他以社区为基础的机构或个人的幸福感（Wilson，

2012）。较多学者视社区恢复力为社区经济生产力、环境健康和社会诉求之间的平衡力。恢复力是社区能够成功地应对基于经济、社会（政治/文化）和环境参数的内源性与外源性扰动的杠杆（Resilience Alliance，2009；Rotmans et al.，2002）。通过表2-1、表2-2的概念分析，社区恢复力具有以下特征：①系统从某种事件或冲击中恢复的能力；②面对可能发生的扰动学习、计划和沟通的能力；③面对危机时，自组织和自力更生的能力；④强大的社会关系作为响应的“核心引擎”（core engine）（Plodinec，2009）。

三、社会—生态系统恢复力属性与特征

（一）社会—生态系统属性与特征

Walker 和 Salt（2006）指出社会—生态系统具有三个属性：适应力（adaptability）、转化力（transformation）、恢复力（resilience）。

1）适应力：是指系统保持处于当前稳定状态的能力（Berkes et al.，2003），如抵制内外部变化而保持某一过程以提高恢复力的能力（Walker et al.，2009；Carpenter and Brock，2008）。已经有许多研究关注增强适应力的社会和生态因素（Elmqvist et al.，2003）。例如，牧场可以从一个开放的草原社区（附带有限的灌木丛）滑向没有草原的灌木丛系统，前者中，主要以放养绵羊为生计。这个社会—生态系统产生了草原生计，如果生态系统滑向灌木系统状态，则放养绵羊系统就不能维持生计。然而，如果社会—经济的转化能够使得山羊也是有价值的，则生计就在另一个生态状态下产生。在这个案例中，从社会系统向第二个吸引物盆地转化的能力提高了生计的恢复力。很显然，适应力的关键是阈值，即转化的阈值，必须知道关键阈值的位置，这些阈值使不同的吸引域或稳态分离（Carpenter，2003）。

当然，适应力需要处理干扰。恢复力为系统提供了一个适应的能力（Folke，2006）。通过它，系统可以更好地吸收或承受干扰，并获得缓冲效应（Adger，2000），当前全球不确定性可以为证。适应力由绝对的和相对的资本数量决定，即社会、财政、人类、自然、物理和技术等；此外，也由管理和机构系统决定（Walker and Salt，2006）。社会—生态系统内，适应和形成变化的机构与社会能力水平越低，其恢复力也越低，因为当面对干扰时，它们缺乏替代选择方案（Lacitignola et al.，2007）。因此，社会—生态系统适应力的核心是人，人的行为过程和结果都会影响社会—生态系统的恢复力，人对社会—生态系统的管理能力一定程度上也决定了系统能否朝着有利的状态发展。

2）转化力：指当系统不能维持当前生态、经济或社会结构时，向新系统跨越的能力（Walker and Meyers，2004）。具有恢复力的系统不一定是理想的系统，当

面临这样的情境时，适应力策略往往是消极面对，借助内外部条件进行改革，向新系统转化，往往成为最佳选择。

适应力和转化力的区别，也是恢复力概念高度关注的问题——尺度。如果只关注“牧羊生计”的社会系统界限，而不是“绵羊经济”，则把在不同经济安排间的移动能力定为原来社会动态的一部分，这时需要消除“转化力”的概念，而“适应力”可跨越多个盆地。因此，转化力的思想不仅在于系统自身的特征，还在于分析者的系统感知。

3）恢复力：指系统经历干扰却仍然保持原有功能、结构、反馈和身份的能力（Walker and Salt，2006）。学者常用“杯球”模型来描述恢复力概念，以及不同类型系统恢复力的区别（Gunderson，2000）。其中“杯”代表生态系统“引力域”，即稳态范围；“球”代表系统位置或状态；箭头代表系统所受的干扰。在时间尺度的内外部干扰下，系统往往会跨越阈值，移向新的引力域；当干扰力量不够强大时，“球”往往会滑到“杯”的边缘又滑下去。另外，引力域的范围及状态也是不断变化的，也体现了社会—生态系统多稳态、不确定的特征（图 2-1）。

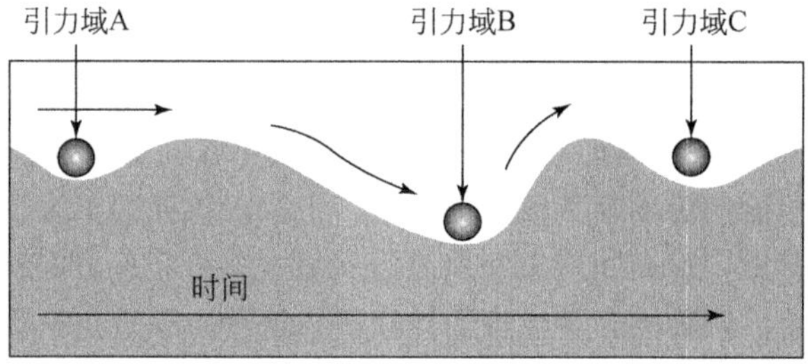

图 2-1 “杯球”模型

注：引自参考文献（Gunderson，2000）。

（二）恢复力属性与特征

恢复力研究关心的主要是系统进入其他状态空间或集合前承受扰动的大小。其属性包括三部分：①可以经受仍基本上保持相同的结构、功能、身份以及在功能和结构中的反馈及系统变化程度；②一个系统具有自组织（和干扰后重新组织）的程度和能力；③自组织程度系统表现为学习和适应能力（Holling and Gunderson，2002）。

Walker 和 Salt（2006）用盆地模型描述了恢复力的属性特征（图 2-2）。盆地理论模型包括三个主要的概念，即状态空间（state space）、吸引盆地（basin of attraction）和稳定性景观（stability landscapes）。状态空间是由系统的状态变量定义的。吸引盆地是系统的一个区域，在这个区域中系统维持着原稳态。在状态空间中运行的系统多处于吸引盆地中，系统所占据的各种盆地以及盆地间的分界线称作稳定性景观。

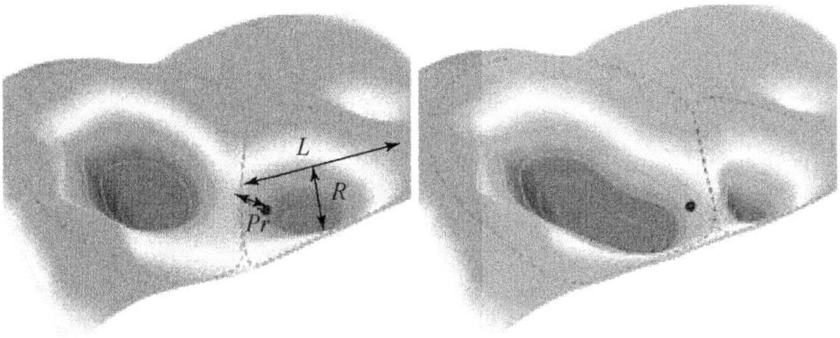

图 2-2　盆地模型

注：引自参考文献（Walker and Salt，2006）。

稳定性景观中，恢复力构成元素可分为四个方面：范围（latitude，*L*）——系统可改变的最大程度（以不丧失恢复能力为前提）；抗性（resistance，*R*）——系统状态改变的难易程度；不稳定性（precariousness，*Pr*）——系统距阈值的距离；扰沌（panarchy，*P*）——局部尺度上系统的恢复力受其他不同尺度上系统的干扰程度。管理者的目标就是使系统维持于所需的盆地中，防止系统进入不需要的盆地，而一旦发生将很难回复（Berkes and Seixas，2005；Gunderson，2000）。

此外，马世骏（1984）分析了社会—经济—自然复合系统的生态特征，指出复合生态系统的研究是一个多目标决策过程，应从自然系统合理性、经济系统利润、社会系统效益三个方面衡量复合系统。王俊等（2009a）认为，作为人类与自然界耦合的社会—生态系统是一种动态等级结构，需要以多尺度的视角进行分析，系统所受到的干扰在恢复力研究中至关重要。

第二节　社会—生态系统恢复力基础理论

一、社会—生态系统理论

Holland 提出了比较完整的复杂适应系统理论，复杂适应系统理论对社会—生态系统研究具有理论指导意义。Walker 和 Salt（2006）认为，社会—生态系统既不是人类镶嵌于生态系统中，也不是生态系统镶嵌于人类系统中，而是不同的事物在一起。从不同的知识层面来看，这个观点是强调有机体和环境之间的相互交织与重叠（Ruiz-Ballesteros，2011）。Cumming 等（2005）提出了恢复力测量的探索性框架，构建了社会—生态系统示意图（图 2-3），指出社会—生态系统是人（社会系统）与自然（生态系统）紧密联系的复杂适应系统，受内外部因素的干扰和驱动。Beisner 等（2003）和 Walker 等（2004）指出社会—生态系统具有不可预期、自组织、非线性、多稳态、阈值效应、历史依赖和多种可能结果等特征。

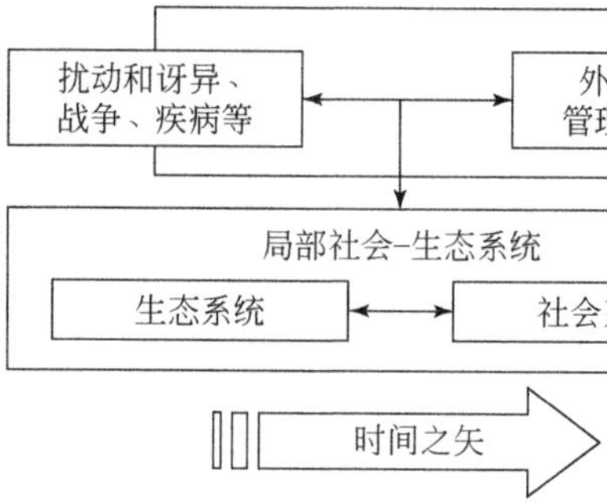

图 2-3　社会-生态系统示意图

注：引自参考文献（Cumming et al.，2005）。

社会—生态系统不同于一般系统的稳定性研究，该理论更关注系统在变化中所特有的持续性。永恒的变化、稳定性的保证和面对意外转化而保留的能力，这些对于理解地球上的整个生命系统，从个人到集体，从单细胞到整体结构，是相互矛盾的原则。以可持续为目标，成功管理这种变化过程的关键在于恢复力，它会阻止其在周围发展中的崩溃。这并不意味着对内生变化的抵制或总体稳定，变化的同时也有所保留，这就是定义现实的矛盾形容法。这个观点为各地可持续发展提供了不同道路。根据 Holling（2001）的报道，“可持续”是指创造适应性竞争的能力，“发展”是指创造机会的过程，“可持续发展”是在创造机会的同时，促进适应性竞争的过程。因此，当允许“没有终止的变化”时，它是一个矛盾的过程，但又深深扎根于社会—生态系统功能中，以恢复力为依据（Ruiz-Ballesteros，2011）。社会—生态途径能够将生态、经济和社会问题结合起来，社会—生态恢复力作为一个理论框架，为研究社会—生态可持续性提供一个新颖的途径，证明可持续发展只有在具有充足恢复力的社会—生态系统里才能被取得。因此，恢复力提供了一个可持续发展的指标，被理解为社会—生态系统具有美好未来的可能性（Folke et al.，2002）。恢复力的建立可以真正看成社会—生态系统更新的进步（Folke et al.，1998）。

二、适应性循环理论

Holling 的模型包括保护和释放两个阶段，它是由著名国际性学术组织恢复力联盟提出的，作为理解复杂性系统的基础单元实施生态系统连续性的传统理论（Holling and Gunderson，2002）。在 Holling 的适应性循环中，因为联系的不断增长、恢复力的减小和由此导致的脆弱性的增加，系统能从保护阶段进展到释放阶段。适应性循环包含三个属性：潜力（potential）、连通度（connectedness）、恢复力（resilience）。潜力指系统未来可供选择的范畴；连通度表示系统控制自身状态的程度，反映内部相互依赖的力量，可以调解和规制系统内部过程与外部世界之间的影响，本质上也就是系统面对外部变化的内在控制力；恢复力，即系统的适应力，是系统对意外干扰脆弱性的量度，当然其量度也与系统的抗性有着密切关联。

适应性循环的三个属性在解释生态系统、人类社会应对危机时的各种反应中，已得到较多应用（Gunderson et al.，1995）。以 Holling 为首的恢复力联盟运用适应性循环理论对社会—生态系统的动态机制进行描述和分析，提出社会—生态系统将依次经过开发（r）、保护（K）、释放（Ω）和更新（α）四个阶段，构成一个适应性循环（Holling and Gunderson，2002；Beisner and Haydon，2003；Walker et al.，2002），如图 2-4 所示。Tsao 和 Ni（2016）将时间轴线的适应周期模型与脆弱性和恢复力理论相结合，进行分析，以更符合逻辑的思考方式，重新解释了四个阶段在脆弱性和恢复力之间的波动与整体性（图 2-5）。

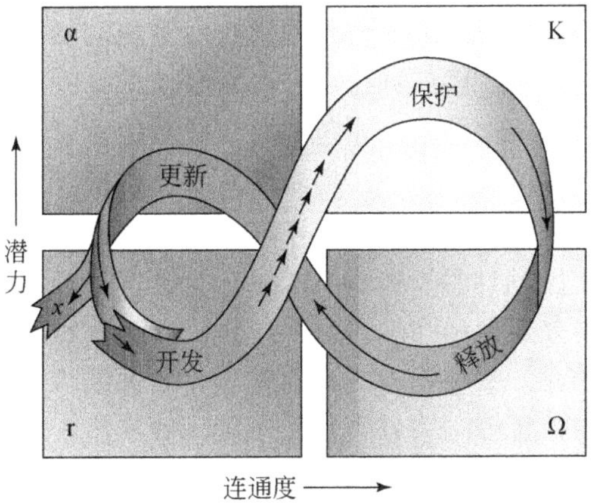

图 2-4 Holling 适应性循环圈

注：引自参考文献（Holling and Gunderson，2002）。

r 和 K 阶段属于前向循环，系统处于初期增长阶段，发展相对较慢，暴露性和敏感性都较小，脆弱性影响较小，同时由于系统增长的变化，系统稳定性较低，恢复力也比较有限。然而，当越来越多的资源注入不断膨胀的系统时，社会和经济资本逐渐积累，系统在开发后期，脆弱性与发展同步增长，系统恢复力也同时增强。在保护阶段，资源快速积累，系统快速膨胀，系统连接性和结构变得

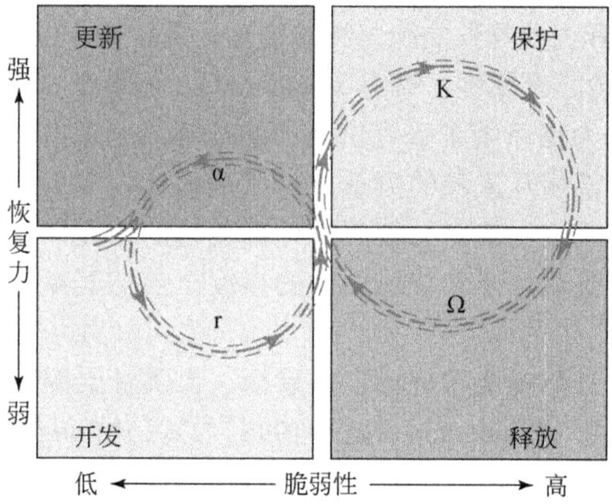

图 2-5　Tsao 适应性循环圈

注：引自参考文献（Tsao and Ni，2016）。

更加复杂。在脆弱性和恢复力同时增长的情况下，系统网络达到一个暂时的动态平衡，系统能够取得保护与稳定发展。对旅游而言，旅游地往往因为新的吸引物而被开发，进而又产生新的公共行政管理机构、基础设施、服务设施等，一方面满足旅游业发展的需要，另一方面也起着保护旅游地的作用。但在这一阶段，也随之产生当前的系统问题，诸如环境恶化、社会矛盾、经济不稳定等。这些问题可能仍是隐性的，不易察觉的。当系统在开发过程中意识到这些问题后，往往转入保护阶段，注重开发与保护并举，提高旅游发展质量（Tsao and Ni，2016；余中元等，2014；Emma，2010；王俊等，2008；Walker et al.，2004）。

Ω阶段和α阶段属于后向循环，由于系统僵硬地、格式化地增长，系统应对意外事件时会逐渐失去活力和弹性。当系统再次面对危机和干扰时，增长的脆弱性会击毁系统的恢复力，原来紧密的、有控制力的系统将开始松散，积累的资本在受到冲击后也会逐渐减少。恢复力继续下降，最后进入第四阶段。由于无终止地下降，最后会促使系统重构。如果系统保持它多样的特征，恢复力也许会增长，创新机会也会表现出来，即创新性破坏。其一方面会抵消脆弱性的影响；另一方面也许会转移到一个新的特征，回到开发阶段。但是适应性循环是一个开放的系统，它没有必要在经历干扰后一定回归到原来的状态，系统也许由于过低的恢复力会进入另一个循环发展圈。尤其对旅游地而言，旅游快速扩张导致移民增加，外来物种增加，保护机构、使用者群体、当地管理机构等冲突不断增长。系统要将承受的压力与积累的成果释放出来，并有可能进入新阶段的更新中，或者为新阶段的产生奠定基础。但受外界因素影响，变化可能具有突发性、意外性。无论是突发性还是顺其自然，其结果有可能是向更高一级的阶段更新，也有可能是崩溃（Tsao and Ni，2016；王俊等，2008；Brian et al.，2004；Walker et al.，2004；

Holling and Gunderson，2002）。适应性循环各阶段的时间分配不一定是均等的。且由于受多种要素干扰，系统并不一定总是沿着四个阶段发展的，也有可能会出现贫穷陷阱、僵化陷阱、锁定陷阱及未知陷阱四种病态。

三、扰沌理论

扰沌提供了系统跨尺度的联结模式，体现复杂适应性系统的进化本质，是嵌套在适应性循环中的（Walker et al.，2004）。Holling 在层次结构的基础上提出了扰沌（phanarchy）这个概念。系统内不同尺度、不同等级的循环通过记忆（remember）或反抗（revolt）的相互作用形成一种扰沌现象。反抗会在一个循环中引发关键性的变化，使系统运行到一个更大、更缓慢的循环阶段；而记忆会通过在较大尺度、较缓慢循环中积累和储存潜力，进行更新，见图 2-6（Ostrom，1992）。扰沌模型既对新系统、新要素进行创造，又对原有系统进行保留，恰恰体现了恢复力"关注变化中的连续性"这一特性，具有普适性，已成为构建恢复力不可或缺的重要理论基础（王琦妍，2011；孙晶等，2007）。

旅游地发展过程中，各种自然界或人类社会的干扰可能会引起适应性循环的重复或改变，从而导致旅游地社会—生态系统原有结构、功能等丧失或改变，进而促使系统向更大尺度循环，这就是"扰沌"。旅游地社会-生态系统通过"反抗"发生一定的变化，包括旅游景观、应灾机制、管理水平的改变等，这些改变都是源于上个循环中留下的"记忆"财富。因此，旅游地社会—生态系统中的外界扰动既可能来自大自然，也可能来自人类相关活动（陈娅玲，2013）。

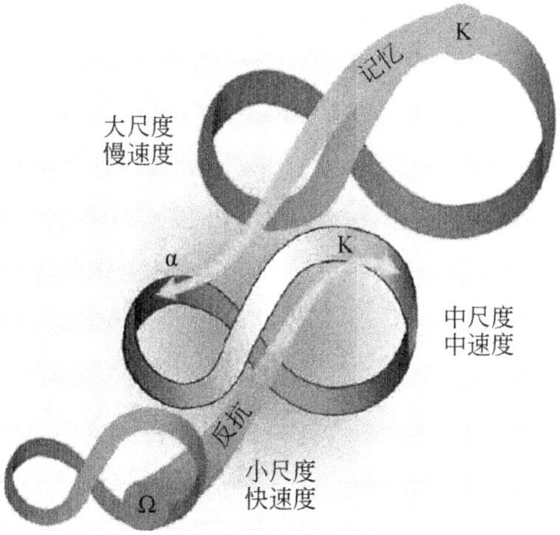

图 2-6　扰沌模型

注：引自参考文献（Ostrom，1992）。

四、社会—经济—自然复合生态系统理论

国内学者对相关理论基础的研究相对较少。但人们已逐渐认识到自然界与人类社会是不可分离、相互依存的，应建立理论框架将两者有机联系起来，进行系统研究。马世骏在 1984 年就提出了社会—经济—自然复合生态系统，指出社会、经济和自然是三个不同性质的系统，但其各自的系统结构、功能都会制约其他系统的生存和发展，进而又影响自己，因此必须把它们当成一个复合系统来考虑，称其为社会—经济—自然复合生态系统（马世骏，1984）。谭跃进和邓宏钟（2001）在 Holland 的研究基础上，概括了复杂适应系统（complex adaptive system，CAS）的基本思想，指出 CAS 的复杂性起源于其中的个体适应性。此外，赵景柱等（1999）、符淙斌等（2003）、叶笃正等（2004）提出的“社会—经济—自然复合生态系统”和“有序人类适应”等学术思想都强调自然生态系统与人类社会经济系统应进行整合，人类作为管理者应该纳入整个系统中加以研究。因此，社会—经济—自然复合生态系统与社会—生态系统思想是一致的。

第三节　相关概念辨析

一、与脆弱性的联系

Folke 等（2002）指出脆弱性是恢复力的反面：当一个社会或生态系统失去恢复力时，它将易于变化；在一个富有恢复力的系统内，变化具有创造发展、新奇和创新机会的潜力；而在一个脆弱性系统内，一个很小的变化也许就会导致灾难性的后果。而恢复力的核心思想就是一个社会—生态系统在以不约束或削弱未来机会的方式下，能够建立或提高学习、适应和响应的程度（Ruiz-Ballesteros，2011）。当一个旅游地变得很脆弱时，其恢复力是低的。旅游地的环境脆弱性能看作资源价值应对人类或自然压力所产生的环境变化时的敏感性程度。恢复力决定了一个系统经受那些可能超过控制的意外的干扰和惊奇的脆弱性。当超过控制时，系统能重新自组织，或滑向另一个稳态（Petrosillo et al.，2006）。因此，允许从社会—生态系统的脆弱性方面评估一个旅游地的恢复力（Petrosillo et al.，2005；Nilsson and Grelsson，1995）。

但是，恢复力与脆弱性关系的认识尚存在一定争议。Buckle 等（2000）认为恢复力和脆弱性在不同的社会层面与时空尺度中交叉，它们的关系就如同一个双螺旋结构，既不能简单地视为硬币的正反两面，也不能归纳为一个连续体的两个

端点，两者之间直接且紧密地联系，不可分离。恢复力和脆弱性可以呈正相关性，也可以呈负相关性，两者关系并不确定（孙晶等，2007）。

二、与适应性循环的联系

恢复力是适应性循环的三个属性（潜力、连通度、恢复力）之一，通过恢复力定性或定量评估，可以判别旅游地社会—生态系统在适应性循环中所处的阶段（Petrosillo et al.，2006）。旅游系统在适应性循环中的位置与其稳定性相关，从而与当前发生影响的持久性相关，因此系统在适应性循环的每个阶段的时间并不是均等的。简单的旅游生态脆弱性模型与适应性循环模型是一致的（Holling and Gunderson，2002）。Petrosillo 等（2006）通过脆弱性模型评估，确定了案例地社会—生态系统在 Holling 的适应性循环模型中的空间明确分布，便于理解旅游地的动态性。恢复力评估也赞成旅游系统在适应性循环中的位置（Strickland- Munro et al.，2010）。Bramwell 和 Lane（2009）基于旅游的适应性循环，讨论了经济衰退所体现的旅游历史模式的繁荣与萧条。Emma 和 Janet（2009）的研究表明，尽管斯里兰卡和泰国旅游目的地处于恢复力循环圈中的不同阶段，但它们都例证了恢复力循环圈的存在。Gallaher（2010）从社会—生态恢复力视角研究生态旅游，指出研究得出的不同水平恢复力的生态旅游特征，可以用适应性循环圈来表示。

三、与生命周期理论的联系

适应性循环阶段和循环性质与巴特勒旅游地生命周期模型是相似的，尤其是生命周期理论的早期和衰退阶段与适应性循环是相关的。旅游地社会—生态系统也可以通过巴特勒的旅游地生命周期理论来描述，但这个模型主要侧重于经济方面，是以产品生命周期为基础的，而且没有考虑衰退阶段之后再组织的可能性（Petrosillo et al.，2006）。而适应性循环圈中，不仅增加了释放和更新两个阶段，而且注重通过三个属性来描述循环各阶段在空间上的分配，给予了更明确的细节，便于理解在释放阶段后将发生什么，进而构成了一个复杂性系统的基本单元。同时，它使用连通度和恢复力代替游客人数，有助于解释旅游地的生命周期。

四、与可持续的联系

“可持续”是指创造适应性竞争的能力，“发展”是指创造机会的过程；“可持续发展”是在创造机会的同时，促进适应性竞争的过程（Holling，2001）。因此，它是一个矛盾的过程，当允许“没有终止的变化”时，它又深深扎根于社会—生态系统功能中，以恢复力为依据。可持续发展只有在具有连续恢复力的社会—生态系统中才是可能实现的。可持续本身是一个很难测量和评估的概念。社会—生态系统理论认识到可持续是一个过程，而不是一个最终目标，并将恢复力作为一个关键属性（Gallaher，2010）。因此，恢复力提供一个可持续发展的指标，被理解为社会—生态系统具有美好未来的可能性（Folke et al.，2002）。

同时也应看到，虽然恢复力为可持续发展的研究提供了新的视角，但它与可持续发展又有所不同。恢复力所维持的状态可好可坏，例如，尽管某地存在水域污染或独裁政治等，但仍可能具有很高恢复力。可持续发展关注的是有利于人类发展、社会进步、自然和谐的目标。恢复力的研究有利于判别社会—生态系统的轨迹，进而促使系统朝着有利方向发展，或使社会—生态系统在可持续发展的吸引盆地中稳定运行（汪兴玉，2008；Carpenter et al.，2001）。

本章小结

1）20 世纪 70 年代，社会—生态系统理论研究兴起，恢复力的定义逐步完善。Gunderson 和 Holling 将恢复力引入社会—生态系统，并将其定义为系统经受干扰后，仍可维持其功能和控制的能力。恢复力成为社会—生态系统概念性框架的核心理论。

2）依据盆地模型，一个稳定性景观中，恢复力构成元素可分为范围、抗性、不稳定性和扰沌 4 个方面，管理者的目标就是使系统维持于所需的盆地中。

3）社会—生态系统恢复力研究的基础理论包括社会—生态系统理论、适应性循环理论、扰沌理论和社会—经济—自然复合生态系统理论等。

4）恢复力与脆弱性既可呈正相关性，也可呈负相关性；通过恢复力定性或定量评估，可以判别旅游社会—生态系统在适应性循环中所处的阶段；而适应性循环注重通过连通度、潜力和恢复力三个属性来描述循环各阶段在空间上的分配，相比于生命周期理论，便于理解在释放阶段后将发生什么，进而构成一个复杂系统的基本单元；恢复力提供一个可持续发展指标，有助于判别社会—生态系统的运行轨迹。

第三章　国内外相关研究进展

国外学者在社会—生态系统恢复力和旅游地社会—生态系统恢复力研究方面已取得了较多的成果，国内学者也进行了诸多有益的探索。本章从研究区域与对象、影响因素、恢复力测度、适应性管理等多方面对社会—生态系统及旅游地社会—生态系统恢复力研究进行详细梳理，并就旅游地社会—生态系统的理论体系、测度体系、管理体系等方面提出有待进一步深入研究的问题。

第一节　社会—生态系统恢复力研究进展

一、研究区域与尺度

国外研究涉及海岸带、湖泊、山地、峡谷、农业区等多种地域单元。例如，Adger 等（2005）、Klein 等（1998）对海岸带社会—生态系统进行研究，Berkes 和 Seixas（2005）对潟湖社会—生态系统恢复力进行研究，Milestad 和 Hadatsch（2003）对奥地利阿尔卑斯山峡谷地区的社会—生态系统进行研究，Allison 和 Hobbs（2004）运用适应性循环理论对澳大利亚西北农业区的恢复力和适应力进行研究。此外，国外学者对一些重要现象研究得也较多，如 Bengtsson（2002）对生物多样性的研究，Adam（2004）对地震恢复力的研究。研究尺度上，大中小尺度均有涉及。

国内有关社会—生态系统研究的区域主要集中在干旱、半干旱区域，尤其是以杨新军为首的一批学者取得的成果较多。尺度也以县域级别的中尺度为主。

二、社会—生态系统恢复力影响因素

在一个系统里直接或间接引起变化的那些因素，对于恢复力的评估是非常关键的（Walker and Salt，2006）。社会—生态系统和恢复力的影响因素非常复杂，每一个案例地都可能是一个特例。国外学者针对不同的案例地进行了有针对性的探讨。Adger 等（2005）在研究海岸带社会—生态系统应灾机制时提出，谋生手

段的多样性、社会具备的知识、地方应急机构等都可以提高系统恢复力。Berkes等（2005）提出了恢复力的4个影响因素：①学习、变化和不确定性共存的能力；②更新培育多样性的能力；③整合不同类别知识的能力；④自组织创造机会的能力。Bengtsson（2002）认为生物多样性是生态系统恢复力的重要构成因素。Adam（2004）将恢复力定义为灾后的条件和响应，对提高灾后恢复力非常重要。Milestad和Hadatsch（2003）指出有机农业的产业方式增强了峡谷地区的恢复力。Alejandro等（2008）以西班牙两个自然保护区为例，研究得出社会经济变化和土地利用多样性损失大大降低了社会—生态系统的恢复力。同时，Alejandro等（2010）发现与乡村遗弃相关的景观空间组合的变化、区域的变异，这些都引起了社会—生态系统要素间的紧张；以维护历史景观（以可接受的生物、空间多样性和丰富性为特征）为目标，这个系统的恢复力和持续性在适应性管理的某种模式与当地人积极的决策参与下将更加切实可行。

国内学者对不同情境下恢复力的影响因素也进行了一定的研究。王俊等（2010）认为在干旱扰动情境下，社会—生态系统的经济状况是决定其恢复力的关键因素；而在干旱扰动增大时，系统内人口总量、知识程度将成为影响系统恢复力的关键因子。此外，王俊等（2009b）总结了影响研究区社会—生态系统未来发展的几种驱动力，主要包括干旱、政府决策、劳动力数量、劳动力素质、农业技术应用和外部环境。于翠松（2007）指出，影响山西省水资源恢复力的主要因素是降水量、水库调蓄能力以及地区经济。

三、社会—生态系统恢复力阈值与测度

国外学者对社会—生态系统恢复力的阈值及测度进行了广泛探讨，尤其是对阈值的重要性进行了重要阐述。恢复力联盟指出，阈值是指一些关键水平，一旦达到阈值，会导致系统行为的变化（Resilience Alliance，2007a）。Johnston和Sutinen（1996）也指出，恢复力与系统坍塌和转向另一个不同状态的干扰阈值相关，驱动力能使系统更接近阈值（王群等，2014a；Walker and Meyers，2004）。Strickland-Munro等（2010）指出，通过构建系统未来情景，有可能探测到各种非回归点或系统阈值。在恢复力评估中，Walker等（2009）鉴别出Goulburn-Broken系统可能的、很可能的和值得怀疑的阈值，共10种。然而，到目前为止，在更广泛的恢复力领域系统阈值的发现是具有挑战性的，在实践和研究中都没有被发现的阈值实例（Walker and Meyers，2004）。这也许是令人沮丧的，但如果在一切可能的情况下，一旦阈值达到了，系统就已经在危机点了，那么使系统回归到以前状态的管理会制造出更多的问题（Rogers，2003）。因此，恢复力联盟指出，发现使系统移向阈值的因素也许比精确地定义阈值本身更为关键（Resilience Alliance，

2007a)。这些脆弱信号或潜在关心的阈值，可能受到更大的关注。概念性思考和经验证据能提示阈值被跨过之后严重否定结果的可能性（Lyytimaki and Hilden，2007)。相关事实证明，跨过阈值的社会—生态系统会引起生物多样性的损失、生态系统服务的退化、社会—文化个性/传统的损失或经济基础的变化(Petrosillo et al.，2006)。跨过阈值后物种灭绝是不可逆的（Lyytimaki and Hilden，2007)。

前已述及，社会—生态系统是多稳态的，任何外部干扰都有可能致使系统状态发生突变，进入不理想状态中。因此，Scheffer 等（2001）指出，对系统恢复力的测度是进一步探讨恢复力、研究系统稳定性的重要环节之一。但由于社会—生态系统每个稳态的阈值可能是不同的，从阈值角度直接测定恢复力是非常困难的。Carpenter 等（2005）指出，虽然无法直接观测恢复力的主要构成因素，但可以间接推断。广泛使用的替代物测定法就是间接推断方法之一，其是在系统中找出与恢复力相关且可以定量测定的属性，从中选取关键因素作为替代物(surrogate)，将复杂的恢复力测量变成单因素测量，但替代物应当具有前瞻性(Carpenter et al.，2005；Folke et al.，2002)。该方法在实践中已得到广泛运用，例如，Bennett 等（2005）建立了社会—生态系统恢复力替代物选择模型；Zurlini 等（1999）提出脆弱性评估模型；Petrosillo 等（2005）在其基础上提出压力和脆弱性评估模型，并提供了相关可操作性指标等。

国内对社会—生态系统恢复力的定量测度也进行了较多的尝试。王俊等(2010）在 Zurlini 概念性脆弱模型的基础上，以甘肃省榆中县为例，从社会、经济和生态三个角度选择水分敏感因子，构建社会—生态系统指标体系，建立了恢复力测定的定量模型。战金艳等（2012）建立了森林生态系统恢复力评价指标体系，采用组合赋权法确定了指标权重，通过空间叠加计算了江西省莲花县森林生态系统恢复力。于翠松（2007）建立了水资源系统恢复力定量评价的指标体系，采用均方差法计算各指标权重，运用综合评价方法计算并评价各地水资源系统的恢复度。王俊等（2009a）选取社会—生态系统运行的驱动因子——干扰作为研究对象，运用植被覆盖指数（NDVI）作为干扰反馈变量，采用移动窗口运算法，提出社会—生态系统多尺度干扰的一种计算方法。高江波等（2008）基于地理信息系统（GIS)、均方差决策法和突变级数法，选择物种多样性、群落覆盖度以及群落生物量作为指标，对青藏铁路穿越区生态系统恢复力进行了定量评估。汪兴玉等（2008）基于农户问卷调查，结合 GIS 技术，从社会、经济和生态三个角度选择水分敏感因子，构建社会—生态系统评价体系，根据脆弱度概念性模型计算出干旱背景下农户尺度的社会—生态系统恢复力。郑伟（2012）以植物多样性为基础，建立草地生态系统恢复力评价体系，并从维持自身结构与功能能力、恢复能力、抵抗能力三个方面对草地生态系统恢复力进行定量测度。陈思等（2010）从人口、资源、经济和环境（PREE）系统结构确立恢复力定量评价的指标体系，并对西宁市进行实证定量评价。李杨和张亮（2011）以智能城市和恢复力为切入点，构建了智能城市系统恢复力评价指标体系。

四、适应性管理

适应性管理是一种基于不断学习与改进的资源管理框架，是通过实施可操作性的资源管理计划，从中获得新知，进而不断改进管理政策，推进管理实践的系统化过程，广泛应用于自然资源、生态系统、社会系统管理等领域（Williams，2011；Nyberg，1998）。其本质是在管理中不断学习，获取信息，不断调整管理政策和实践，进而有效降低管理中不确定性的过程（Habron，2003）。也可以将决策执行看作科学管理实验，以实验结果检验管理计划中的假设与预测真伪（Forest Ecosystem Management Assessment Team，1993）。但这种管理需要对系统已有的知识和前期管理实践进行总结，并制定管理决策和计划（Parma，1998）。适应性管理可以简单地表述为“从政策执行的实验中获取新知”（Lee，1993），也常概括为“干中学”（Walters and Holling，1990）或“从管理中学习”（Williams，2011）。适应性管理作为一种新理念已得到广泛认可，但在实践中却鲜有成功案例（Wintle and Lindenmayer，2008；Allan and Curtis，2005；Stankey，2003）。Trosper（2002）指出，政府能为生态系统恢复力做出特别的贡献，在适应性管理中政府起着重要的控制作用。从社会—生态系统的惯常情况来看，利益主体代理（stakeholder agency）典型地被看作为在惯常的、合法的行政管理机构内操作的个体或群体（非正式领域内），在公众、私有区域和民间团体（正式领域）是被官方接受和委托统治的机构（Miller et al.，2010）。然而，当前证据却证明了社会—生态系统认知的转变，利益主体代理是整个治理系统的中心特征（Rasmus et al.，2011）。

国内学者对社会—生态系统适应性管理的研究处于起步阶段，且偏重于对生态系统的理论探讨。赵庆建和温作民（2009）提出了森林生态系统适应性管理的理论概念框架与模型；王文杰等（2007）对区域生态系统适应性管理概念、理论框架及其应用进行了探讨；佟金萍和王慧敏（2006）探讨了流域水资源适应性管理；蔡晶晶和毛寿龙（2011）从复杂社会—生态系统的角度，探讨了集体林权制度的适应性治理，认为森林资源的适应性治理系统必须要面对不确定性，增加治理体系的弹性和学习功能，更为重要的是，必须要从社会—生态互动的角度将资源使用者的因素增加到治理系统中；徐广才等（2013）对国内外自然资源适应性管理进行了系统梳理，论述了自然资源适应性管理的内涵、要素与组织形式，总结出适应性管理研究的发展趋势。此外，史培军等（2014）提出了社会—生态系统综合风险防范的凝聚力模式，补充了灾害系统中脆弱性、恢复性、适应性等概念在阐释社会—生态系统综合风险防范问题上存在的缺陷。

第二节 旅游地社会—生态系统恢复力研究进展

一、研究区域与对象

旅游地社会—生态系统所包含的范围非常广泛，从区域上来看，大到一个国家，小到一个景区，都可以形成一个社会—生态系统。因此，国外旅游地社会—生态系统恢复力研究的案例地对大中小尺度均有涉及。大中尺度的研究主要涉及一些国家、州县区等，如泰国、斯里兰卡、意大利南部萨伦托 10 个自治区、西班牙安达卢西亚地区 14 个县等。小尺度的研究主要涉及某一个旅游地或社区，如澳大利亚维多利亚格兰皮恩山脉国家公园，西班牙欧洲之尖国家公园、多尼亚纳保护区及一些自然公园、生物圈保护区等，印度喜马拉雅山脉拉达克山，哥斯达黎加圣罗萨国家公园，厄瓜多尔的厄瓜布兰卡旅游社区，泰国一些海滨社区等。小尺度的研究要多于大中尺度的研究。

从研究对象来看，大体可分为两大类，一类是针对不同类型的旅游地社会—生态系统，如保护区、国家公园等；另一类是针对旅游地社会—生态系统的关键要素和干扰要素，如社区、利益主体、突发事件等。自然保护区是以生态和社会经济要素跨尺度交互作用（cross-scale interactions）与反馈环（feedback loops）为特征的复杂适应性系统（Berkes and Folke，2000）；Fennell（2004）和 Dredge（2006）高度强调，与旅游和保护区相关的问题是复杂的、多尺度的，包括水平和垂直链接；Plummer 和 Fennell（2009）指出，与保护区相关的可持续旅游管理应能预测系统动态性和转移变化。国家公园与保护区有着相似的环境敏感性，并且都是重要的旅游目的地，因此它们是旅游地社会—生态系统的典型研究对象。社区既可以作为一种重要类型的旅游地社会—生态系统，也可以作为更广系统内的关键要素。学者一方面对旅游社区的恢复力进行定量评估（Rasmus et al.，2011）；另一方面利用恢复力的概念阐释如何发展社区旅游（Ruiz-Ballesteros，2011；Strickland-Munro et al.，2010）。利益主体的态度、权力及相互关系对社会—生态系统恢复力的大小起着至关重要的作用，是学者进行定性描述和社会学方法研究的重点对象。突发事件作为旅游社会—生态系统的强大干扰因素，往往会导致整个系统的瘫痪，如何避免或减少突发事件的干扰以提升系统恢复力，或者创造一个具有恢复力的系统以抵御突发事件的干扰，都是研究的重点（史培军等，2014；Amy et al.，2013；Rasmus et al.，2011）。当然，各个研究对象不是孤立的，学者常常将典型的系统类型和要素结合起来，进行综合研究，更能体现旅游地社会—生态系统的复杂性。

二、旅游地社会—生态系统恢复力的驱动因素

驱动力是指在一个系统里直接或间接引起变化的那些因素，它能使系统更接近阈值，旅游系统的适应力与驱动力也是相关的，驱动因素关系着整个系统的稳态，决定着系统恢复力的大小，所以驱动力对于恢复力评估是非常重要的。但由于系统的复杂性和动态性，其测定与鉴别有一定的难度，国外学者对此进行了一定的探讨。

从整个社会—生态系统来看，国外众多领域的学者都将旅游看成提高社会—生态系统恢复力的主要驱动因素之一。Alejandro 等（2010）对西班牙两个自然保护区文化景观的社会—生态系统恢复力的评估显示，可持续旅游和狩猎是提高这些文化景观社会—生态恢复力的最主要驱动因素。Lacitignola 等（2007）认为如果将旅游地看成一个社会—生态系统，旅游是一个发展工具，它能影响生态系统商品和服务的质量，降低自然可再生和非可再生资源。Ruiz-Ballesteros（2011）提出，旅游是社会—生态系统恢复的促进因素。

从旅游地社会—生态系统来看，恢复力的驱动因素很多，其相互关系也非常复杂。各个旅游地社会—生态系统状况不同，其驱动因素也不同。Lacitignola 等（2007）认为，人类土地利用是驱动旅游景观变化的主要动力。Strickland-Munro 等（2010）认为，系统影响因素通常包括物理、生物、经济、社会或政策领域，干扰影响着保护区旅游系统功能。但是，慢变量如价值、经济、基础设施、生物物理功能和生物多样性等（Walker et al.，2009），在总体评估中起着非常关键的作用，往往决定着系统面对外部干扰时的反应，它们可能突然引起生态或社会一个快速的变化，或使系统陷入一个不可逆转的不同的功能状态，而理论研究常忽视了慢变量作用的可能性（Allison and Hobbs，2006）。Rasmus 等（2011）从社会维度揭示了利益主体代理成为恢复力的主要决定因素。Emma 和 Janet（2009）也从社会—经济维度提出建筑类型和位置、目的地市场形象和品牌、旅游市场与产品、季节性、生计多样化、客户关系、财政资产、信誉、家庭和社会网络、就业技能、社会安全、行业代表和社区领导、利益主体参与、政府、公私链接以及资源富足的商业主 16 个促进恢复力的驱动因素。

三、旅游地社会—生态系统恢复力评估

旅游地社会—生态系统恢复力的评估是恢复力思想指导实践的具体运用，是系统适应性管理的前提，国外学者从概念性和定量两方面进行了大量评估，并对评估的恢复力替代物的选取进行了探讨。

（一）恢复力概念性评估与框架构建

Lacitignola 等（2007）指出，社会—生态系统分析要有新的、定性的、显著的评估计划和合适的调查工具，从而达到一个生态、社会和经济因素的整合评估。对于一个新兴的研究领域，概念性评估与模型的建立，有助于恢复力和复杂系统思想概念化其贡献，为更好地理解系统各类影响发生的方式和地点提供一个体系化的框架。Farrell 和 Twining（2005）明确提出要用非线性方法，引用新的思考方式，如恢复力、适应性管理、系统模型、情景规划、社会科学和生态整合来进行研究。

Strickland-Munro 等（2010）通过应用源于生态系统的恢复力评估过程，提出了一个新颖的、多学科的探测保护区旅游对社区影响的概念框架（图 3-1）。框架建立在恢复力联盟的恢复力评估纲要基础之上，尽管框架要素本身不是新的，但新贡献在于它的多学科和评估保护区旅游利益主体的方法。这种框架能明确地认知和作用于系统变化的能力、综合性和不确定性，为已有的线性影响评估方法提供一个可替代方案。它是将恢复力和复杂系统思想运用到保护区旅游的一个起点，将大大有利于恢复力和复杂系统思想在旅游领域的应用。类似的研究也存在于一些考虑适应性共管和治理的研究中（Plummer and Fennell，2009；Carlsson and Berkes，2005）。

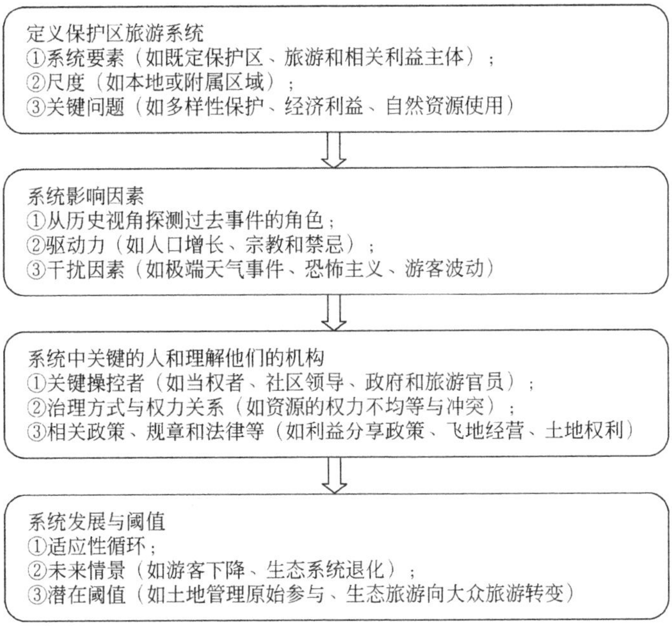

图 3-1　运用恢复力评估过程探测保护区旅游对社区影响的概念框架

注：引自参考文献（Strickland-Munro，2010）。

此外，Emma 和 Janet（2009）研究不同危机影响下目的地的脆弱性和恢复力，从暴露性、敏感性、响应及系统适应性、影响关联和时间尺度五个方面提出了脆弱性评估框架（图 3-2），并运用恢复力理论建立旅游恢复力圈层（图 3-3），识别和证实了一个具有恢复力的旅游系统的关键要素。虽然其真实性需要在不同的情

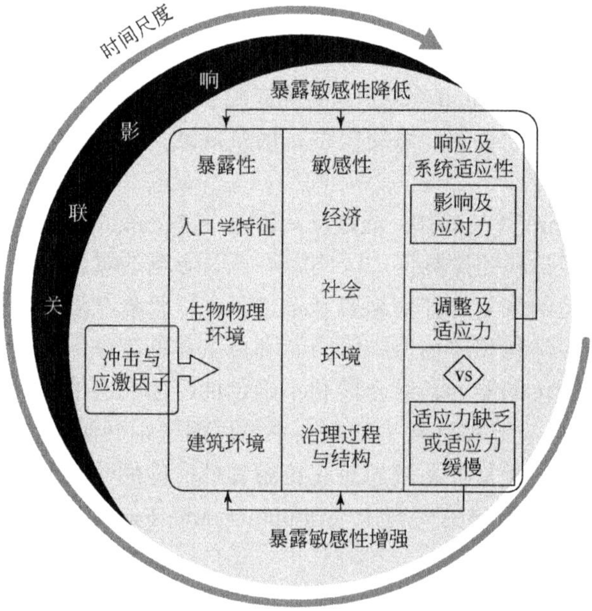

图 3-2　目的地脆弱性评估框架

注：引自参考文献（Emma and Janet，2009）。

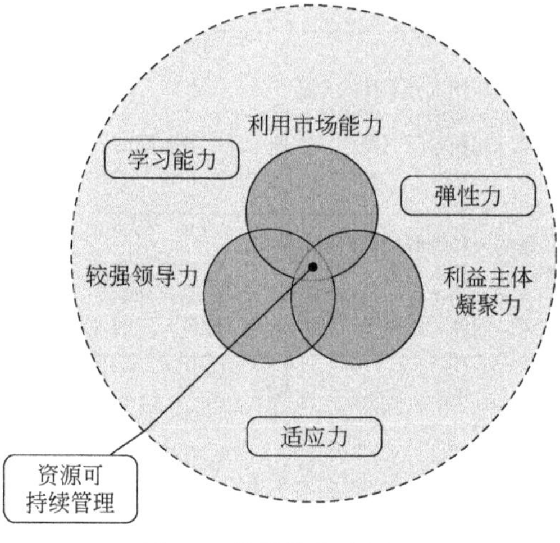

图 3-3　旅游恢复力圈层

注：引自参考文献（Emma and Janet，2009）。

境下进一步验证，但至少在脆弱的旅游地社会—生态系统或复杂适应性系统中，它有助于识别恢复力的基本核心。

（二）恢复力定量评估与模型建立

过去，旅游研究者将发展旅游的环境作为一个独立体存在（Farrell and Twining，2005；Russell and Faulkner，1999），大大限制了以数学和经济眼光看待其与其他系统的相互作用（Lacitignola et al.，2007），社会和文化关注被边缘化了（Hampton，2005）。随着研究的深入，旅游地社会—生态系统的恢复力定量研究逐渐成为重点，学者从环境维度、社会经济维度和综合维度视角，通过建立数学或经济模型进行了较多的定量测度和评估。

环境维度方面，Arrowsmith 和 Inbakaran（2002）选取与旅游活动踩踏有关的生物物理指标，建立空间恢复力模型，将案例地分为五类不同等级的恢复力区，发现随着海拔上升，环境伤害的脆弱性降低。Zurlini 等（1999）在干扰条件下，以系统敏感性和压力为变量，提出一个概念线性脆弱模型。结果显示压力类型、广度和时间，自然资源反应和资源内在敏感性有着很重要的相互作用关系，决定着整个系统的脆弱性。Petrosillo 等（2006）开发了一个与居民、旅游人数和固体废弃物产出相关的独立程序，标示出案例区内 10 个社会—生态系统在适应性循环中的位置。

社会经济维度方面，以数学模型为基础的旅游者现象研究一直以来以黑箱经济模型（black-box econometric models）为主导，很少明确考虑与生态系统的交互作用（Lim，1997）。Casagrandi 和 Rinaldi（2002）首次将最小描述性模型方法引进旅游研究，但这个理论模型对实证研究来说太抽象，只考虑了社会—生态系统一些共同的基本特征。模型应该进一步考虑旅游人口、不同的投资政策或适合的投资约束。Lacitignola 等（2007）在其基础上，建立了自然环境质量、资本、大众旅游者和生态旅游者的四维阈值模型，强调生态系统质量、旅游者类型和经济的相互作用。通过测算，旅游地退化系数（w）只发生在一个限定范围内（$2.4<w<2.86$），生态旅游和大众旅游在混沌、周期摆动和稳态均衡等不同模式下才有共存的可能性。该模型对提供系统关键阈值很有帮助，但它对真实情况的预测有很大的局限性，尚不能直接用于实地管理。之后，Lacitignola 等（2010）又以此成果为基础，对于一个锁定行为的周期进行细尺度分析，结果显示，分差参数的一个很小变化就能导致改变规则的或混沌的动态。此外，Johnston 和 Tyrrell（2005）也开发了一个在动态最优框架中的旅游可持续模型，说明旅游经济与环境的相互动态关系。

综合维度方面，Tyrrell 和 Johnston（2008）集中于动态恢复力研究，提出旅游地生态—环境质量、经济—财政质量和社会—文化质量的恢复力模型，并指出这些向量实际与预想变化的不同，为旅游可持续和恢复力给出了一个更定量的方法。Blancas 等（2010）利用弱相似性（weak comparability concept）的概念，应用多目标评价体系，建立了一个目标规划综合指数评价模型，从社会、经济和环境三个维度选取 88 个指标进行分析，结果依照稳定性可将案例区分成两类。综合维度的建模可提供一个多维措施，目标很容易被终端使用者理解，可在分散的水平上评估可持续目标，进行区域间相互比较及演化分析。但这种方法也有其局限性，即系统的分散特征，每一个指标分别展示每一个可持续因素的形势，价值改变反映了每个维度的变化，而改变不总是发生在同一个方向或同一个时间。

（三）恢复力评估替代物选取

虽然众多学者建立了一系列的概念与定量评估模型，但由于旅游地社会—生态系统同样具有多稳态机制，直接测定每个稳态（regime）的阈值也是非常困难的。因此，一些学者仍然采用社会—生态系统的替代物方法进行推断。学者先后尝试了将固体废弃物（SUW）、生态植被分类（EVCs）、土地利用等作为替代物，从而进行恢复力测度。

为了减少社会—生态系统中不能完全定量化的不确定，Petrosillo 等（2006）将 SUW 记录作为旅游者动态变化的协变量指标，SUW 产出量很好地描述了旅游的季节性和二次房屋利用的空间分布，是一个研究社会—生态系统旅游压力的很有用的指标。Arrowsmith 和 Inbakaran（2002）采用生态植被分类作为土壤的替代物，一个给定的 EVCs 能够决定一种相应的土壤类型。土地利用及变化是使用较为频繁的替代物。Alejandro 等（2010；2008）先后两次采用土地利用及变化情况来评估文化景观的社会—生态恢复力，Amy 等（2013）又根据不同土地使用类型的生态资本恢复情况，评估灾后生态系统的恢复力及其对旅游业的影响。但是，替代物的选取仍存在很大争议，不同旅游地的社会—生态系统性质、驱动因素不同，因此能否提炼出有价值的替代物以及何种因子能作为替代物，都值得进一步研究。

四、旅游地社会—生态系统社区恢复力评估

从恢复力理论角度来看，较多学者日益关注社区旅游发展与恢复力思维交互，对旅游地社区恢复力的建构（construct）进行了探索性研究（陈佳等，2015；Ruiz-Ballesteros，2011；Magis，2010；Farrell and Twining，2004）。Ruiz-Ballesteros（2011）研究了厄瓜多尔（Ecuador）的一个小社区，其年收入 25%来自旅游业，接近 70%的社区家庭进行了该项收入分配；社区旅游发展战略鼓励村民适应不确定性的生活，同时要求加强互惠规范、知识共享和自组织，这些都是一些社区恢复力的基

本要素；并采用一个相互联系的方式，初步分析了社区旅游恢复力与社会、生态和旅游发展的动力关系。Biggs（2011）以澳大利亚大堡礁的商务旅游公司作为研究对象，将企业作为社区的重要组成部分，采用二元 Logistic 回归，得出人力资本和生态方式是旅游企业恢复力的最主要的因子，涉及以下方面：①企业成立时间、规模和经验（如季节性变化应对等）；②生态条件（企业开展旅游活动）；③社会资本（期望获得政府支持的程度、家庭和朋友、与其他企业的合作）和人力资本（业主和管理人员信心、企业员工成功地适应未来的变化）；④企业主、员工的生活方式和参与旅游的动机。另外，定量数据显示，面对冲击，财政和市场营销支持是政府最强的旅游恢复力干预手段。

Resilience Alliance（2007a）和 Magis（2008）认为，社区恢复力由社区可获取的一系列资本资产（capital assets）进行测度，如社会资本（social capital）、经济资本（economic capital）、物质资本（physical capital）、人力资本（human capital）和自然资本（natural capital）等。资本资产越高，社区满足居民不同诉求和响应外部变化的能力越强。因此，旅游社区资本资产或资源为社区居民整体幸福感、社区恢复力和适应能力提供了测度基础。此外，Walker 和 Salt（2006）选择恢复力指数作为研究的因变量，选择生态多样性、经济多样性和社会资本作为自变量进行测度。Harris 等（1998）识别了影响社区恢复力的因子，包括人口规模、社区领导、基础设施、社区自治性和经济多样性。资源可得性和相关制度的网络性，是影响社区响应变化与达到理想结果的关键因素（Nelson et al.，2007；Tompkins and Adger，2004）。社区有较高的资本和制度资产，将能够吸收大量的干扰而保持现有的状态。当现状不受欢迎时，社区也有转化到另一种状态的能力。Holladay（2011）确定了恢复力包括社会、治理、经济和生态恢复力四个因子。学者提出了多种社区恢复力测度要素（表 3-1），为社区恢复力测度提供了很好的借鉴。

表 3-1　社区恢复力涉及要素

维度	作者
公众的领导，社会组织，经济结构，基础设施，吸引力	Harris 等
社会网络和支持，积极的人生观，学习，早期的经验，环境和生活方式，基础设施和支持服务，目的感，多样化和创新的经济，信仰，领导	Buikstra 等
社区资源，积极主体，集体行动，战略行动，公平，影响，资源投入，资源开发	Magis
社会网络，信任，制度的灵活性，地方控制，权力共享，经济漏损预防，控制基础设施发展	Holladay

注：根据参考文献（Holladay，2011；Harris et al.，2000；Buikstra et al.，2010；Magis，2010）整理而来。

五、旅游地社会—生态系统恢复力适应性管理

Torres-Sovero 等（2012）指出，恢复力管理不仅是旅游地可持续能力和发展选择的问题，也是环境、社会和经济安全问题。国外目前提出的旅游地恢复力管理的主要方式是适应性管理（adaptive mamagement）。围绕适应性管理目标，在利益主体协调和社区旅游可操作模式方面取得了一定的进展。

（一）旅游地社会—生态系统恢复力的利益主体协调

首先，强调人的重要性与能动性。旅游地社会—生态系统的适应性管理目标应该是，保证其恢复和适应能力，且人类在一定程度上能从其过程中学习用最好的方式使用和管理资源（Holling and Gunderson，2002）。在 Strickland-Munro 等（2010）构建的恢复力概念框架中，最重要的一部分就是系统中关键的人和理解他们的机构。

其次，强调系统要素的识别与整合。Peterson 等（2003）指出，每一种情景本质上是一个连接过去和现在事件的简洁陈述，应假设未来行动，追踪关键指标变量。对保护区旅游系统来说，应选择一些情景发展不确定或不可控的驱动力因素，建立可选择路径（Strickland-Munro et al.，2010）。Alejandro 等（2010）指出，应该将社会和生态要素整合，管理应该是适应性的，比较研究是关键，因为一个社会—生态系统的恢复力不可能总是被直接观察到，不同的形势要求不同的方法和解决方案。

最后，强调利益主体参与协调。社会—生态系统的恢复力适应性管理要求利益主体的紧密参与，它将经验学习、理论发展、参与性学习方法、适应性管理和情景规划等要素连接起来（Petrosillo et al.，2006）。Trosper（2002）指出，政府能为生态系统恢复力做出特别的贡献，应加强动态系统中政府控制的角色。Balint（2006）的研究得出，在大多数情况下，政府用其规则或规章来占有或经营地区；政府是管理机构，合作管理也在不断增长。而 Walker 等（2009）发现，当地居民对影响系统变化的自信心是很低的。Lepp（2008）也指出，在复杂系统中，因多种因素的相互作用及不可预测性，居民对旅游的态度经常是难以预测或与研究者期望相反的。这与适应性管理是不相适应的。在一个成功的适应性管理计划的设计和实施中，要高度重视公众参与的角色（Alejandro et al.，2010）。此外，学者还具体针对社区旅游和灾难干扰后恢复力建设的利益主体进行了重点研究。对社区旅游来说，利益主体主要是当地社区居民，其他的利益主体包括保护区管理者、科学家和旅游业界（Strickland- Munro et al.，2010；Resilience Alliance，2007b）。Emma 等（2009）针对受印度洋海啸影响的泰国和斯里兰卡

旅游地，提出了加强机构和利益主体合作等八项行动要点，以建立旅游目的地长期恢复力。Rasmus 等（2011）以受印度洋海啸干扰的泰国滨海旅游社区为对象，构建了一个新的框架——社会—生态系统的利益主体机构概念化，利益主体代理成为整个恢复力治理系统的中心特征。由此看来，脆弱性不仅是空间尺度的，也是各利益主体联合的结果。

（二）社区旅游适应性管理可操作模式

由于旅游地社会—生态系统恢复力研究起步较晚，加之系统的复杂性，增强恢复力发展范式的提出，目前是不可能的，也是不可行的。但已有学者针对具体案例地提出了具体的可操作模式。最典型的有 Ruiz-Ballesteros（2011），他以厄瓜多尔的厄瓜布兰卡旅游社区为例，提出四种旅游社区可操作模式，以促进社会—生态系统恢复（表 3-2），并认为人类对环境所树立的具体态度可以使一个旅游地在某种程度上变得更加具有恢复力，这为案例地及同类旅游地提供了很好的指导，也为旅游恢复力提高模式的研究提供了巨大的启发。

表 3-2　旅游社区恢复力提高的可操作模式

模式	释义	案例区实行概况（厄瓜布兰卡旅游社区）
学会应对变化和不确定	从危机中学习建立快速反应能力，以应对环境变化、管理干扰，建立多种生计活动组合、开发处理战略，都是最本质的要求。社会—文化机构扮演着很重要的角色，在管理中起着引领作用	从事旅游，发展对环境的态度。不同性质的互补活动是应对变化和不确定的集体战略。没有哪个家庭完全依赖旅游社区收入，人们当导游不是为了离开其他活动，而是为了增加额外收入，这本身就是一个恢复力特质——谋生活动的种类越广越好。但成为导游就必须放弃两项对环境有害的活动：打猎和砍柴
为重组和再更新培育多样性	若多样性没有被培育，则不会有恢复力。记忆作为处理变化积累的经验，扮演着非常重要的角色：它提供了一个具有创新性和适应性能力的框架。培育生态记忆、培育响应变化机构的多样性、创造实验的政治空间、建立用户间的信任、使用社会记忆作为创新的来源等都是非常必要的	作为社区实践的记忆和信任。厄瓜布兰卡的旅游发展导致一个记忆的总体复兴，并通过社区导游传递给旅游者。旅游社区和导游对提高恢复力的环境记忆与社会记忆做出了巨大贡献。旅游活动一方面加固了实践记忆，另一方面取得了相互信任，为潜在的再组织和革新孕育了多样性，这对于社会-生态系统的恢复力是很关键的
联合多种知识	将本地知识体系引入管理和外部决策机构中是根本。复杂生态系统动态性的本地知识和经验是不可替代的，它们是总体管理的一部分。但形成当地知识的动态性也是非常关键的。因此，建立环境监测能力，建立参与管理能力，建立组织学习、记忆和创新机构，创造知识共享，当地知识与科学知识相结合的交叉机制是非常必要的	导游的领导才能。成为导游须通过考试。导游必须熟悉所有的生态系统和建筑破坏信息，掌握区域建筑和历史信息、动植物学名等，并不断丰富更新。导游在不同水平的社区生活上处于战略位置，特别是在不同知识的联合上和活动的互补性质上，这是加强社会生态恢复力，达到可持续发展的关键因素。导游成为这些恢复力态度的化身

续表

模式	释义	案例区实行概况（厄瓜布兰卡旅游社区）
创造自我组织的机会	自我组织的能力是恢复力的基本原则。强调社会资本的间接唤起：网络、通信和信任是恢复力系统中非常关键的要素。参与战略可以产生整合的和更广泛的知识，并考虑恢复力内在的多样性和改变。因此，特别聚焦以下方面：提高使用者自我组织的能力，形成冲突管理、资源进入和公平分配的自我组织，形成响应外部驱动因素、匹配生态系统治理规模和创造多水平治理的自我组织	委员会。委员会每年进行更新，全权负责组织旅游活动，制定一系列规章制度，遵循严格的“一致同意”参与战略，管理集体资源，是社区和非政府组织的联系纽带，并领导社区成员，对旅游活动组织与管理具有绝对权威性。这个社区的旅游活动培养了一种生存方式，一种接近生活的方式和一种在脆弱环境中求生的方式。这是恢复力的基础：一种方式、一种态度，而不是一种状态

注：根据参考文献（Ruiz-Ballesteros，2011；Berkes and Seixas，2005；Folke，2003）整理而来。

国内学者对旅游地社会—生态系统的研究尚处于起步阶段，以杨新军等学者为代表。陈娅玲和杨新军（2012，2011）在孙晶的研究基础上，对旅游地社会—生态系统的特征及运行机制进行了探讨，提出了基于旅游活动的社会—生态系统的概念及研究框架；并对西藏七区（市）旅游社会—生态系统的脆弱性及恢复力进行了定量测度。沈苏彦（2012）提出恢复力是旅游研究的新视角，并将恢复力的概念引入生态旅游地的研究。喻忠磊等（2013）从社会—生态系统适应性出发，借鉴脆弱性研究中的适应性理论，构建农户旅游发展适应性分析框架，以陕西省秦岭金丝峡景区为案例，较系统地研究了农户适应旅游发展的行为模式、影响因素及机制。面对旅游发展所带来的社会—生态系统变化，农户形成了旅游专营型、主导型、均衡兼营型及务工主导型四种适应效果差异显著的适应模式。其影响因素包括认知因素（机会和政策认知）、劳动力（劳动力总量、聘用人数）、地理区位（可达性与区位优势度）、自然资本（耕地面积）、物质资产（房屋类型）和社会资本（邻里关系）。

第三节　相关研究启示及有待进一步研究的问题

旅游地是复杂社会—生态系统的典型单元，从社会—生态系统角度，运用恢复力概念研究旅游系统，为可持续旅游研究提供一个新的视角和方法。但是，恢复力仍停留于概念的争议及案例分析的层面，旅游地社会—生态系统恢复力研究尚缺乏科学统一和可操作的定义，理论分析和定量测度均缺乏范式。以下一些问题及研究空白区仍值得进一步探讨。

一、相关研究启示

（一）关于研究尺度与对象

从研究尺度来看，涵盖大中小尺度，做到了宏观与微观相结合。总体上，小尺度研究要多于大中尺度研究，因为恢复力研究更注重对某一个社会—生态系统的具体评估，小尺度的旅游社会—生态系统研究更具可操作性。但是关于中尺度的旅游地的研究尚不足。在实际中，中尺度的旅游地包含旅游景区、中心依托城市、交通、旅游地形象、生态本底环境、当地文化氛围等多种复杂的社会—生态要素，且易受多种干扰因素影响，其稳定性与恢复力强弱直接影响所在区域的可持续发展。因此，加强中尺度旅游地社会—生态系统恢复力研究具有很大的实际价值。

从研究对象来看，涵盖旅游社会—生态系统的不同类型及要素，充分论证了恢复力思想和方法对旅游社会—生态系统研究的适用性。但目前，主要研究类型集中于国家公园、自然保护区等主要依托自然资源发展旅游的地区，而对依托文化资源发展旅游的古村落、古镇、古遗址及人造类景区的研究较少。也就是说，研究过于注重生态—环境维度，而忽视了社会—经济、文化维度。研究要素主要集中于系统利益主体及意外干扰因素，而对系统内的社会经济变化、环境要素变化及人类主动的干扰因素的研究较少。

（二）关于研究方法

目前生态系统恢复力研究较为成熟，主要研究方法包括阈值方法、替代指标法和实验方法等。旅游地社会—生态系统恢复力研究目前仍处于起步发展阶段，许多方法仍在探索中，已有研究充分发挥了学科融合优势，将生态系统恢复力的相关研究方法与相邻学科方法相结合，将定性描述与定量评估相结合，大大丰富了社会—生态系统恢复力的研究手段。主要研究方法有社会学方法、统计学方法、数学模型、GIS 空间技术等，或者采用多学科方法联合研究，既有单纯描述与建模，也有实证测度（表 3-3）。尤其是在社会—生态系统框架内，许多学者引进非线性方法，对恢复力和适应性管理等进行思考，努力促进社会科学和生态的整合。国内学者多以国外学者的理论为指导，采用取样、建立指标体系、构建模型、情景分析等方法，其中构建指标体系使用最多。此外，非线性分析方法也开始受到关注（王俊等，2009b；张向龙等，2008）。

从学科研究方法来看，融合了社会学、人类学、生态学、数学、旅游学等多学科方法，做到了定性描述与定量测度相结合。其中，社会学和统计学方法的运用相对较为成熟，但由于系统边界和指标体系的模糊性，研究结果以描述性居多。数理建模是学者进行定量研究的突破口，相继出现了许多数学模型，但只有一部分运用于实例验证，也没有形成范式。GIS 和遥感是旅游地社会—生态系统研究尝试采用的新手段，主要运用其进行数据收集、处理及分析等，虽未取得突破性进展，但其运用的潜力和价值值得进一步深入。

表 3-3　社会—生态系统主要研究方法及运用

类别	具体研究方法	运用情况
社会学方法	田野调查法、人种学方法	这是一手资料收集的主要途径，目前涉及具体案例地的研究中几乎都运用了此方法。主要采用了参与式观察、深度访谈、参与式评估、焦点小组、资源调查等技术调查案例地系统中的自然和社会环境本底状况、特征、利益主体关系等，分析其与系统是如何相融与相悖的，每一种技术的使用和重要性主要由研究内容特征来决定
统计学方法	比较分析法、因子分析、多元分析、主成分分析、层次分析法	对于一个具有多变量的复杂旅游地社会—生态系统，统计学方法是目前定量研究和定性研究相结合常采用的方法，这些具体研究方法多用于进行关键因子识别、提取、比较等，以确定复杂旅游地社会—生态系统的影响要素、影响性质，从而明晰系统发展方向，有针对性地提高系统恢复力
数学模型	累积线性模型、阈值模型、脆弱性模型、最小描述模型、空间恢复力模型、概念线性模型、动态恢复力模型	目前的研究主要根据系统中关键要素选取替代物或变量；或者全面考虑系统的所有要素，建立评价指标体系；或者选取系统中的退化系数为阈值，分别建立相应的数学模型，主要用来定量评估旅游地社会—生态系统的恢复力。这些模型有的已运用于实证研究，有的只是理论模型，尚未进行实证研究
GIS 空间技术	GIS 模型、遥感（RS）技术	GIS 是一个空间信息系统，能够将地理空间上的生物物理特征联合起来，反映环境恢复力的水平。RS 可以用来评估生态系统功能，开发恢复力指标和框架，定量化生态系统恢复力。目前许多学者尝试运用 GIS 模型、RS 技术研究旅游社会—生态系统恢复力，并取得了一些成果

从研究视角与研究方法相结合来看，虽然很多学者借鉴了社会—生态系统恢复力的替代指标法、阈值方法等，为系统恢复力定量化研究提供了模型和思路，但仍存在较大的缺陷。就替代指标法而言，许多研究只选择一种替代物，但大多旅游地社会—生态复杂系统都是由若干关键变量共同决定的，替代物的识别、甄选、模型建立、研究尺度等的可行性和合理性都有待进一步探讨。就阈值方法而言，一方面，旅游地社会—生态恢复力实际上就是系统发生状态转化的阈值条件，而系统状态转化存在很多阈值条件，需要测定生态系统每个稳定状态的阈值，显然是不可能的；另一方面，由于系统恢复力受诸多因素的影响，直接测量系统目前状态（即系统处于适应性循环的何种位置）、阈值区间是非常困难的，加之系统始终处于动态变化与调整中，因此目前几乎不可能完成测量系统状态与阈值（或界限）的距离、朝阈值运行的速率等。也有学者尝试从总体可持续角度建立涵盖社会、经济、环境等多维度的全套指标体系进行恢复力的测量，这从一定程度上可以看出系统恢复力的强

弱，但难以看出系统的动态变化及各个系统独特的恢复力机制。目前尚缺少一套权威的表征旅游地社会—生态系统恢复力的指标体系和定量评价方法。

（三）关于研究内容

从研究内容来看，学者对旅游地社会—生态系统恢复力的阈值、驱动因素、评估及适应性管理进行了深入研究，并做到了理论探讨与实证研究相结合，为我们明确了研究思路。但研究旅游地社会—生态系统恢复力不是一件容易的事，它是非常复杂的，既要从历史的角度又要从未来的角度、包容的角度有经验地处理（Ruiz-Ballesteros，2011）。以下内容仍有待于进一步深入研究。

1. 旅游地社会—生态系统恢复力的理论体系

恢复力反映复杂适应系统进行自组织、学习并构建适应力的能力。社会—生态系统理论、适应性循环理论、扰沌理论等奠定社会—生态系统恢复力研究的理论基础。适应性循环和恢复力的属性等已得到广泛认可，社会—生态系统恢复力已形成一个相对较为成熟的理论体系。然而，从恢复力视角研究旅游地社会—生态系统才刚刚起步，已有的这些研究对系统恢复力的不同解释，一方面造成了大量的概念混用，如恢复力与可持续、脆弱性、敏感性等；另一方面也限制了研究范式的形成。学者研究较多的是对这种视角的定性描述以及对个案的观察与测量，尚没有形成旅游地社会—生态系统恢复力的理论体系。

2. 旅游地社会—生态系统边界及状态界定与恢复力测度

就整个系统边界而言，旅游业本身就是一项综合性行业，在很多方面与其他行业很难分清界限，社会—生态系统具有复杂性、不确定性和动态性，更是包罗万象，因此旅游地社会—生态系统边界的确定比较困难，目前尚未见到对系统边界合理界定的探讨。这将会影响恢复力方法对系统变化、复杂性和不确定性的明确认知，以及旅游地社会—生态系统恢复力定量测度的范围、精确性与结果分析。就系统内状态边界而言，由于系统的动态性、多要素性、多稳态性，界定系统在适应性循环中的各个阶段及系统多稳态的各种状态的边界，无论是定性描述，还是定量参数计算，都有待于进一步探讨。就恢复力测度而言，由于系统边界的模糊性、内部状态的动态性，对恢复力影响因素的探讨不具有系统性，对阈值的定性描述多而定量计算少，恢复力关键影响变量、系统的各状态阈值、恢复力大小等测度问题都成为当前旅游地社会—生态系统恢复力研究的难点。

3. 旅游地社会—生态系统恢复力的适应性管理机制

适应性管理是指社会—生态系统在运行中针对实际存在的、感知的和预期的环境变化及其影响的调整（Janssen and Ostromb，2006）。这种管理的前提是认识旅游地社会—生态系统的循环机制，识别旅游地社会—生态系统的驱动因素及可能面临的干扰因素，管理的核心要点是针对系统的动态变化，适时调整管理措施。对旅游地社会—生态系统恢复力概念、特征、测度等的探讨，最终目的是建立有效的适应性管理机制，增强系统中各利益相关者的学习能力、相互配合能力及应对干扰的适应力，进而促进系统的资源管理、灾害预防及可持续发展。恢复力提供了一个研究如何处理变化和转化的透镜，而并不是如何避免它们（Ruiz-Ballesteros，2011）。但是，目前适应性管理的主体、对象、方式及机制都缺乏系统的理论与实证研究，运用系统动力学，兼顾历史与未来，加强对旅游地社会—生态系统的动态适应性管理的研究应提上日程。

二、有待进一步研究的问题

以复杂系统动力学角度研究旅游地社会—生态系统对外界的干扰和恢复力，国内外学者对此已达成共识，并成为近年来旅游可持续发展研究的重要趋势。基于以上相关研究进展及启示，以下问题仍有待于进一步研究。

（一）构建旅游地社会—生态系统恢复力的理论体系

充分吸收社会—生态系统、适应性循环、扰沌、恢复力等理论基础的精髓，从复杂系统动力学角度，明晰旅游地社会—生态系统恢复力的概念，揭示旅游地社会—生态系统的属性和特征，阐明旅游地社会—生态系统恢复力的动力机制，构建旅游地社会—生态系统恢复力的理论体系，从而提高恢复力理论在旅游学领域研究的深入。

（二）界定旅游地社会—生态系统及状态空间的合理边界

旅游业是一个综合性产业，旅游地系统是一个复杂系统，其危机或干扰经常是内外部社会、环境、经济、政治等尺度、多维度相互交融的。应从系统角度，全面考虑旅游业的综合性、旅游区域的多要素性、旅游地的多尺度性，合理界定具有推广意义的旅游地社会—生态系统边界。在此基础上，充分考虑旅游地社会—生态系统的内外部扰动因素的种类、性质及扰动机制，从定性和定量两个方面寻求阈值，进而界定旅游地社会—生态系统的各阶段状态空间。

（三）形成旅游地社会—生态系统恢复力评价的指标体系

依据“社会—经济—自然”复合系统理论，在旅游地社会—生态系统边界确定的基础上，进一步确定旅游地社会—生态系统恢复力的驱动因素，从社会维度、经济维度、生态维度、管理维度等，建立层级结构的恢复力评价指标体系，并根据不同案例地驱动因素的影响性质与效率，确定各维度板块及指标体系的权重测算方法。

（四）建立旅游地社会—生态系统恢复力定量测度方法体系

恢复力测度是非常复杂和困难的，目前已成为众多学科共同面临的难题。就旅游地社会—生态系统而言，可尝试从替代物选择和指标体系两个角度，确定恢复力定量测度的多样方法。关于替代物选择，应针对不同类型、不同性质、不同研究层面的案例地，从系统的影响因素、替代物的地位与性质、系统临界的定性与定量等方面确定替代物选择的方法，增强以替代物测度恢复力的有效性。关于指标体系测度，应充分考虑各细化指标的作用性质、大小及效率，并明确相关方法（如集对分析法、模糊数学法、系统动力学、物元分析法、层次分析法、灰色系统法、通径分析法等）。对于不同情境下系统恢复力评价的有效性及适用性，形成一套旅游地社会—生态系统恢复力定量评价的方法体系。

（五）揭示旅游地社会—生态系统恢复力形成与适应性管理机制

快速生长、稳定守恒、释放和重组是社会—生态系统恢复力理论中适应性循环理念的四个过程。旅游地社会—生态系统恢复力研究应充分运用这一理论和过程，加强研究旅游地社会—生态系统如何随着时间的推移而不断变化；系统目前处于适应性循环的哪一阶段；不同的适应性循环圈和循环阶段是如何转化的（转化力）；其转化的影响要素、机制及规律是什么；旅游地和其中的利益主体在整个适应性循环中是如何改变适应的及适应的程度（适应力）；整个系统管理增强并维持稳态空间的强弱（恢复力）等方面。旅游地社会—生态系统是错综复杂的，难以预测的，可借助非线性及复合作用等理论分析工具，探讨旅游影响的变化过程，建立旅游地未来发展中一系列可能出现的情景。

（六）探索典型单元案例地的恢复力情境

恢复力和可持续不是某一项活动的特征，而是整个系统的特征，因此，关键是研究不同的活动如何贡献于恢复力。对旅游地社会—生态系统来说，旅游仅仅只是其中一个活动，但能起领导角色。在任何情况下，恢复力的情境本质应是特有的；每一个社会—生态系统都有它自己发展恢复力的方式，所以每个实证研究都应有自己特别的深度（Smith et al.，2008）。未来应加强两种情境下的典型单元案例地恢复力研究：一是不同外部扰沌下的旅游地社会—生态系统恢复力研究，如都市圈发展、行政区划调整、大政方针政策等，这些外部扰沌可能促使旅游地社会—生态系统在短时间内发生转型性、跳跃性变化，其恢复力形成的道路和机理往往不能用线性思维来解释；二是不同内部扰沌下的旅游地社会—生态系统恢复力研究，如山岳型与湖泊型旅游地、乡村型与都市型旅游地、自然型与人造型旅游地等，不同的旅游地由于类型、开发方式、社会环境等内部因素不同，其恢复力形成的道路与机理也不同，这些内部扰沌引发的旅游地变化往往是缓慢的、循序渐进的。加强对典型单元案例地的恢复力情境研究，应是旅游地社会—生态系统恢复力实证研究的突破口。

此外，从国内外相关研究的比较来看，国外相关理论探讨较多，国内理论探讨较少；国外研究方法多样，国内研究方法较为单一；国外阈值定性较多，也有阈值定量测度的尝试，而国内无论是定性还是定量，阈值探讨都非常少；国外研究区域多样，国内研究区域较少，目前以干旱区最多；国外研究已有一定的成果，而国内研究尚处于萌芽起步阶段。

因此，总体上而言，我国今后应从复杂社会—生态系统入手，重点加强对旅游地社会—生态系统恢复力的内涵、属性、驱动因素、评估和适应性管理机制的研究，尤其要加强对我国中小尺度的旅游景区、旅游目的地恢复力的实证定量测度研究，逐步构建符合我国国情的旅游地社会—生态系统恢复力研究框架，提高我国可持续旅游的研究与发展水平。

本章小结

1）社会—生态系统恢复力研究相对较为成熟，相关方法与模式可为旅游地社会—生态系统恢复力研究提供借鉴，但系统的阈值探讨和恢复力测度仍是当前研究的难点。

2）旅游地社会—生态系统恢复力研究对象不仅针对不同类型的旅游地，同时还较多地针对系统内的干扰要素，侧重于旅游对系统的干扰研究。已有学者针对个案建立概念性评估框架，并从各个维度进行测度尝试。

3）当前旅游地社会—生态系统恢复力的理论体系、测度体系、管理体系以及典型案例地的实证研究都有待深入研究。

第四章 旅游地社会—生态系统恢复力概念性研究

前已述及，旅游地社会—生态系统恢复力研究尚处于起步阶段，亟须建立自己的理论体系。本章在借鉴社会—生态系统相关理论的基础上，提出旅游地社会—生态系统的边界、特征、类型和研究框架，并进一步探讨旅游地社会—生态系统恢复力的类型、测度体系等，提出恢复力视角的旅游地社会—生态系统运行轨迹及可持续判定。一方面希望在理论研究上有所收获，另一方面也为本书的实证研究提供理论依据。

第一节 旅游地社会—生态系统界定与特征

一、旅游地社会—生态系统界定

以旅游地社会—生态系统为对象的恢复力测度，首先需对旅游地社会—生态系统的范围进行界定。由于旅游地社会—生态系统的复杂性，精确地进行范围界定具有一定的难度，考虑研究的可操作性，可从地域和要素两个方面进行界定。

（一）依据地域范围界定

旅游地社会—生态系统是以旅游地范围为地域边界，以旅游发展为主要驱动力，由社会、经济、生态各种要素及相互作用所形成的复合系统。依据旅游地域范围，可划分为大、中、小尺度旅游地社会—生态系统。相对而言，大尺度一般包括区域、国家以至全球范围；中尺度主要指县域至省级范围；小尺度主要指县域以下范围，包括乡镇、社区等。

（二）依据系统要素界定

由旅游发展波及的社会—生态要素及其变化组成的系统，地域上可能涉及旅游目的地及旅游目的地影响的中心地、周边社区和相关区域等，主要包括生态系统、经济系统、社会系统三大系统内的要素。生态系统要素主要包括生物类型与栖居地、资源、商品与物质资料、非生物变量（如地貌）等；经济系统要素主要包括经济类型、收入、生产方式等；社会系统要素主要包括社会文化、教育、医疗、卫生、居民生活、政策等。要素的组成与相互作用决定系统个性（Cumming et al., 2005；Cumming and Collier，2005；Rosenau，1997）。在系统中，任何一个要素的变化都会引起其他要素的连锁反应（余中元等，2014a）。

由于要素波及的面较多较广，对旅游地这样一个多要素多关联复杂的系统，要素界定的范围很难确定。一般而言，可依据地域范围界定，并考虑地域范围内的多要素。自然旅游地和旅游社区由于其具有环境敏感性和人地关系的典型性，目前已成为国内外学者恢复力研究的重点领域。

二、旅游地社会—生态系统特征

（一）社会—生态系统特征

Evans（2010）指出，社会—生态系统将世界看成复杂系统，世界是一个包含各种交互作用的社会、经济和生态子系统，每一个子系统又与不同尺度的各系统相互联系。Walker 等（2004）和 Beisner 等（2003）指出，社会—生态系统具有不可预期、自组织、非线性、多稳态、阈值效应、历史依赖和多种可能结果等特征。此外，Walker 等（2006）还指出，复杂适应性系统、适应性循环、尺度、扰沌、恢复力等均是社会—生态系统特征。采用社会—生态系统观点有助于阻止稳态转换（系统超越阈值后发生快速变化，进入一个具有完全不同的结构、功能和反馈环的状态）（Walker and Salt，2006；Kinzig et al.，2006）。综合来看，社会—生态系统特征及含义如表 4-1，其中，内在复杂性、多尺度反馈环、遗留效应是社会—生态系统有别于单一系统的突出特征。

表 4-1 社会—生态系统特征

特征	含义
开放系统	与外部环境相互影响
内在复杂性	系统不仅包括那些暴露的要素，还包括多重相互作用的要素
非均衡	具有动态性，系统随着时间变化，外部事件对其状态有重要影响
多种可能结果	研究者的多种观点和系统的多种现实均有可能
适应性	系统响应环境而变化；持续学习和自我组织；保持多样性和冗余度是非常关键的
交互作用	扰沌：嵌套/等级系统在时空中相互关联；易受多重打击影响
非线性	系统是不可预测的，因果关系与交互作用和结果不匹配
多尺度反馈环	调整系统行为，进行自我组织
遗留效应	具有历史偶然性，即过去事件对当前系统具有巨大影响

注：根据参考文献（Strickland-Munro，2010；Bennett and McGinnis，2008；Folke，2006；Walker and Salt，2006）整理而来。

（二）旅游地社会—生态系统特征

旅游地是一个复杂的社会—生态系统，除了具备一般社会—生态系统的特征，还具有与旅游发展相关的自身特征。

1. *旅游是系统变化的主要动力*

对旅游地社会—生态系统而言，旅游应是系统变化的基本驱动力，旅游发展引起经济、人口增长、资源消耗、物种入侵、居民生活方式等的改变（González et al.，2008）。主要表现在以下方面：一是旅游作为基本驱动力，它会对其他驱动力产生直接影响，如人口增长、资源消耗、商品和服务流动等；二是来源于旅游发展的经济机会也对其他经济成分，如农业、渔业、林业、商业等产生潜在影响，甚至会改变其他经济成分的效益组成；三是旅游还间接影响外来物种、自然资本等之间的联系，导致相关联系的加强或损失。

2. *系统更加开放*

旅游地社会—生态系统由于游客流进流出及旅游活动开展的需要，导致相关人流、资源流、信息流、物质流等大量增加，旅游地社会—生态系统和外部环境之间具有高度密集的交换关系，这种“不平衡—平衡—不平衡”的流动驱使系统不断变化和发展，使得系统更加开放，这也正是旅游地社会—生态系统比一般生态系统更加复杂的原因（陈娅玲，2013）。

3. *系统更加脆弱*

由于旅游地社会—生态系统经受当地居民和外来游客的双重干扰，而当地社会—生态环境不仅承担着一般社会—生态环境服务的功能，同时也是当地主要的旅游吸引物，具有吸引游客的功能。随着旅游发展规模的不断壮大，各项基础设施与服务设施也在不断增加、改造和完善，系统需经受越来越大的社会—生态压力。因此，旅游地社会—生态系统更容易遭到破坏，更加脆弱。

第二节　旅游地社会—生态系统类型与要素

一、旅游地社会—生态系统类型

依据旅游地类型，可将旅游地社会—生态系统分为城市、乡村、湖泊、山岳、古城古村落等旅游地社会—生态系统及依附各旅游地的旅游社区社会—生态系统。

依据旅游资源特点，可将旅游地社会—生态系统分为自然旅游地社会—生态系统、人文旅游地社会—生态系统、复合旅游地社会—生态系统等。

不同类型的旅游地社会—生态系统，因旅游资源特点、旅游发展程度、区域背景、居民态度、管理模式等不同，其社会—生态系统发展轨迹不同，恢复力也有着不同的情境。

二、旅游地社会—生态系统要素

由于旅游地社会—生态系统的复杂性，其恢复力的影响要素众多，要素的来源及影响速度也各不相同，且往往相互交融，单一和复合作用并存。

（一）依据要素源生性划分

依据要素源生性，旅游地社会—生态系统要素可分为三类：①内生要素，主要指系统维持自身本底状态的组成要素，如系统生态要素、传统经济方式、乡土风俗和历史文化积淀等；②外生要素，主要指系统运行中由外力干扰而产生的要素，这些要素有可能会逐渐转化，成为系统的主导要素，如旅游、行政区域调整、政策、工程等；③变异要素，系统在内外部因素干扰下所产生的变异要素，人与管理可能是系统最大的干扰，也是系统变异要素产生的最主要根源，如旅游发展、工程建设、政策管理等使得系统原来的生态、经济及社会要素发生的变化与转型等。

（二）依据要素变化速度划分

依据要素变化速度，旅游地社会—生态系统要素可分为两类：①慢变量，对维持系统稳态起重要作用，对系统起着潜移默化的影响，其影响作用一般在 10 年以上才能够显现，如土壤资源、功能、类型，财产和其使用权力、基础设施、文化、教育、价值、制度等；②快变量，对系统起快速、显著影响，其影响作用一般在 0～10 年显现，如土壤渗透、动物密度、火灾事件、收入、资源可进入性、规则实施与动力、旅游者等（Cumming et al.，2005）。由于慢变量的影响期较长，且变化和联系不易被发现，因此当前研究偏重于快变量对系统的影响，而往往忽视由慢变量的量变引发质变带来的严重后果。

第三节　旅游地社会—生态系统研究框架

一、旅游地社会—生态系统研究框架

著名诺贝尔经济学奖获得者 Ostrom（2009）提出了社会—生态系统研究框架，该框架由资源系统（RS）、资源单元（RU）、治理系统（GS）和使用者（U）四个核心子系统组成，每一个子系统中还包括一系列的二级变量及下一层次的变量，四个子系统在社会、经济、政治和生态环境的影响下相互联系、相互作用，形成当前的社会—生态系统。

旅游地社会—生态系统也是社会—生态系统的一种类型，同样可以看作四个子系统相互作用的结果，也完全适用于这个框架，只是在具体的层级变量上有所不同。因此借鉴 Ostrom（2009）的社会—生态系统研究框架，建立旅游地社会—生态系统研究框架，并针对旅游地这一具体的研究对象，通过框架进一步明确了四个子系统的细分类别和共同变量（图 4-1）。在旅游地社会—生态系统中，资源系统包括自然、人文、社会和景观资源，资源单元包括资源要素、游乐设施、服务设施、景观设施，治理系统包括社会、旅游和综合治理系统，使用者包括旅游者、居民、旅游从业人员。旅游地社会—生态系统更偏重于人类活动尤其是旅游活动对社会—生态系统所造成的影响，因此本书将四个子系统分为两部分进行研究，一部分为包含资源系统和资源单元的区域研究，另一部分为包含治理系统和使用者的人类认知研究。

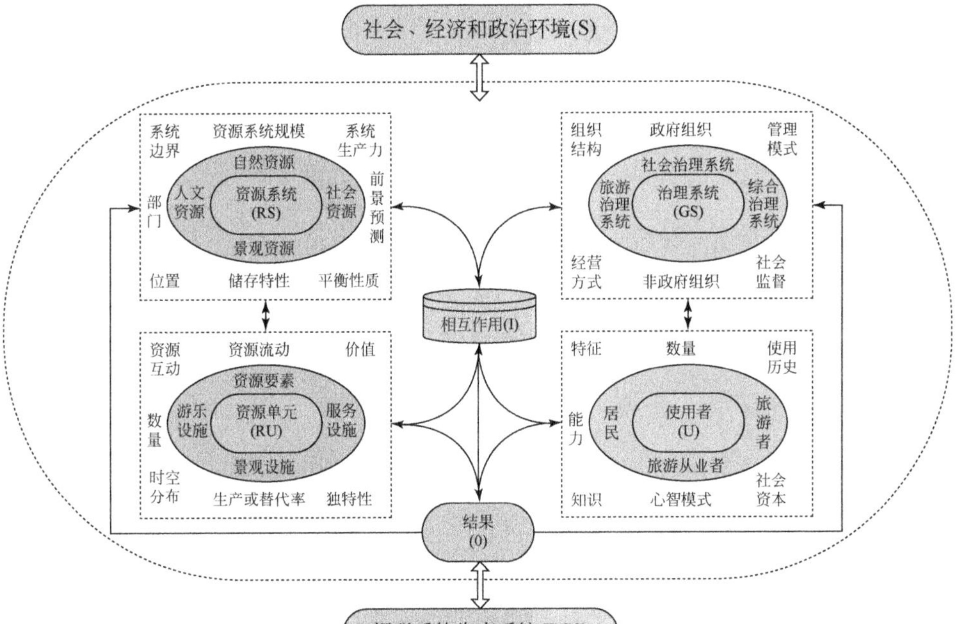

图 4-1　旅游地社会-生态系统研究框架

二、旅游地社会—生态系统内部关联

社会—生态系统各要素之间及系统内外部之间有着复杂的关联关系（Anderies

et al.，2004），旅游地社会—生态系统的四个子系统及与外部环境之间同样存在强烈的相互作用。

（一）资源单元—资源系统

旅游地资源系统可能由某一种资源要素组成，也可能由多种资源要素组合而成，资源不仅是当地社会—生态系统之根本，也是旅游地的主要吸引物，而任何一个资源单元被破坏或没有健全，都有可能影响整个资源系统。

（二）资源单元/系统—使用者

旅游地资源面临本地居民、游客、从业者等多重干扰，资源单元或资源系统存在不确定性、复杂性、脆弱性。游客属流动性人口，资源保护的意识和知识局限可能导致资源与设施磨损、破坏等，居民和从业者为了发展，可能存在争夺资源和设施等。

（三）使用者—治理系统

对人的管理是治理系统的关键，治理组织结构、关系等直接影响使用者的使用方式、使用水平。治理系统可能存在腐败、无效等，使用者可能存在接受命令的内部冲突、信息缺失等。

（四）资源单元/系统—治理系统

资源单元或系统保护的好坏取决于治理系统所采取的治理决策和方式。治理系统需对资源系统制定使用规则，避免资源使用的时空模式被瓦解。

（五）外部环境—系统内部

自然因素如恶劣天气、地震、泥石流等可能毁坏资源和基础设施，另外，社会因素如政治系统、移民、商品价格和规则的主要变化可能引起系统冲突、不确定性、移民、大大增长的需求等。

第四节　旅游地社会—生态系统恢复力内涵与类型

一、旅游地社会—生态系统恢复力内涵

（一）恢复力是整个旅游地系统的特征

由于旅游业的综合性与关联性，旅游地是一个非常复杂的系统，恢复力指旅

游地社会—生态系统总的功能，而不是其要素的稳定性（Adger，2000）。恢复力是保持旅游地社会—生态系统要素之间连接的相关能力，尽管它们也有可能转化，使系统被保护。分离的要素和现象可能连接，形影不离的连接也有可能分离。在这种情况下，恢复力是一种实用主义和乐观主义的能力，它与生物多样性、统治社会系统的文化特征和机构是相联系的，可以用来解释这些复杂现象的关联性和合理性（Adger，2000）。恢复力和可持续不是某一项活动的特征，而是整个系统的特征。每一个社会—生态系统都有它自己发展恢复力的方式，研究围绕旅游发展而开展的一系列活动如何贡献于恢复力至关重要。

（二）恢复力依赖于多稳定状态的存在

恢复力代表一个系统经历干扰却仍然保持它不间断的功能和控制的能力（Holling and Meffe，1996）。对一个旅游地来说，由于旅游业的不断发展，旅游产品的不断更新，旅游地的发展模式可能会经常变化。而恢复力依赖于多种稳定状态的存在，因为它涉及从一种状态滑向另一种状态的可能性（Holling and Gunderson，2002）。恢复力决定了一个系统经受的也许会超过控制的意外的干扰和惊奇的脆弱性。当超过控制时，系统能够重新自组织，或滑向另一个稳定领域，实际结果依赖于引起变化的条件（Petrosillo et al.，2006）。Gladwell（2002）指出，很多系统是远离平衡的，一个因素的很小变化也许就会引起系统跨越临界点。这些变化也许是突然的、意外的、令人惊讶的。但实际上，从系统内部演化来说，除了特殊因素干扰会使系统突然中断，旅游发展模式的各种变化基本是系统持续演进的结果。从系统外部扰沌来说，旅游地实际上也可以看作一个微系统，当某一个旅游地发生波动或突发事件时，更大的旅游系统通过适应性获得生存，旅游者通常会转移到所属的其他微系统里（Emma，2010）。无论是突然变化还是潜移默化，恢复力重点强调对结果的反馈，恢复力思想也提供了理解这些变化的方式（Strickland-Munro et al.，2010）。

（三）恢复力是处理旅游地变化和转化的透镜

恢复力思想高度重视对社会和环境之间的历史关系的探测，其为旅游地系统提供了一个研究如何处理变化和转化的透镜。旅游地发展初期，由于资源开发与建设，通常会对生态环境造成一定的破坏；旅游发展规模的不断壮大，对旅游地可能又会产生社会、经济及环境的负效应。旅游地在努力减小其自身的脆弱性同时，应考虑应对能力的相应提高。因此，Berkes 等（2003）指出，恢复力的概念从期望控制系统变化以保持稳定，转变为维持和提高社会—生态系统处理、适应及形变的能力，这种思考也认识到多维交叉尺度相互作用的重要性。

二、旅游地社会—生态系统恢复力方法的适用性

目前旅游研究广泛使用的方法主要有可接受的改变极限（the limits of acceptable change，LAC）、游客影响管理（visitor impact management，VIM）、游憩机会谱（recreational opportunity spectrum，ROS）、旅游最优管理模型（tourism optimisation management model，TOMM）和游客体验与资源保护框架（the visitor experience and resource protection frameworks，VERP）（McCool，2009；Newsome et al.，2002）。对旅游地社会—生态系统来说，这些方法具有一定的局限性，主要表现在以下方面：①对“不确定”的认识，它们处理不可预见的过程和事件，具有一定的局限性；②对“要素”的认识，当前这些方法关心的是系统要素间作用的性质，没有考虑资源和利益主体间复杂的作用及相互依赖性，要素性质促成旅游地管理，而随着时空变化，作为一个社会—生态系统，这些要素是相互依赖变化的；③对“相关环境”的认识，它们更多的是将相关环境作为区域旅游发展的一种背景，忽视相关环境的主动干扰性（Strickland-Munro，2010）。

恢复力是社会—生态系统的主要属性之一，它既是一种思想，也是一种方法。系统思想承认社会—生态系统的复杂性、不确定性和动态性（Nelson et al.，2007），恢复力与复杂系统可持续发展的联系不断增长（Brand and Jax，2007；Bingeman et al.，2004）。因此，恢复力思想为理解社会—生态系统提供一个框架，社会—生态系统恢复力的测度结果也为系统是否沿着可持续轨迹发展提供依据。

三、旅游地社会—生态系统恢复力类型

恢复力，一方面指系统经过干扰后回归原状态的速度，另一方面指系统经历干扰而没有转到另一种状态的广度（Holling，1996），前者集中保证功能效率，后者集中保证功能存在。根据系统对干扰的抵抗强度及经过干扰回归原状态的速度，可以将系统恢复力分为四种类型，见图 4-2（Li Kenan，2009）。

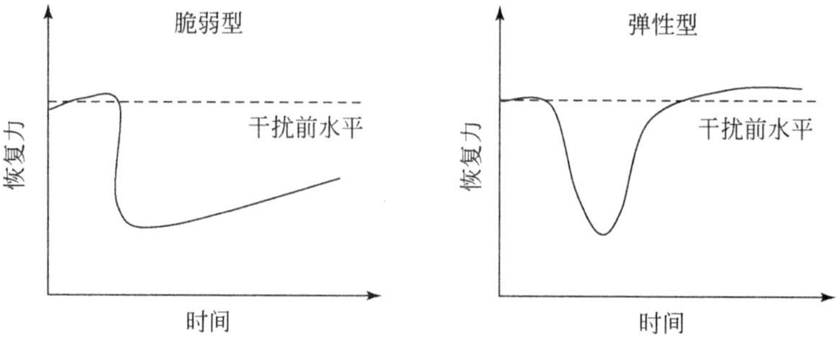

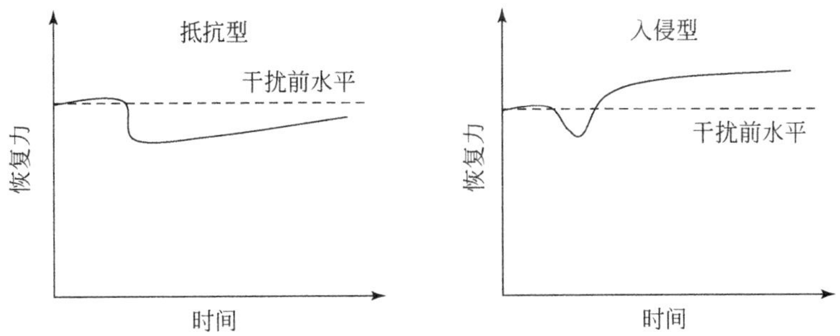

图 4-2　旅游地社会-生态系统恢复力四种类型

注：根据参考文献（Defrank，2009；Li Kenan，2009；Liu et al.，2007；Holling，1996）整理而来。

（一）脆弱型

该系统要素具有很强的敏感性，一旦被破坏，将很难恢复到之前的状态。许多生态系统都属于此种类型，其中的水、植被、土壤、动物等要素一旦被破坏，将无法恢复到之前的水平或状态。

（二）弹性型

该系统要素具有较强的弹性，虽然遭遇意外重大干扰，恢复力会迅速降低，但是干扰消除后，系统又会很快回归之前的状态。

（三）抵抗型

该系统要素具有很强的抵抗干扰能力，系统遇到干扰时会进行顽强的抵抗，努力减少恢复力的降低。但干扰过后，系统恢复也需要较长的时间。

（四）入侵型

该系统要素具有很强的生命力，抗干扰能力非常强，且干扰过后，系统可能会爆发更强的恢复力。

以上四种类型中，脆弱型和入侵型容易使系统转至另一个稳态，其中脆弱型可能是由于系统遭遇干扰后陷于停滞，甚至瘫痪，从而发生质的变化；入侵型可能是系统内部蕴藏较强的隐性因子，干扰可能刺激这些因子，使得干扰后系统迅速发展，并可能向高一级的系统转化。弹性型和抵抗型系统可能以不逾越原系统稳态居多，系统经历干扰后慢慢恢复，但仍在系统阈值内。

第五节　旅游地社会—生态系统恢复力测度与评价

一、旅游地社会—生态系统恢复力测度维度

恢复力理论发展已有 30 多年了，但其理论的实际运用，仅仅在最近才引起注意，并被接受（Seixas and Berkes，2004；Holling，2004，1973）。在系统管理运用中最大的内在困难是，恢复力是不精确的，因为测度领域与指标没有统一的范式，定量化定义很困难（Marshall，2005）。恢复力测度是恢复力评价的基础和前提。

Holladay 从社会、经济、生态和治理四个维度建立了相对比较完善的恢复力测度指标，为旅游地社会—生态系统恢复力测度提供了很好的参考，见表 4-2（Holladay，2011）。旅游地社会—生态系统恢复力可以由社会恢复力、经济恢复力、生态恢复力和治理恢复力共同决定。但是，由于旅游地社会—生态系统的类型不同、要素不同，以及测度区域不同，各子系统恢复力所发挥的作用不同，具体的测度要素或指标也需根据实际情况确定。

表 4-2　恢复力测度的四个可持续维度

维度	测量要素	定义
社会	信任	社会资本的社区层面要素，社区的相关成员之间的（血缘/会员）联结与关系
	网络	人际关系，网络里的个人相互关系
	学习	通过共同活动积累知识，如对话、模仿和冲突解决等方式
	平等	共享和获取资源的公平机会
	知识分享	已知信息的交换，可能促进相互信任
治理	灵活性	治理结构中允许学习和变化适应性管理的程度
	自我组织	得到立法、基金、网络、合作学习支持的当地组织行为
	本地控制	社区通过建立机制来控制资源的能力
	权力分享	地方、国家、社区/使用者群体的共同决策权
经济	多样性	提高收入渠道的经济机会种类和幅度
	可替代生计	可持续生计，导致非消费性的生态行为
	阻止漏损	控制外部经营者和实体收入的外流
	经济增长	收入稳定性，地方对经济发展的控制力
生态	自然性	人类活动对景观影响的最小化
	基础设施开发	人造设施对景观的影响
	多样性	自然环境下的生物多样性和易变性

注：引自参考文献（Holladay，2011）。

二、旅游地社会—生态系统恢复力测度方法

学者基于可持续性视角、脆弱性视角、阈值视角、脆弱性与应对能力视角等对恢复力测度方法提出许多概念性和操作性模型，但关于恢复力测度尚没有统一的视角与范式。目前采用和争议较多的方法是基于以下两个视角的。

（一）脆弱性视角

脆弱性概念由地学领域研究学者 Timmerman 在 1981 年首先提出。Zurlini 等（1999）提出社会—生态系统的脆弱性取决于两方面，一是系统所承受的外部压力大小，二是系统内部对外部干扰的敏感程度，在任意特定时空尺度上，脆弱性测度可采用概念模型来表示。

$$F = K + \alpha(U) \tag{4-1}$$

式中，F 为系统的脆弱性程度；α为系统内部的敏感度；U 为系统外部压力；K 为常数，代表外部压力 U=0 时系统的脆弱性本底值。

根据 Folke 等的观点，脆弱性和恢复力有如硬币的正反面，具有一体两面性，脆弱性低则恢复力高，脆弱性高则恢复力低，因此，恢复力可采用式（4-2）测度（张向龙，2009；汪兴玉，2008）：

$$R = 1/F = 1/[K + \Sigma\alpha_i(U)] \tag{4-2}$$

式中，R 为社会—生态系统的恢复力；α_i 为系统第 i 个敏感因子；其他参数含义与式（4-1）中一致。

采用脆弱性模型时，敏感性因子的选取可以采用替代物法，选取某一两个阈值因子代替，也可以选取可能影响系统的主要敏感因子集。

（二）脆弱性与应对能力相互作用视角

当前，脆弱性概念已不断扩大化、综合化，由单纯针对自然系统的脆弱性逐渐演化为针对自然和社会系统两方面，意义更为广泛；脆弱性评价也不断深化，逐渐意识到人的重要性，由注重自然环境导致的脆弱性评价发展到注重人在脆弱性形成以及降低脆弱性中的作用，形成了以人为中心的评价体系（Marshall，2005）。

应对能力是指主体面对预期或实际发生的脆弱性的系统功能、过程或结构所产生的影响而采取的一种有目的的响应行为，是对区域内外最近的、当前的或预期的可能环境（条件）变化的整体性和系统性适应状况。应对能力可以是对不利响应或脆弱性的反应，也可以是对机会的反应。在旅游发展脆弱性胁迫或发展机会下，要求社区系统能够不断构建发展能力，诸如调整能力、学习能力、应变能力等，以建立抑制和规避风险（脆弱性）的制度设计，增强社会—生态系统适应

能力。

Buckle 等（2000）认为，恢复力和脆弱性的关系不能简单地视为硬币的正反两面，它们之间可以呈正相关性，也可呈负相关性，这种关系不确定的主要原因在于系统的应对能力。系统脆弱性高，但应对能力强，可能恢复力也强；而系统脆弱性低，应对能力也低，一旦遭遇重大干扰，可能恢复力也低。基于这种观点，综合恢复力的大小应是脆弱性和应对能力相互作用的结果，其测度可用式（4-3）表达。

$$R = f(v, r) \tag{4-3}$$

式中，R 为恢复力；v 为脆弱性；r 为应对能力。

这种视角的测度可以分别表示脆弱性、应对能力及综合恢复力的大小，从而更清晰地辨析在系统恢复力中，是脆弱性还是应对能力占主导作用，并进一步判断系统发展是否沿着可持续轨迹发展，系统是注重创造社会能力还是注重物质资本积累。本书的实证研究正是基于脆弱性与应对能力相互作用的视角进行恢复力测度的。

（三）旅游地社会—生态系统恢复力评价

旅游地社会—生态系统恢复力评价是一项复杂的系统工程。根据以上测度分析，恢复力评价必须要考虑以下 5 个要素（图 4-3）。

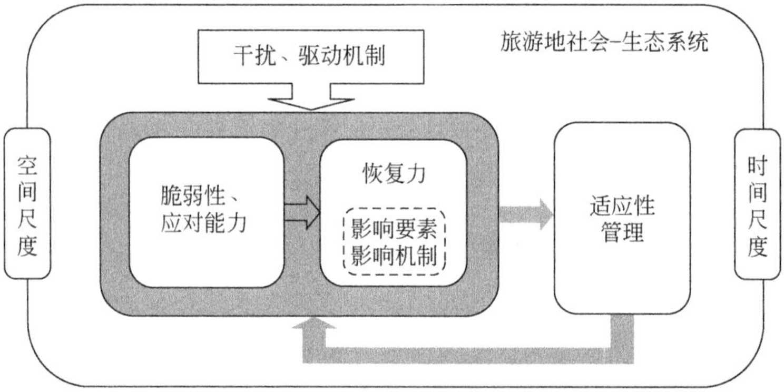

图 4-3　旅游地社会-生态系统恢复力评价要素

1）时间或空间尺度。每个案例地恢复力都有着不同的情境，且随着时间的变化，系统范围及恢复力都将呈现一定的变化。因此，旅游地社会—生态系统恢复力研究首先需考虑时空界限及特征。

2）系统脆弱性、应对能力。将系统的脆弱性与应对能力分开分析，能够更准确地衡量旅游地内外要素导致的不稳定性、系统保持原稳态的能力以及系统所具有的真实恢复力，也是进行旅游地社会—生态系统可持续判定的重要依据。

3）系统恢复力影响要素与影响机制。这是旅游地社会—生态系统恢复力研究的重点。努力辨别恢复力的各类影响要素及其影响方式、影响速度、影响结果，揭示其影响规律，才能有效地提高系统恢复力，并有针对性地进行适应性管理。

4）系统的干扰、驱动机制。任何一个系统都不是孤立存在的，可能会同时受到几个外部循环圈的扰沌，辨别外部干扰循环圈，分析其驱动机制，有利于促进系统不断应对外界变化，并始终使系统处于良性运转状态。

5）系统适应性管理。恢复力研究的最终目标是进行适应性管理。围绕恢复力研究结果，确定系统适应性管理要素，在系统变化中，协调人与人、人与自然、自然与自然之间的关系，充分发挥人类治理在系统可持续发展中的作用。

恢复力评价的 5 个要素是相互关联的，在时间或空间尺度范围内，分析旅游地社会—生态系统特有的状态，考虑系统所经受的干扰因素及驱动机制，测度其脆弱性、应对能力及恢复力，为可持续判定和适应性管理提供依据。适应性管理的结果反过来又会影响系统的脆弱性、应对能力及恢复力，形成系统的适应性循环圈。

第六节　旅游地社会—生态系统可持续判定

基于脆弱性与应对能力相互作用视角的恢复力测度和评价，可以为旅游地社会—生态系统的运行情景、轨迹及可持续状态的判定提供依据。

一、旅游地社会—生态系统情景模型

借鉴 González 等（2008）的研究成果，将旅游作为社会—生态系统的直接推动力，从生产者、消费者、来源和资源流等脆弱性和应对能力要素方面，建立旅游地社会—生态系统可能的三种情景模型（图 4-4）。

（一）内生模型

内生模型（endogenous model）尊重旅游地的原始生物多样性、生态系统、自然资本等，开展低密高质的自然旅游，维护生态旅游高价值空间，从而获得财政收益资本。当地的原始生活环境被维护，居民有较高的生活质量，获得的财政资本进一步用来自然保护与恢复投资，进而形成良性的社会—生态系统循环。

内生模型鼓励高质量、低影响的自然旅游，利益主体具有较高的一致性，其核心是“守护自然资本安全”。

（二）外生模型

外生模型（exogenous model）在旅游地发展过程中，逐步聚集大量外来人口

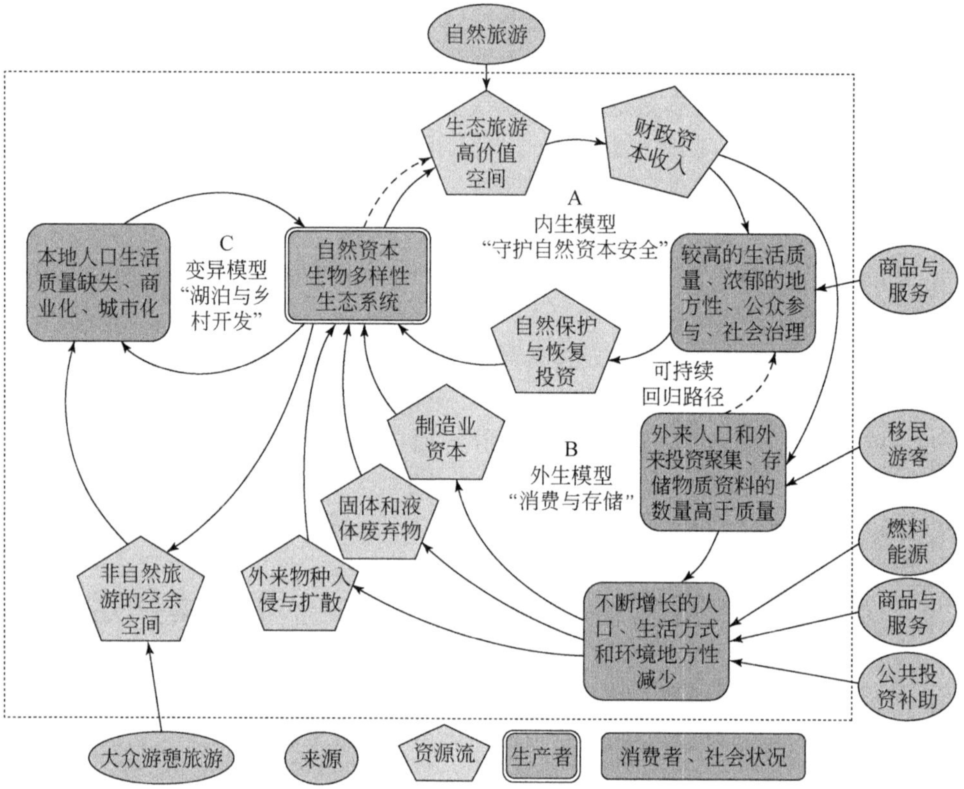

图 4-4　旅游地社会-生态系统生长情景模型

注：根据文献（González et al.，2008）修改。

（包括外来移民与外来游客）和外来资本，外界商品与服务、燃料、公共投资等不断投入，存储物质资料的数量高于质量，生活环境与生活方式的地方性逐渐减少。由此，也产生更多的制造业资本、能源、废弃物及物种入侵等，冲击原有的社会—生态系统。

外生模型是一个开放的系统，不断地消费，又不断地存储。社会影响是高度移民，高度依赖外部商品和服务等。当地选择中短期经济增长模式，导致自然资本的快速损失、外来物种的侵入、渔业开发、稀有资源的不正确使用、水污染、原始生态系统的总体退化等。

（三）变异模型

变异模型（perverse model）以自然为资本，大规模发展观光和游憩旅游，导致旅游地商业化、城市化日趋严重，当地居民的生活质量缺失。

变异模型中，自然资本不再能够满足自然旅游的高质需要，旅游模式是大众游憩的一种。

（四）模型转化

旅游地社会—生态系统三个情景模型中，旅游是变化的最基本驱动力。旅游的积极反馈会创造出旅游地的社会、环境能力之外的额外需求。例如，与生态旅游相关的新能源流动是生态与社会文化系统转换的主要驱动力。

相对而言，三种模型中，内生模型最具恢复力，脆弱性最小，也是最理想的模型，但三种模型是可以相互转化的。内生模型若不断地聚集外来人口，或大规模发展观光游憩旅游，不断地输入输出物质流，不断降低恢复力，将很容易转化为外生模型或变异模型；而外生模型或变异模型若管理得当，努力保护生态，提升恢复力，也可以逐渐转化为内生模型，但有些破坏是不可逆转的或需要一个长期过程才能恢复。从一种稳态向另一种稳态转换的关键取决于系统恢复力，是否能成为内生模式也取决于当地人对环境的态度。但是生态系统是自然资本，自然资本保护不是一种选择，而是必需的。

二、旅游地社会—生态系统运行轨迹与可持续状态

根据旅游地社会—生态系统情景模型，在人类活动干扰下，随着系统脆弱性和应对能力变化态势，可将社会—生态系统运行轨迹对应地分为三种类型（图 4-5）。

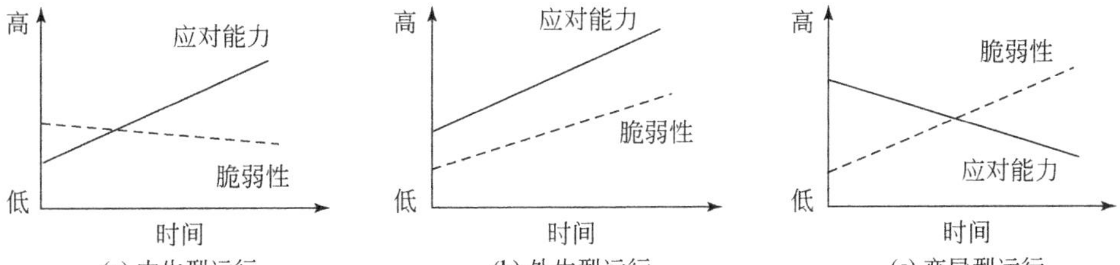

图 4-5　旅游地社会-生态系统运行轨迹

内生型模式下的社会—生态系统，其脆弱性逐渐降低，应对能力逐渐加强，恢复力也会逐渐加强，是较为理想的可持续发展状态。外生型模式下的社会—生态系统，其脆弱性和应对能力都会逐渐升高，可能由于应对能力增长的幅度更大，系统恢复力也在不断升高，但恢复力维持的状态可好可坏，此状况下的高恢复力隐含着高风险，并非理想的可持续发展状态。变异型模式下的社会—生态系统脆弱性不断升高，应对能力不断走低，处于不可持续发展状态。

若以脆弱性、应对能力和恢复力为三个维度，组成可持续发展三维空间模型，可以判定 *ABCDEFGH* 围成的空间为可持续发展状态（图 4-6）。

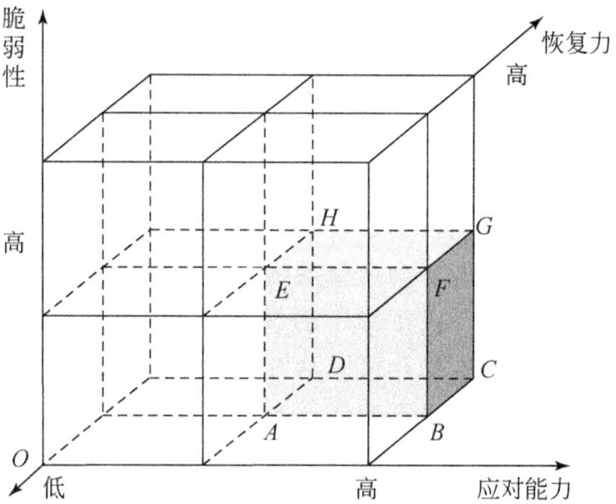

图 4-6　社会-生态系统可持续发展三维分析

本 章 小 结

1）旅游地社会—生态系统可依据地域范围和系统要素进行界定。旅游是系统变化的主要动力，比一般的社会—生态系统更加开放和脆弱。

2）旅游地社会—生态系统框架包括资源系统、资源单元、治理系统和使用者四个亚系统，在旅游活动干扰下，四个子系统相互影响和作用。其中，资源系统和资源单元从地域角度进行研究，治理系统和使用者从人的角度进行研究，体现了人文地理学研究中典型的人地关系视角。

3）旅游地社会—生态系统恢复力的类型可分为脆弱型、弹性型、抵抗型和入侵型。恢复力测度可以基于脆弱性视角，也可以基于脆弱性与应对能力相互作用的视角。比较全面的恢复力测度维度通常可从经济、社会、生态和治理四个子系统进行。

4）根据脆弱性、应对能力和恢复力的发展态势，旅游地社会—生态系统运行轨迹可分为外生型、内生型和变异型三种。只有由脆弱性不断降低、应对能力不断上升导致恢复力不断提升的情境，才是理想的可持续发展状态。

第五章　千岛湖旅游地社会—生态系统适应性循环分析

湖泊是旅游业发展的重要资源载体之一，我国现有湖泊20 000多个，面积在$1km^2$以上的湖泊有2800多个，是一个湖泊旅游资源大国（李景奇，1997）。但人类利用湖泊进行旅游开发，仅有30多年的历史（陆林和虞虎，2014）。我国的湖泊旅游目前仍处于起步阶段，多以观光形式为主，且很多湖泊因发展产生水质变坏等生态问题，只有少数处于良性发展阶段（陶犁和王立国，2010）。湖泊产生因自然社会高度耦合、生态系统结构和功能相对完整、对外界风险尤其是人类活动的相对敏感，以及在生态功能区划中的关键作用，往往成为脆弱性研究的重点区域（余中元等，2014b），也因此成为恢复力研究的典型案例。

千岛湖位于浙江省淳安县，是1959年为建造新安江水电站、截流新安江、建坝蓄水而形成的。水库建成后，原淳安县城和遂安县城被淹没，围绕千岛湖，两县区域合并，形成目前的淳安县。地处浙西山地丘陵区，千岛湖湖区面积$573km^2$。截至2012年，其所在的淳安县辖23个乡镇，总人口455 531人，农业人口约占83%；县域总面积达$4427km^2$，是浙江省面积最大的县，也是革命老根据地县。历史画面的详细分析可以揭示大量系统动态，以及系统对未来变化是如何响应的（MacQuarrie，2012）。本章根据《淳安县志》（浙江省淳安县志编纂委员会，1990）、《新安江大移民》（浙江省淳安县《新安江大移民》史料征编委员会，2005）及相关史料，对千岛湖历史发展进行纵向梳理，揭示其从农业经济到林茶经济，再到旅游经济的社会—生态系统发展历程及驱动机制。

第一节　千岛湖社会—生态系统历史演化与问题

一、千岛湖社会—生态系统历史演化

（一）1959年之前

1. 生态子系统

地形以山地丘陵为主，山地、丘陵面积约532.8万亩（1亩≈$666.7m^2$），占县

域总面积的 80%。地势四周高、中间低，新安江从西北蜿蜒而下，横贯全境（淳安县志，1990）。生态资源丰富，森林以原生林、次生林居多，耕地主要为原始农业景观，动植物等处于自然发展状态。总体上保持原始生态系统，除耕地外，其他人工痕迹很少。

2. 经济子系统

淳安县素以农业为主。中华人民共和国成立前，人们只从事简单的再生产，生产水平非常低下。1949 年，农业总产值为 2873 万元，农业人口年人均约 87.38 元；中华人民共和国成立后，进行土地改革，变革生产关系，促进了农业生产的发展，工业生产也有较大发展，淳安县为浙西六个山区县中比较富裕的县；其中，1949～1957 年，林业生产属稳定发展期。

淳安县人民历来以务农为主要职业。封建社会，谷物不足，人们靠蒸茶、割漆、栽培山林为生；清末民初，木材、茶叶外销，经济开始发展；1950 年，土地改革运动开展后，农民生活始有依靠；抗战前物价大致平稳，抗战后物价波动剧烈；中华人民共和国成后，采取统一财政经济、稳定市场物价的方针，扭转物价飞涨局面。

3. 社会子系统

历史上，淳安县人口的发展经历了增长、下降、增长的起伏阶段。南宋时，北方人口大量南迁，县境人口激增；清初，战事、灾祸不断，人口迁徙频繁，或增或降；明末清初，淳安县相对安定，有大批客户迁入；抗战时期，淳安县和遂安县因位置偏僻未遭沦陷，大批外地工商居民逃来落户，外来人口大量增加，经济在当时的条件下尚可；20 世纪五六十年代，人口快速发展与国民经济落后的矛盾突出。总体来说，1959 年前的系统，受经济发展水平限制，社会物资缺乏，基础设施和服务设施落后。

（二）1959～1981 年

1. 生态子系统

1959 年新安江水电站建成蓄水后，海拔 108m 以下的农田、林地被淹没，变成水域；水库面积 84.89 万亩，加上其他水域，水面积共有 91.56 万亩，占全县总面积的 13.5%；河谷平地极少，加上低坡山丘地，耕地面积只有 19.31 万亩，占总面积的 2.9%；当时人均山地 12.6 亩，水面 2.14 亩，耕地 0.45 亩，是浙江省人均内陆水域面积最多的县，也是人均山地较多和耕地较少的县。

建库后，光照、温度、水体的地域差异明显，“湖泊效应”显著，形成水库小气候，与同纬度其他地区相比，冬暖夏凉；极端最低气温升高 4.4℃，而极端最高气温降低 1.7℃，总体上，年平均气温比建库前升高 0.3℃，全县气温的地域分布由中部库区向四周逐渐递减。此外，自然资源丰富，物产多样，属浙江省八个重点林业县之一。

2. 经济子系统

这一时期的经济收入以茶叶、蚕桑、松脂、山茱萸为主。1958 年后，在“左”倾错误路线影响下，大搞“一平二调”，加上新安江水库淹没大批耕地，生产大幅度下降；据 1961 年统计，工农业总产值从移民前 1957 年的 6815 万元猛跌到 3713 万元，下降 45.5%，其中农业总产值下降 46.8%，工业总产值下降 41.5%，经济陷入瘫痪状态；1962 年后，淳安又开始逐渐重建家园，进入新系统的保护与开发状态，劈山造田，重新安排河山，先后造田 4 万多亩，地改田 6 万多亩，建造山塘、水库 1349 座，各种渠道、堰坝 1911 条，解决了山坞田、山坡田的灌溉问题，有效灌溉面积达到 11.98 万亩，占耕地总面积的 71.09%。

1979 年后，推行经济体制改革，工业生产出现新局面，形成以食品、饮料、丝绸纺织、化学、木材加工、电子、机械等行业为主的多门类工业体系。农村推行多种形式责任制，农业生产走出低谷，以每年平均递增 9.1%的速度向前发展。林业生产在这一时期，先后经历了三个阶段：1958～1961 年，林业遭到较大破坏；1962～1971 年，林业生产属恢复期；1972～1985 年，林业生产进入全面发展时期。

3. 社会子系统

除受到“大跃进”和“文化大革命”等的影响以外，还经受了因建新安江水电站带来的各种困难和考验。尤其是水电站的建成，淹没淳安县 5 个城镇，49 个乡镇的 1377 个自然村，淹没耕地 307 838 亩，其中大部分是淳安人民赖以生存和对国家做出贡献的“粮仓”；淹没工商企业 255 家，移民 289 951 人，淳安百姓世代辛勤劳动所取得的农田基本建设、工商业设施、交通道路、文化建设等一切固定的社会财富大部沦为水域，设备、人才大量外迁。新安江水库建设引发的移民问题一直持续到 20 世纪 90 年代。

（三）1982 年至今

1. 生态子系统

境内以湖泊、林地为主。各溪流纵横交错、流向复杂、水系呈羽状，新安江境内主要河流长 82.69km，千岛湖是境内最大的人工湖泊，各乡镇基本围绕千岛湖；资源丰富，尤其是动植物种类繁多。旅游业发展后，对生态系统产生了较大的干扰，尤其是湖水水质下降、噪声加大，但在生态环境保护力度不断加大的情况下，负面影响有所遏制；同时，森林覆盖率不断提高，淳安县森林覆盖率达 65%，其中千岛湖内森林覆盖率达 82.5%。

2. 经济子系统

其间，淳安经济发展逐年加快。2012 年，地区生产总值（GDP）1 592 280 万元，第一、二、三产业的比例为 0.17：0.43：0.4，分别比上年增长 3.0%、11.8% 和 12.5%，第三产业增长迅速。淳安县属上海经济区，是东部沿海经济发达区向西部皖赣丘陵地区过渡的地带，处于东西之间的结合部位。采取“东引西进”的经济策略，即以旅游、农林渔土特产品吸引东部经济发达区的客流和占领市场，并引进先进技术、人才；将地方工业产品引入安徽、江西等地区的市场。这期间确立了“一种养二加工三旅游”的经济方针，即发展种植业、养殖业、加工业和旅游服务业。充分发挥山水优势，开发山水资源，逐步建立起湖区以旅游业为支柱，渔业、水果、蚕桑、畜牧业、加工业和服务业协调发展的复合经济结构；山区形成以林、茶、果、药、牧和加工业、服务业协调发展的综合立体经济结构，并逐步形成木竹、茶叶、蚕桑、柑橘、青枣、山核桃、山茱萸、桐油、淡水鱼、长毛兔十大商品生产基地。

从 1982 年至今，旅游业经历了从无到有，再到繁荣的过程，并成为当地的支柱产业。2012 年，淳安县全年共接待游客 796.61 万人次，旅游经济总收入达到 70.2 亿元，旅游景点门票收入 2.5 亿元；其中共接待千岛湖下湖游客 239.03 万人次，接待乡村旅游游客 209.84 万人次，实现乡村旅游收入 2.11 亿元。接待和住宿业蓬勃发展，拥有各类旅行社 39 家，星级宾馆 32 家。

3. 社会子系统

淳安县域社会系统总体上不断趋于优化，2012 年，境内水陆空交通便利，尤其是湖内开通 23 条航线，共 341km，127 个大小码头遍布湖区沿岸；义务教育普及率 100%；电视人口覆盖率为 98%；成为全国体育竞赛优秀赛区、省级卫生强县。由于新安江水库的建设，形成了千岛湖，千岛湖相继获得首批全国重点风景名胜区、国家 5A 级旅游景区、中国十大魅力休闲旅游湖泊、中国最佳自然生态魅力名镇等诸多荣誉。

二、千岛湖社会—生态系统问题

（一）生态子系统问题

水库未建前，淳安保持原始生态环境，但洪涝灾害较多。水库建成初期，形成千岛湖，水域面积大，谷地少，岛屿多，生态破坏严重，植被稀少，“湖泊效应”改变了当地微气候。生态恢复建设和新的生产生活方式形成后，森林覆盖率逐渐增加。但旅游发展后，加上工业及上游污染源，人类对湖泊生态系统的干扰明显加大，水质开始恶化，噪声和空气污染均不同程度地增加。近年来，随着生态治理力度加大，生态破坏趋势有所遏制，但生态承载力仍然非常有限。

（二）经济子系统问题

淳安县曾是一个粮食大县，1958年水库建成后，30多万亩耕地被淹，千岛湖成了缺粮县。留下的居民往山上退居，并开始以林业谋生，经济发展中断，人民生活困难。直到改革开放后，经济发展多样化，旅游经济开始发展，并逐渐成为当地的主导经济。由于旅游业是一个脆弱性行业，旅游成为主导经济为当地经济带来了更大的风险。此外，产业结构不平衡、资源禀赋不同、区位不同、开发时序不同等，也给当地造成了乡镇区域经济发展不平衡、居民收入差距大、居民旅游态度存在差异等问题。

（三）社会子系统问题

从封建社会到民国，直至中华人民共和国成立，淳安县经历了社会制度的重大变革，社会进步缓慢。中华人民共和国成立后，实行土地制度变革，情况有所好转，但由于“大跃进”和“文化大革命”的影响，制度和文化建设等几乎停滞不前，对资源的利用、当地知识的学习都有待于进一步提高。1958年水库建成，开始蓄水后，淳安和遂安县城均沉入水底，两县合并，近29万人移居他乡，其间产生了众多的移民安置和社会稳定问题。改革开放后，开始开发旅游，游客数量及外来人口逐年增加，淳安县社会趋向稳定，其间存在管理不稳定、综合规划缺乏、旅游呈粗放发展模式等问题。同时也带来了物价上涨、土地资源紧张、房价上涨、社会拥挤、外来资本过多等问题。

第二节　千岛湖旅游地社会—生态系统特征与主导要素

千岛湖作为旅游地社会—生态系统，既具有一般社会—生态系统的特征，又具有旅游地社会—生态系统的独特性。同时，作为湖泊型旅游地和居民生活生产场所，其特征和要素又与湖泊及社区有着千丝万缕的联系，具有高度的综合性与复杂性。

一、千岛湖旅游地社会—生态系统特征

（一）湖泊与旅游相结合

湖泊旅游一方面是供给者利用湖泊自然景观、水文形态、人文积淀、生态环境和游乐设施，提供服务产品；另一方面是旅游者进行以湖泊为依托的各种活动，

而获得旅游经历（周玲强和林巧，2003）。1959年新安江大坝建成，开始蓄水后，形成1078个岛屿，故名千岛湖。千岛湖所在的淳安县是典型的库区县，没有仿照苏浙经济强县的工业化发展模式，而是依托湖泊及其周边环境发展旅游业和绿色经济，以湖兴旅，成为江浙沪地区唯一获得"中国首批旅游强县"称号的县市（杨宏浩，2011）。千岛湖旅游和湖泊有着密切联系，湖泊因旅游而更具价值，旅游者大多因湖泊而慕名前来。尽管近年来乡村旅游发展迅速，但湖泊的存在与旅游活动是相互纠结在一起的，他们各自的影响很难区分开。巨大的旅游效应使当地居民的思想观念发生了重大转变，当地政府在环境保护上也给予更多关注和更多投资，使得青山绿水成为千岛湖最宝贵的资本。

（二）多种管理形式与机构并存

千岛湖属湖区、库区、旅游区，旅游、水利、林业、渔业等部门和机构交叉管理，中国典型的旅游经营和管理体制问题在千岛湖也普遍存在。为此，近年来，对千岛湖进行了大量改革和探索。根据淳安县政府2012年发布的《淳安县旅游经济发展情况汇报》，2004年成立了景区综合管理处，千岛湖景区实施六统一管理；2006年成立了千岛湖景区有限公司；2007年前后成立了姜家产业区块管委会和旅游度假区管委会，四大旅游度假区建设框架正式拉开；2010年成立千岛湖旅游集团公司，公司下设8个科室和8家子公司；2012年为推进旅游综合改革，突出解决旅游管理中存在的"多头管理、职能交叉"等问题，成立了千岛湖风景旅游委员会，同时增挂商务局牌子，形成"三委一处一公司"的大旅游产业格局，淳安县旅游委员会统筹管理、协调全县涉旅事宜职能得到增强；另外，推进了游船（艇）统一经营和游艇公司整合重组，并加快实施游船公交化运行，初步构建了政府主导的大旅游管理格局。但各部门职能和职责等界定仍然很难划清，渔业限捕时间和区域与旅游也有着一定的矛盾冲突。湖泊是一个开放的社会—生态系统，与周边环境不断进行物质或能量交换，其发展很容易受到外界干扰，因此，需要一个综合管理部门对湖泊旅游地进行管理，采取多样性的管理模式（许峰，2006）。

（三）资源与经济紧密联系

湖泊一方面承担养殖、灌溉、防洪、生态服务等多种功能；另一方面还是旅游的主要吸引物，围绕湖泊开展的经济活动，尤其是旅游活动，形成了当地最重要的经济类型，以旅游为龙头的服务业对地方财政做了最主要的贡献。2012年千岛湖旅游产值占全县GDP的13%以上，超过了我国整个旅游业及浙江省和海南省旅游业分别对全国及相应地区GDP的贡献率（依次为4%、5%、11%）。千岛湖依据独特的湖泊资源，使得旅游产业的发展规模、经济效益、品牌影响力已居全国同类市县之首；同时，旅游业为居民提供了广阔的就业空间。据淳安县风景旅游委员会统计，截至2013年，旅游业吸纳直接从业人员2.6万人以上，间接从业人员8万人以上，占到全县就业人数的30%以上。

（四）自然与社会高度耦合

湖泊是一个城乡统筹的新格局，人工湖的人文色彩很重，需要以湖泊为资本，促进经济的发展（魏小安，2010）。因此，千岛湖虽然是湖泊、水库，但更是人类生活生产的主要场所，自然与人类活动有着密切的输入输出关系，自然环境影响人类的生产生活方式，人类活动又对自然系统产生重要的影响。1959年水库蓄水后，自然环境使得当地的农业经济转变为林业经济，继而又产生了旅游经济。而人类也在不断地改造自然，发展湖泊养殖、林地开垦、湖泊旅游及乡村旅游等。千岛湖旅游地的自然和社会具有高度耦合性。

（五）生态环境敏感性

千岛湖在区域生态功能区划中发挥关键性作用，改变了局域小气候，所在的新安江流域已列为国家第一个流域横向生态补偿试点。湖泊是当地最主要的生态资源，水质是湖泊最主要的敏感因子，其最容易受人类活动尤其是旅游活动的影响。一方面，因为发展旅游，游客、游船及各类旅游资源开发、设施建设等都对湖水水质产生重要的影响，且区内旅游发展的竞争性、经济发展的不平衡性更加重了对生态环境的影响；另一方面，千岛湖是一个流域型湖泊，起源于上游新安江，并流向钱塘江，上游及湖泊周边的居民和企业的生产生活都对水质产生重要的影响。此外，人工湖泊（即水库）建成后，当地社会—生态系统会发生巨大的变化，新的生态系统往往在建成后的很长时间内才逐步形成，生态更为脆弱（陈威和刘滨谊，2009）。

随着人类活动对区域影响的不断加强，2006年起，千岛湖水质由贫营养上升为中营养状态。由于上游的水质控制和生态补偿，2014年初，环保部环境规划院在《新安江流域水环境补偿试点中期绩效评估报告》中分析指出，千岛湖营养状态出现拐点，营养状态指数开始逐步下降。但千岛湖周边山体开挖、填湖造地等人为因素使沿湖的景观受到一定程度破坏。人类活动也带来了当地噪声增加、土壤硬化、土地结构变化、设施密集等负面影响。根据《淳安县生态功能区划（2008）》，县域西部和东南部高山区域及各建制镇生活饮用水源保护区是千岛湖生态环境最敏感的地区；千岛湖中心湖区和县域周边高山地区连片带区是千岛湖生态功能服务最重要的地区。因此，融当地居民生产生活和旅游者活动为一体的千岛湖，其生态环境极具敏感性。

二、千岛湖旅游地社会—生态系统主导要素

（一）湖泊是社会—生态系统的第一关键要素

千岛湖作为湖泊型旅游地社会—生态系统，湖泊理应成为社会—生态系统的第一关键要素。前已述及，千岛湖湖泊具有很强的生态敏感性，且在饮用水源保护和河流（湖库）湿地生物多样性保护、区域生态功能区划中承担重要作用（表 5-1），任何人类活动都不能以牺牲湖泊生态环境为代价。

表 5-1　千岛湖生态敏感性和主要生态服务功能

区域	生态环境敏感性	主要生态服务功能
千岛湖各生态功能区	水环境污染 土壤侵蚀 酸雨 地质灾害	饮用水源保护 河流（湖库）湿地生物多样性保护 自然与文化遗产保护 生物多样性维持和生境保护 水源涵养 土壤保持 城镇与产业发展 工业发展

注：引自参考文献（淳安县人民政府和浙江省环境保护科学设计研究院，2008）。

（二）旅游是社会—生态系统的第二关键要素

千岛湖旅游业起到推动生产要素流动、加快产业资本集聚、促进产业融合的巨大作用，产生了“一业兴、百业旺”的联动效应。第一产业因旅游而兴起。每年淳安的游客接待量是当地人口的 10 倍以上，拉动了农副产品生产及消费，提高了农副产品的附加值，促进了新农村建设和农民收入增长。第二产业因旅游而闻名。旅游带动了加工业发展，促进了生态工业成长，全县创办了数十家食品饮料加工企业，开发了农夫山泉、千岛湖啤酒、野娇娇土特产、山之子土特产等一大批名牌产品。第三产业因旅游而兴旺。旅游业发展极大地促进了淳安县，尤其是千岛湖镇、姜家镇等旅游中心城镇服务经济的发展，住宿餐饮业、休闲娱乐业、度假房产业日趋繁荣，同时带动了商贸流通、金融保险、邮电通信、交通运输、文化教育等相关服务业的迅速发展，促进了经济产业结构的调整（淳安县人民政府，2012）。旅游业也对当地社会—生态系统产生了最强烈的干扰，是研究当地社会—生态系统演变的主要着力点。

（三）社区是社会—生态系统的第三关键要素

千岛湖旅游地社会—生态系统包含众多社区，是居民生产、生活的主要场

所，也是社会—生态系统中的主要利益相关者。社区特征、社区发展规划及社区管理者和居民等都对社会—生态系统的特征、适应性循环过程、速率与方向起着重要作用。同时，社区形态、社区生计、社区居民等又深受湖泊和旅游活动的影响。因此，社区的健康发展是千岛湖旅游地社会—生态系统可持续发展的关键要素之一。

第三节　千岛湖旅游地社会—生态系统适应性循环阶段

一、第一个适应性循环

1958年以前，千岛湖以传统种植农业社会—生态系统为主导。史料记载，明万历年间，两县人口急剧下降，直至清乾隆年间，两县人口萌生看涨的发展势头，截至民国七年，在这166年间，人口起伏不大；民国时期，两县人口大体呈直线上升；明代时期，淳安县人均耕地约6.52亩，遂安县人均耕地约4.65亩；随着人口增加等因素，到了民国二十五年，两县人均耕地约1.40亩；抗战时期，淳安、遂安两县未沦陷，又有大量人口迁入，人均耕地相对更少；1950年以后，生产关系的变革调动了广大农民的生产积极性，农业生产发展加快；淳安县是个旱涝保收的地方，稳产高产农田主要分布在新安江河谷盆地；与临近县市比照，淳安县粮食生产具有明显优势，且1957年农业总产值比1949年增长51.28%，淳安是一个每年向国家提供商品粮较多的余粮县，是一个传统种植农业大县。

这一时期的史料难以收集，但总体上来说，1958年之前，淳安的社会—生态系统均为传统农业种植系统，其系统内应是经历了一个或若干个适应性循环，而最后一个循环可能是在经历开发、保护、释放阶段后，受外界干扰（1959年水库蓄水）而中断，直接进入下一阶段。

二、贫穷陷阱

1956年始，新安江就开始进行移民活动，库区移民外迁，人口下降幅度较大，成为系统进入贫穷陷阱的前兆。

1959年，新安江水库蓄水后，淳安县淹没耕地307 838.2亩，其中水田185 151.2亩、旱地区122 687亩；重建城镇、库边移民后退建房及城乡道路等占用耕地5956亩；此外，为保持水土、涵养水源而采取“退农还林”举措，减少耕地面积54 551亩；截至1985年，农业人口人均耕地锐减至0.50亩，其降幅约为水库移民前的2/3；新安江水库形成后，全县除西南境汾口一带尚有少量谷地外，水田多属山坞垄田或山坡梯田，旱地除少量山脚缓坡地外，其余大多为陡坡地（新安江大移民，

2005）。土地剧减、结构变劣、农田基本条件变差，产粮优势变成缺粮劣势，淳安县成为一个典型的缺粮大县。

总体来说，1959～1962年，库区蓄水，淹没农田，大量林木砍伐殆尽，大规模移民，加上大跃进影响，库区水、电、交通等全部瘫痪，系统陷入贫穷陷阱。

三、第二个适应性循环

1963～1981年，淳安县由贫穷陷阱逐步过渡到林茶社会—生态系统。在经历系统瘫痪后，淳安留下的人民也在开始起步新的开发。在系统外部政策及行动的干扰下，跨越后的系统开发初期面临巨大的矛盾（系统崩溃），主要表现在以下方面：①土地结构发生变化，大面积优质耕地被淹，广大农民失去最基本的生产资料土地；②农田基本建设条件变差，抗灾能力减弱，减产年份增多；③移民遗留问题多，人地关系矛盾尖锐；④集镇淹没，工业企业或厂家外迁者多；⑤交通受阻，直接或间接影响工矿企业及农村商品经济的良性发展；⑥能源紧张，供电不合理（新安江大移民，2005）。

虽然面临巨大的矛盾，但由于新系统要素的更新，系统适应能力也不断加强。水库形成之前，当地农户仅有零星的果木栽培。新安江水库形成后，“湖泊”效应导致库区出现暖冬现象，植物生长期延长，林果木的冻害与干旱相对减少，为发展林果、茶叶及香料植物业营造了极为优越的环境和气候条件。水库建成之初的1961年，库区及周边造林面积仅有10.6km^2，1962～1985年的20余年，累计营造以杉木为主的用材基地达333.87km^2、毛竹基地18.1km^2、油茶基地49.6km^2、油桐27.2km^2、乌桕1.87 km^2，获得全国绿化造林先进县的荣誉。20世纪70年代初，青溪、临岐等地试种10万株无核蜜橘成功，为库区大面积营造柑橘商品基地提供了基础；80年代末，果树种植面积达133.33m^2，年产水果7721 t；茶园面积也大大增加，截至1985年，其产值已占淳安县农业总产值的16.24%；此外，自20世纪70年代开始，用于制作香料的（地中海植物）熏衣草、甜叶菊、月桂等在库区也栽培成功，获得较好的社会和经济效益（新安江大移民，2005）。

这一时期，系统根据水库建设改变后的自然条件，大力发展林业经济，系统处于林茶经济循环圈。

四、第三个适应性循环

1982年至今，由于千岛湖依靠有利的绿水青山资源，旅游业逐步成为该区域的主导产业，该区域也由林茶经济主导的社会—生态系统过渡到旅游社会—生态系统。依据适应性循环理论，千岛湖目前尚处于开发与保护的平衡阶段。

（一）开发阶段

1. 初级开发阶段

1982～1992 年，千岛湖开始景点初级建设，设立旅游机构，进入初级开发阶段。

1980 年 10 月 8 日，淳安县成立新安江风景规划建设领导小组办公室，开始开发旅游资源；1981 年更名为淳安县千岛湖风景规划建设办公室，开展千岛湖风景旅游资源的全面调查和初步规划，并开始建设桂花岛、蜜山岛、羡山岛、赋溪石林、方腊洞等景点；1982 年 1 月，淳安县设立旅游管理办公室，拉开了千岛湖风景区开发建设的序幕；1979 年 6 月～1985 年 4 月，县政府办公室、县风景区规划建设办公室先后 8 次对风景资源进行调查，编写《要求把新安江水库列入国家级风景名胜区》的报告、《千岛湖溶洞资源的调查报告》及《千岛湖风景区名胜区大纲》（草稿），上报上级政府；1985 年 9 月 26 日，撤销县千岛湖风景规划建设办公室，成立淳安县千岛湖风景旅游管理局，加强对千岛湖景区的全面规划和旅游业的经营管理（钱江，2013）。在旅游业发展战略定位上，1984 年淳安县政府首次把发展服务业（主要指旅游业）提上发展战略，1990 年初将旅游业列入“兴县”产业的重要位置（钱江，2013）。旅游业从无到有，至 1992 年，围绕千岛湖，全县景点发展到 15 个，旅游经济收入达 0.24 亿元，系统进入旅游初级开发阶段。

2. 整合开发阶段

1993～1997 年，千岛湖实行谁投资谁受益的政策，观光旅游完成原始积累，进入整合开发阶段。

系统在社会主义市场经济体制和新的经济发展方向的引导下，开始由政府投资、试点开发向投资多元、整合开发迈进，使系统进入一个更加有序的阶段。1993 年按照“谁投资、谁经营、谁受益”和“多投资、多受益”的政策，淳安县鼓励和调动各方面投资建设千岛湖的积极性，吸引了很多投资商开发特色岛屿。同时，全县以发展千岛湖为中心的旅游业作为推动经济发展的支柱产业和主导产业，形成合力兴旅的局面，使旅游业有了长足的发展。尤其是从 1995 年起推行景区大门票，旅游配套设施快速发展；1997 年底，千岛湖风景区共开发观光型景点 23 个，宾馆饭店 28 家，旅行社 15 家，水上交通工具 202 艘（游船 58 艘、摩托艇 144 艘），千岛湖旅游进入发展“快车道”，观光旅游完成了原始积累（浙江省淳安县千岛湖风景旅游局，2002）。

3. 保护性开发阶段

1998～2003 年，千岛湖实行景点革命，湖泊观光旅游稳健增长，进入保护性开发阶段。

随着旅游业发展规模的不断壮大，景区景点各自为政的现象及游船游艇不规范经营等一方面严重影响景区形象，另一方面也对景区生态环境造成较大负面影响。1998 年始，淳安县针对湖区景点“低小散”现状，开始了大规模的“景点革命”，对湖区 23 个景点进行改造，通过关、停、并、改，形成了 13 个较高品味的景点（浙江省淳安县千岛湖风景旅游局，2002）。经过系统 20 余年的发展，观光旅游达到了一个较高的水平，2002 年接待游客首次超过百万人，达到 105 万人，旅游经济总收入达 7.2 亿元，位居全省各县市第二名，且乡村旅游开始起步发展。这一阶段，当地政府提出了“一体两翼三支撑”的经济发展战略，将旅游业作为支柱产业打造，山水环境真正成为千岛湖的绿色资产。湖泊观光旅游步入稳健增长阶段，并逐渐走向成熟，人们的系统生态环境保护意识开始逐步加强，对旅游发展的理性思考变得更多。

（二）开发与保护平衡阶段

2004 年至今，千岛湖实行业态转型，以国际休闲度假基地为目标，以湖兴县，融入都市，进入开发与保护平衡阶段。

面对旅游产品的多元化、周边景区旅游发展和生态环境保护的巨大压力，千岛湖旅游开始积极探索旅游转型，实施由单一的观光游向观光、休闲、度假等综合型旅游转变，提出“全县景区化”的发展理念。2004 年，淳安首家五星级度假酒店——开元大酒店开业，全国内陆湖泊的第一艘豪华游轮——伯爵号驰入千岛湖，成为千岛湖旅游业发展转轨的重要标志。

随后，系统设施和外来投资不断增加，万向、绿城、滨江、华联、雨润、上海文广等一批大企业、著名集团纷纷投资千岛湖。截至 2012 年，淳安县拥有省级旅游度假区 1 个，市级旅游综合体项目 3 个，宾馆饭店 191 家，旅行社 39 家，豪华游船 120 艘，游艇 161 艘，各类高档休闲游艇 20 余艘，旅游商品商店 320 余家；另外拥有湖区景点 11 个，外围景区 8 个，漂流项目 9 个，休闲观光农业示范园区 2 个（淳安县人民政府，2012）。外来投资一方面为系统增加了活力，另一方面也给系统增加了更多风险。

此阶段的旅游开发，一方面注重旅游效益的提高，另一方面更注重对环境的保护。2004 年起，围绕湖泊周围休闲和乡村空间的开发，乡村旅游快速发展，下湖游客比例逐年下降，大大减轻了对湖泊的压力。截至 2012 年，全县共有 15 个乡村旅游景点，12 个农家乐特色村，450 余户农家乐经营户，7000 余个床位，35 000 余个餐位，2010～2012 年共接待乡村旅游游客 505.4 万人次，实现乡村旅游收入 5.15 亿元。但系统自我保护意识大大加强，环境保护和治理力度加大，如农家乐建污水处理设施，给予 50%的建设费补助等。这一阶段，当地政府提出了“以湖兴县、融入都市”的发展定位，把旅游强县作为五个经济发展战略之一来推动。

第四节　千岛湖旅游地社会—生态系统适应性循环驱动机制

一、千岛湖社会—生态系统适应性循环驱动力与影响

纵观千岛湖社会—生态系统适应性循环演化历程，新安江水库建设和旅游业发展是系统不同适应性循环圈形成的直接驱动力，也是系统引力域变化的主要干扰因素，对社会—生态系统现状产生了变革性的影响（表 5-2）。

表 5-2　千岛湖社会—生态系统主要时期、驱动力与影响

主要时期	驱动力	社会—生态系统影响		
		社会子系统	经济子系统	生态子系统
1958 年前		封建制度，战乱时期，解放，土地改革，大跃进	粮食大县，古代蚕桑生产发达	山地多为原始植被，农耕田地较多，空气清新，水系基本无污染，洪涝灾害多
1959～1981 年	新安江水库修建	淳安、遂安两座历史名城和众多文物古迹被淹库底，淳安、遂安两县合并，人口减少，移民问题，管理与政策问题	农田淹没，农作物品种变化，经济发展停滞不前，缺粮问题，林茶经济	“八山分半水半分田”，林地靠后，森林覆盖率不断增加，“湖泊效应”改变了当地微气候
1982～2003 年	旅游发展	管理机构变化，国家重点风景名胜区、国家森林公园，外来人口增加，游客数量增加	限捕，游船，宾馆，观光旅游经济	生态环境降低，水质变差，空气污染加重，噪声加大，能源消耗（燃油等）加大，环境外部效应
2004 年至现在	旅游产业转型：休闲度假	物价较高，房产价格高	旅游与产业结合，农家乐，乡村旅游	生态环境治理力度加大，水质恶化趋势有所好转

围绕新安江水库建设和旅游发展而产生的一系列重大事件，是系统在适应性循环圈内部不断演化的重要推手（图 5-2、图 5-3）。

新安江水库建设是系统由第一个循环圈向下一阶段发展的直接索引。前期于 1954 年成立山区经济开发工作委员会，专门负责移民工作；1955 年，新安江水电站选址确定；1956 年，国务院批复同意将新安江水电站正式列入第一个“五年计划”和 1956 年计划，并成立淳安县移民安置委员会，首批移民到桐庐。这是第一个循环圈更新阶段的重要前奏。

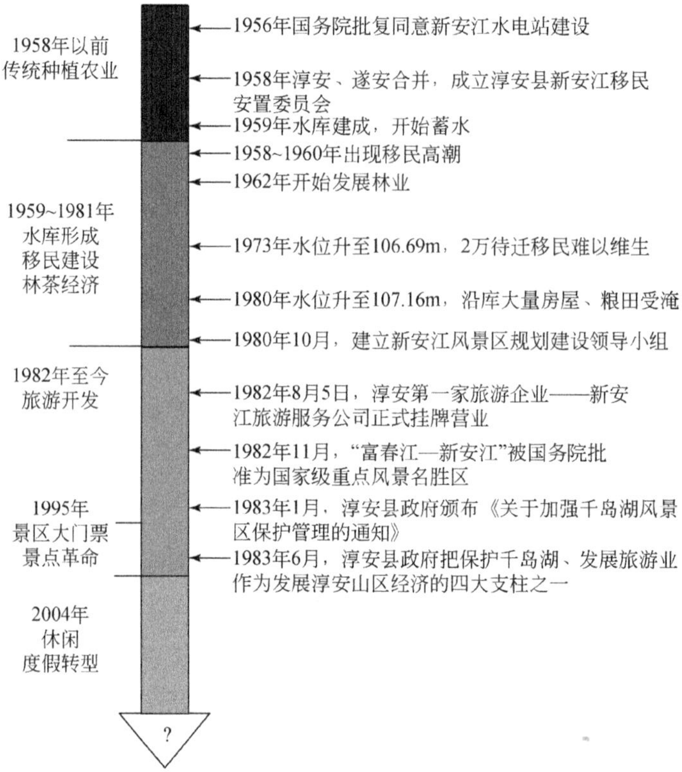

图 5-2　千岛湖历史时期和事件

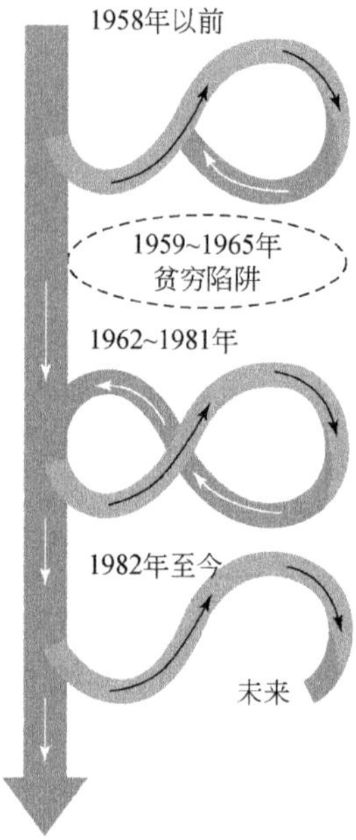

图 5-3　千岛湖适应性循环圈

1959 年大坝建成，水库蓄水，原系统正式中断崩溃，系统陷入瘫痪状态。1958～1960 年淳安县掀起移民高潮，人口骤减，耕地被淹，变成以林地、湖泊为主，经济方式也因此发生了变化；1959 年成立淳安县水产局，渔业也成为当地重要的产业。

1962 年起开始发展林业，系统进入第二个循环圈。但由于耕地大量减少和水位上升，1973 年，库区 2 万待迁移民失去生产、生活资料，难以维生，往山上退守的 4 万余人的生活也很艰难；1980 年沿库大量房屋、粮田受淹。这一阶段，虽然林业发展成为当地的主导产业，但是人民生活依旧非常困难，急待新的经济动力。

1980 年 10 月，成立新安江风景区规划建设领导小组；1982 年 8 月 5 日，新安江旅游服务公司作为淳安县第一家旅游企业，开始正式营业，千岛湖旅游业从试营业走向全面开放经营；1982 年 11 月，“富春江—新安江”被国务院批准为全国 44 个国家级重点风景名胜区之一，系统开始进入旅游经济循环圈。千岛湖开展了一系列旅游资源保护工作。1983 年 1 月，淳安县政府颁布《关于加强千岛湖风景区保护管理的通知》，对千岛湖风景区的保护作了 5 条规定；1983 年 6 月，淳安县政府把保护千岛湖风景名胜，发展旅游业，作为发展淳安山区经济的四大支柱之一，对保护风景资源作了6项决定；1984年3月，淳安县政府发布《关于加强保护古树名木的通知》，凡千岛湖风景区树龄百年以上的各种古树名木不得砍伐，树立标志，建立档案。同时，旅游发展步伐也日益加快，1985年成立淳安县新安江库区建设投资公司；1995年设置景区大门票，进行景点革命。传统湖泊观光旅游对资源产生了较大压力，千岛湖又开始进行产业转型，2004年确定向休闲度假发展的转型目标，全县乡村旅游发展迅速，并提出“全县景区化”的发展目标和举措，系统从经济上走向更高发展层次，从资源上走向更深保护层次。

二、千岛湖旅游地社会—生态系统适应性循环驱动机制

千岛湖自1982年进入旅游地社会—生态系统以来，旅游业发展规模不断壮大，旅游人数不断增加，旅游业收入逐年增长，且增长幅度逐年加大，旅游业成为千岛湖经济的主要支撑（图5-4）。系统的潜力和连通度不断提高，从外部干扰来看，主要是市场需求的召唤和区域发展的推动，从内部驱动来看，主要是内在经济发展需求和资源限制。

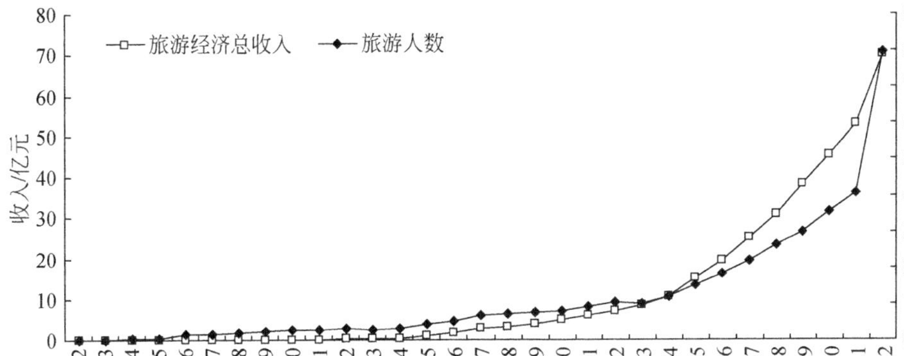

图5-4 千岛湖旅游人数与旅游收入（1982～2012年）

（一）市场需求引导

旅游适应市场需求才有前景，市场需求也引导着旅游地的发展方向。20世纪80年代，旅游刚刚起步，青山绿水就是最好的吸引物，旅游地开发以资源型为主，观光旅游是主流。在这种市场需求下，千岛湖围绕湖泊资源开发了以湖泊观光为主的旅游。2001年以前，千岛湖旅游者几乎都是下湖游客，未下湖游客未列入统计。随着市场需求不断多元化，旅游产品不断升级，千岛湖观光旅游稳定发展后，开始根据市场探索新的旅游产品，休闲度假旅游和乡村旅游得到了大力发展（图

5-5），并推动了千岛湖旅游地社会—生态系统发展的转型。

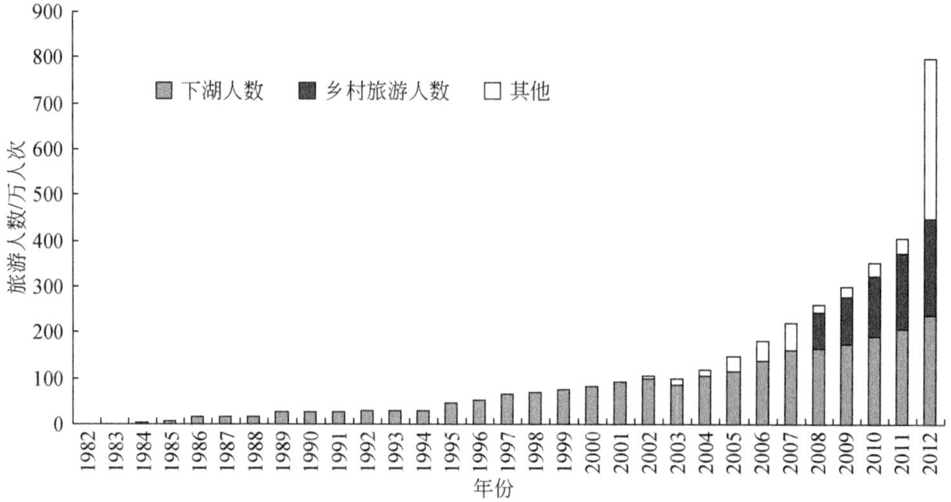

图 5-5　千岛湖旅游人数结构（1982～2012 年）

（二）区域发展推动

千岛湖所在的淳安县位于浙江西部，原属山区、库区、穷区。随着杭州都市圈的不断扩展，千岛湖不断融入都市。“以湖兴县，融入都市”的发展目标，使千岛湖在区域大发展的背景下，面临着良好的发展态势。尤其是交通的发展，带动了整个区域的发展。2001 年以来，先后建成 05 省道淳安段、杭千高速公路等重大交通工程，完成了千汾公路、光左公路、淳杨公路、威前公路等一批通乡公路；建成了千岛湖大桥、上江埠大桥等桥梁工程；建成了千岛湖客运中心站、千岛湖水上搜救中心、千岛湖旅游码头扩建和客运码头迁建工程、东南湖区旅游码头、9 座乡镇客运站；开通千岛湖至杭州城际公交，全面实施“农村客运村村通”工程，形成 152km 康庄工程和 255km 农村联网公路，基本实现高速联网、县内环湖、乡镇通达；随着千黄高速、杭黄铁路的建设，千岛湖交通优势将更加明显；围绕“高速融入大都市，快捷通达乡镇村”的交通目标，2010 年淳安交通实现了从“相对落后”到“基本适应”的历史性跨越，目前正在向“适度超前”发展，努力实现交通的第二次历史性跨越（淳安县人民政府，2012）。

（三）内在经济召唤

千岛湖旅游地社会—生态系统经历了初级开发、整合开发、保护性开发和开发与保护相平衡的阶段，也是千岛湖经济发展的内在要求和趋势。在社会主义市场经济刚刚建立之初，千岛湖围绕青山绿水寻求发展出路，在传统林业经济的基础上，决定发展旅游业。1979 年 4 月，国家建设总局在杭州屏风山召开全国自然风景区座谈会，首次提出新安江水库的开发价值。初始的旅游开发鼓励国家、集体和个人一齐上，大力开发景点。在随后的实践中，逐渐意识到景点的“散小弱”影响千岛湖整体形象，也限制千岛湖旅游的规模效应。20 世纪 90 年代末，在可持续发展的理念支持下，千岛湖旅游开发更加注重社会效益、经济效益和环境效益的平衡，尤其注重对资源的保护，分类确定保护层次、类别和区域，实行保护性开发。21 世纪以来，为了充分提升旅游品位，千岛湖开始聚焦湖泊周围的乡村旅游及休闲度假旅游，并确立了“全县景区化”的发展战略，建立了一整套较为完善的产业发展政策。尤其是乡村旅游和产业化方面，政府出台了一系列政策性文件，如《关于进一步扶持乡村旅游发展相关政策措施的通知》《关于扶持旅行社行业发展壮大的实施办法》《关于进一步促进旅游商品发展的鼓励办法》《关于加快旅游风情小镇培育建设的实施意见》和《关于加快培育和扶持特色旅游产品发展的意见》等；同时，淳安县政府每年安排至少 1500 万元的旅游发展专项资金和 2000 万元的服务业发展引导资金以及 1000 万元的乡村旅游发展专项资金对旅游业项目进行鼓励扶持；对特别重大旅游项目采取“一事一议”的办法，给予特别的引导和扶持，有效激发了企业及社会各界做大、做强淳安旅游产业的积极性。另外，近年还建立了县四套班子成员联系重大旅游项目制度、重大旅游项目建设考核制度等相关制度，形成项目建设合力，加快旅游业转型发展（淳安县人民政府，2012）。千岛湖旅游转型一方面减轻了湖泊旅游的压力，另一方面扩大了千岛湖旅游效益。

（四）资源保护限制

千岛湖属于典型的资源型旅游地，湖泊及森林生态是旅游地社会—生态系统的第一要素，也是当地旅游业发展的基础。但千岛湖湖泊及森林生态资源的特殊敏感性，使得千岛湖旅游开发不能以牺牲资源为代价，也不可有过多的人造设施，千岛湖旅游发展只能以绿色资源为资本。资源性质决定了观光旅游开发一直是千岛湖旅游的重要产品，以资源和环境为依托的乡村旅游与休闲度假旅游目前成为千岛湖旅游提升及转型的方向，“以湖兴县”是千岛湖发展的战略目标。但日益增长的游客接待规模对千岛湖环境的确构成了巨大的压力，如何处理好游客接待规模的增长与环境承载力的限制，是千岛湖在进一步发展中要着实考虑的问题。

综观千岛湖社会—生态系统发展历程，可以看出，从大的循环圈来看，工程建设和旅游开发是系统跨越性变革的直接动力；而从旅游地循环圈的内部发展阶段来看，区域发展的推动和市场需求的引导是促使其演化的主要外部干扰力，内在经济发展的召唤和资源保护的限制是其阶段演化的内部驱动力。每一个循环圈和循环阶段的演化都导致千岛湖社会—生态系统的土地结构、经济结构、治理结构及社会面貌等发生相应的变化（图 5-6）。

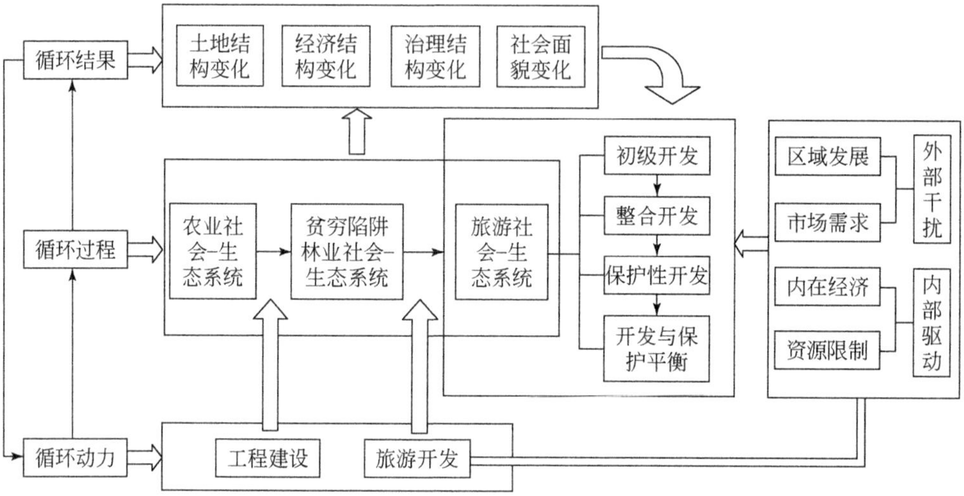

图 5-6　千岛湖社会-生态系统循环过程与动力

本 章 小 结

1）千岛湖旅游地社会—生态系统的主要特征为湖泊与旅游相结合、多种管理形式并存、资源与经济紧密联系、自然与社会的高度耦合、生态环境敏感性等。湖泊、旅游、社区是千岛湖旅游地社会—生态系统的三大关键要素。

2）千岛湖旅游地社会—生态系统先后经历了从传统种植农业经济到林茶经济，再到旅游经济的适应性循环过程，新安江水库建设和旅游发展是其系统循环的主要干扰。1982 年进入旅游地社会—生态系统以来，历经初级开发、整合开发、保护性开发及保护与开发平衡阶段，外部主要受区域发展和市场需求干扰，内部主要受内在经济和资源限制驱动。

第六章 千岛湖旅游地社会—生态系统外部干扰分析

就杭州市区与千岛湖的区域关系来说，杭州市区是千岛湖的区域中心地，千岛湖是杭州市区周边的重要景区。根据扰沌理论，杭州市区的区域发展系统是千岛湖发展的重要干扰系统之一。由于干扰具有多重要素，包括长期与短期、隐性与显性、过去与现在，影响的程度及性质都具有历时性变化，因此定量研究外部干扰是一件非常困难的事。区域发展对旅游地的干扰也不是单向的，旅游地发展对区域发展也具有重要的干扰作用，实际上是一种互动作用与过程。耦合发展理论可以测定区域耦合协调发展的水平及状态，体现中心地与周边旅游地之间多层面的相互影响状态，进而判断其相互干扰程度。基于此，本章尝试从非线性系统科学的角度建立中心地—周边旅游地系统耦合协调测度框架，探讨区域中心地杭州市区与周边旅游地千岛湖耦合发展的关系，对其 1987～2012 年中心地—周边旅游地系统的耦合协调状况进行历时性定量测度，揭示互动影响因素和机理，判定干扰性质与程度，评估系统发展态势和趋向。

第一节 中心地—周边旅游地互动干扰关系

中心地系统与旅游地系统具有显著的相互干扰作用。主要体现在：一方面，中心地系统作为区域发展背景和中心地，为周边旅游地演化提供基础和保障；另一方面，周边旅游地发展对中心地综合水平提升具有较强的推动作用，两者互为背景、彼此影响、相互作用（图 6-1）。

周边旅游地的发展在很大程度上依赖中心地的发展水平，需要中心地作为依托和平台。中心地对周边旅游地的干扰作用主要表现在以下方面：①客源分流，中心地作为旅游区域内其他旅游地的一级客源市场，其光环效应会照耀周边旅游地景区（点），由此带动周边旅游地的发展，因此中心地的发展水平决定周边旅游地的游客类型、流向、流量和消费水平；②经济辐射，中心地作为区域内经济中心，其城市的发展会改善基础设施、完善交通系统、完备服务设施等，城市社会经济发展水平越高，基础设施水平就越完善，资金技术人才支持就越有利，为周边旅游地旅游活动开展提供的保障就越充分；③政策支持，中心地政府在周边地区发展规划上的政策扶持成为周边旅游地快速发展的必要保证，旅游业是一项前期投资大，后期回报周期长的产业，政府实施的税费补贴和主导性投资建设的景区、交通设施、市政设施等为周边旅游地旅游产业的发展提供了重要保障。

周边旅游地发展能够加快中心地发展速度，提升中心地综合竞争力。其对中心地的干扰作用主要表现在以下方面：①经济贡献，周边旅游地对中心地的经济影响可分为直接经济贡献、间接经济贡献和诱发经济贡献三种方式，直接经济贡献是由周边旅游地的经营生产而获得的，这些活动的进行依赖周边旅游地的存续；间接经济效应和诱发经济效应是指由周边旅游地相关产业和与之相关联的其他产业获得的，周边旅游地的相关产业发展会形成对中心地相关产业或服务的需求，通过乘数效应，诱发产生经济效应（韩东和韦颜秋，2014）。②腹地扩张，周边旅游地在发展过程中，需要源源不断的客源，这就需要不断扩大自身的辐射范围，吸引更广泛地域内的客源。周边旅游地腹地的扩张促使中心地辐射带范围扩大，这在一定程度上推动了中心地的发展。③产业延伸，周边旅游地充分利用旅游产业链的关联效应，对各种旅游资源进行集聚整合，建立完善的产业协作体系，通过产业集聚效应，带动相关产业的发展，提高周边旅游地的凝聚力，从而推动中心地的发展。

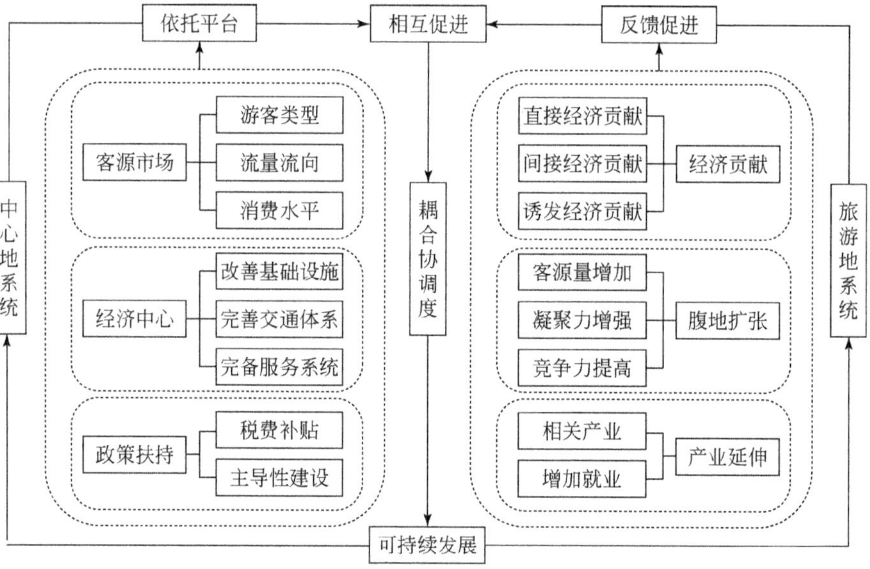

图 6-1　中心地与周边旅游地互动关系分析图

第二节　研究设计

非线性动力学是借用现代系统论中系统演化的思想建立系统间的动态耦合模

型，借此分析地域系统演化的整体状态以及内部关联。

一、区域发展综合评价函数

杭州市区与千岛湖系统的互动干扰更多呈现的是非线性过程（李崇明和丁烈云，2004），其演化方程可以表示为

$$\frac{\mathrm{d}x(t)}{\mathrm{d}t}=f(x_1,x_2,\cdots,x_n) \tag{6-1}$$

式中，i=1，2，…，n；f为x_i的非线性函数。

由于非线性系统运动的稳定性取决于一次近似系统特征根的性质（廖晓昕，2010），因此在保证运动稳定性的前提下，将其在原点附近按泰勒级数展开，并略去高次项X（x_1，x_2，…，x_n），得到上述非线性系统的近似表达：

$$\frac{\mathrm{d}x(t)}{\mathrm{d}t}=\sum_{i=1}^{n}a_ix_i \tag{6-2}$$

式中，i=1，2，…，n。

借助非线性发展的思想，建立杭州市区与千岛湖互动干扰过程的一般函数（李崇明和丁烈云，2004），测算千岛湖子系统中各指标对杭州市总系统的贡献程度，同时反映出中心地系统和周边旅游地系统总体发展水平趋势：

$$f(U)=\sum_{i=1}^{n}a_ix_i \tag{6-3}$$

$$f(T)=\sum_{i=1}^{n}b_iy_i \tag{6-4}$$

式中，i=1，2，…，n；$f(U)$、$f(T)$分别为杭州市区系统和千岛湖旅游地系统的综合发展指数；x、y为两系统的元素；a、b为各元素的权重。

二、耦合协调评价模型

在参考相关文献和资料的基础上（王毅等，2015），借鉴物理学中的容量耦合系统模型，推广得出杭州市区与千岛湖旅游地的耦合度模型，表示为

$$C=\left\{\left(f(U)\cdot f(T)\right)/\left[\left(f(U)+f(T)\right)/2\right]^2\right\}^{1/2} \tag{6-5}$$

耦合度模型主要反映杭州市区与千岛湖旅游地作用程度的强弱，单纯依靠耦合度进行判别可能会使所得结论与实际情况不相符，例如，当杭州市区与千岛湖旅游地发展水平都较低时，相互没有过多干扰，而两者的耦合度却较高，这显然不能真实反映千岛湖受杭州市区干扰的程度。为了避免这种假象，需要进一步构

造两地的耦合协调度模型，进行更为客观的测度。其耦合协调模型为

$$D = (C \bullet T)^{1/2} \tag{6-6}$$

$$T = \alpha f(U) + \beta f(T) \tag{6-7}$$

式中，C 为耦合度，取值 0～1，值越大，耦合度水平越高；$f(U)$为杭州市区域发展系统；$f(T)$为千岛湖旅游地系统；D 为两系统的耦合协调度；T 为两个干扰系统的综合评价指数；α和β分别为各自系统的贡献份额，且$\alpha+\beta=1$，其中，$\alpha=0.6$，$\beta=0.4$（生延超等，2009）。

为了更直观地反映杭州—千岛湖旅游地系统的耦合协调度状态，根据王少剑（2015）和陈端吕（2013）的研究成果，将两者的耦合类型分为五大类，每一类型耦合协调特征不同，其干扰程度和性质也不同（表 6-1）。

表 6-1　系统间耦合协调类型划分

耦合度 C	类型	协调度 D	亚类型	子类型	耦合协调特征	干扰程度及性质
$0.8<C\leqslant1$	高水平耦合	$0.8<D\leqslant1$	高级协调	$f(T)-f(U)>0.1$ $f(U)-f(T)>0.1$ $0\leqslant\|f(T)-f(U)\|<0.1$	城市与旅游地相互促进，协调共生，城市与旅游地间达到良性耦合，处于较为理想状态	强度干扰 正向干扰
$0.5<C\leqslant0.8$	磨合	$0.5<D\leqslant0.8$	基本协调	$f(T)-f(U)>0.1$ $f(U)-f(T)>0.1$ $0\leqslant\|f(T)-f(U)\|<0.1$	城市与旅游地协同效应达到较高程度，系统开始良性耦合	中强度干扰 主要为正向干扰
$0.3<C\leqslant0.5$	颉颃	$0.4<D\leqslant0.5$	基本不协调	$f(T)-f(U)>0.1$ $f(U)-f(T)>0.1$ $0\leqslant\|f(T)-f(U)\|<0.1$	系统发展不协调，出现城市或旅游地发展受阻的现象	中度干扰 主要为负向干扰
$0<C\leqslant0.3$	低水平耦合	$0<D\leqslant0.4$	严重不协调	$f(T)-f(U)>0.1$ $f(U)-f(T)>0.1$ $0\leqslant\|f(T)-f(U)\|<0.1$	系统内城市发展与旅游地发展出现严重不协调状态	低度干扰 负向干扰
$C=0$	最小耦合	$D=0$	不协调	$f(T)-f(U)=0$	系统处于无关状态，无序发展	极低干扰 各自发展

中心地与旅游地系统由于受多种不确定因素的影响，较多指标没有标准的参考值，只有正负向影响及优劣之分。因此，采用客观赋权法——熵权法，根据指标影响性质对数据进行标准化处理，消除变量之间的不同量纲，确定权重，具体步骤见陈明星等（2009）。

三、测度指标选取

根据中心地系统与旅游地系统耦合模型的内涵及协调度特征，遵循科学性原则、系统整体性原则、针对性原则和动态性原则，依次采用频度统计法、理论分析法以及专家咨询法对指标进行设置和筛选（曹利军等，1998）：①频度统计，利用CNKI数据库对1990～2012年有关旅游发展指标的643篇文献和涉及城市发展进程的581篇文献进行频度统计，从中选取近年来使用频率较高的指标；②理论分析，分别对城市与旅游发展水平的概念进行界定和外拓，初步确定将中心地—旅游地系统分解为人口、经济、社会等3个层面进行测度（刘耀彬等，2005；王良建，2001）；③专家咨询，在初步建立的指标体系基础上咨询相关专家意见，对指标体系进行适度调整，并结合杭州市区与千岛湖旅游地的具体情况，最终遴选19项指标因子（表6-2）。

表6-2 杭州市区与千岛湖旅游地耦合测度指标体系

项目	一级指标	二级指标	指标释义
中心地—旅游地系统	人口	总人口/万人	衡量系统人口总数量的变化
		非农业人口比例/%	反映二、三产业占地区生产总值比例
		人口自然增长率/‰	直接反映人口发展速度，人口自然增长的程度和趋势
		外来人口比例/%	反映人口特征变化，外来迁入人口与当地户籍人口比
		旅游者与当地居民比	代表系统中人口结构的变化
		人口密度/（人/km^2）	系统内单位面积土地上居住人口数，反映系统人口密集程度
	经济	GDP/亿元	生产总值多少直接反映地方经济发展整体水平
		财政总收入/亿元	地方政府的可用资金，反映出政府的经济实力大小
		第三产业产值/亿元	第三产业在地区产业结构中的比例
		旅游业总收入/万元	旅游收入直接反映旅游业发展水平，旅游业的经济效应优劣
		旅游人数/万人次	旅游者人数的多少直接关乎系统旅游业发展规模
		旅游收入占GDP比例/%	表示旅游经济收入在国民经济中的地位
		地方财政支出/万元	政府为实现其职能向有关部门和方面进行支付的财政支持力度
	社会	社会消费品零售总额/万元	是指批发和零售、住宿和餐饮业以及其他行业直接售给城乡居民和社会集团的消费品零售额，代表社会的消费能力
		社会固定资产完成投资/亿元	反映系统固定资产投资规模、速度和使用方向的指标
		人均可支配收入/元	衡量居民生活水平的变化情况
		金融机构储蓄存款/万元	反映系统的社会资本储蓄情况
		人均居住面积/m^2	住宅使用面积中专供居住用的房屋面积，反映居民居住水平
		境内等级公路长度/km	反映系统内交通网络基础设施发展情况

第三节 杭州市区与千岛湖互动干扰分析

基于表 6-2 指标数据，运用熵权法确定各指标权重，运用式（6-3）～式（6-6）计算 1987～2012 年杭州市区和千岛湖旅游地综合评价函数值 $f(U)$、$f(T)$，以及城市—旅游地系统的耦合度 C 和耦合协调度 D（表 6-3，图 6-2）。

表 6-3 杭州市区与千岛湖旅游地综合发展指数及耦合协调度（1987～2012 年）

年份	1987	1988	1989	1990	1991	1992	1993	1994	1995
杭州市区综合发展指数 $f(U)$	0.0695	0.0639	0.0551	0.0686	0.0871	0.0992	0.1056	0.1223	1.1474
千岛湖综合发展指数 $f(T)$	0.0349	0.0370	0.0377	0.0397	0.0462	0.0536	0.0584	0.0676	0.0807
耦合度 C	0.9449	0.9650	0.9832	0.9650	0.9527	0.9551	0.9580	0.9578	0.9561
协调度 D	0.2360	0.2327	0.2232	0.2405	0.2660	0.2843	0.2936	0.3147	0.3341

年份	1996	1997	1998	1999	2000	2001	2002	2003	2004
杭州市区综合发展指数 $f(U)$	0.1466	0.1500	0.1490	0.1582	0.1713	0.2335	0.2602	0.3081	0.3452
千岛湖综合发展指数 $f(T)$	0.0953	0.1158	0.1312	0.1518	0.1711	0.2004	0.2196	0.2494	0.2867
耦合度 C	0.9777	0.9926	0.9987	1.000	0.9999	0.9971	0.9963	0.9941	0.9953
协调度 D	0.3539	0.3699	0.3778	0.3960	0.4152	0.4695	0.4935	0.5323	0.5653

年份	2005	2006	2007	2008	2009	2010	2011	2012
杭州市区综合发展指数 $f(U)$	0.4068	0.4486	0.5224	0.5936	0.6596	0.7650	0.8706	0.9568
千岛湖综合发展指数 $f(T)$	0.3035	0.3998	0.4467	0.5468	0.6055	0.6914	0.7927	0.9664
耦合度 C	0.9877	0.9980	0.9963	0.9990	0.9989	0.9985	0.9987	1.000
协调度 D	0.6009	0.6546	0.6996	0.7567	0.8082	0.8565	0.9140	0.9789

一、中心地—旅游地综合发展指数

通过综合发展指数函数评价杭州市区与千岛湖旅游地综合发展水平的优劣。

（一）杭州市区综合发展指数

由表 6-3 和图 6-2 可知，杭州市区的综合发展水平与人口、经济、社会 3 个子系统的发展水平明显提升，质量与数量不断趋于统一。1987～1989 年，杭州市区的综合发展指数在多种因素的综合影响下呈上升趋势，综合发展指数由 1987

年的 0.0695 上升到 2012 年的 0.9568。26 年间，杭州市区非农业人口比例呈增长态势，人均 GDP、居民可支配收入等明显提高，这说明杭州市区在改革开放以来，紧跟时代脚步，深化改革，主城区得到迅速发展，城市空间规模不断扩张。具体来看，人口、综合发展水平在整个研究时间段表现出在波动中呈上升趋势，对杭州市区综合水平的贡献份额最高。经济发展对杭州市区的综合水平贡献呈逐年上升趋势，表明经济在推动杭州市区发展的过程中所起的作用越来越大。社会发展水平曲线虽呈逐年增高趋势，但对杭州市区综合水平的贡献份额较小，处于相对较低的水平。

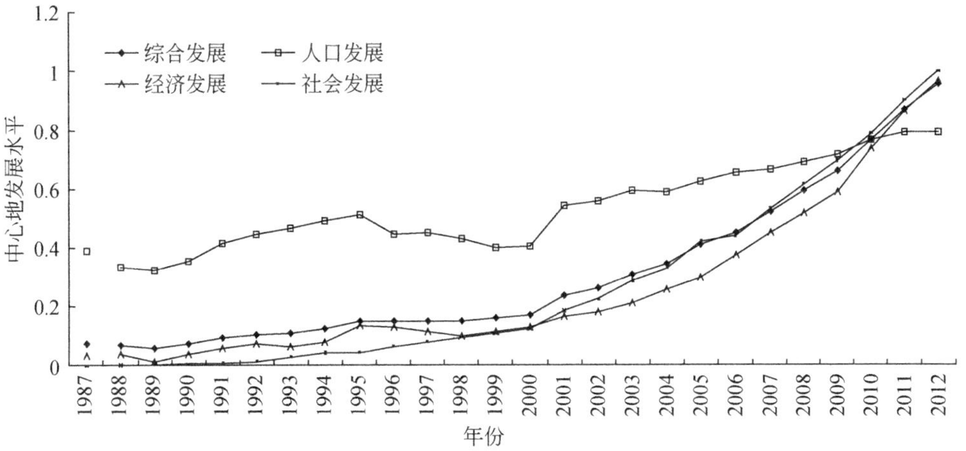

图 6-2　杭州市区发展综合水平的演变趋势

（二）千岛湖综合发展指数

从表 6-3 和图 6-3 可以看出，千岛湖旅游地综合发展水平与人口、经济、社会 3 个子系统发展正在向着协调方向调适。1987～2012 年，千岛湖旅游地综合发展指数呈持续上升趋势，由 1987 年的 0.0349 上升到 2012 年的 0.9664，旅游地发展水平进入成熟阶段。1987～1998 年，千岛湖旅游由观光旅游逐渐向休闲度假旅游转型，旅游人数、旅游收入、人均可支配收入以及境内等级公路等逐年稳步上升。这表明伴随杭州市区发展的外向力和千岛湖旅游地自身的内源力的增加，旅游地发展实力不断增强。从旅游地的人口、社会、经济的综合发展指数比较来看，人口发展对旅游地综合水平贡献的份额最高。经济和社会发展趋势与旅游地综合发展水平变化趋势基本一致，其中社会发展对千岛湖综合发展水平的贡献较高，经济发展水平较低，这说明社会发展水平在千岛湖旅游地演化过程中占有绝对的优势地位。

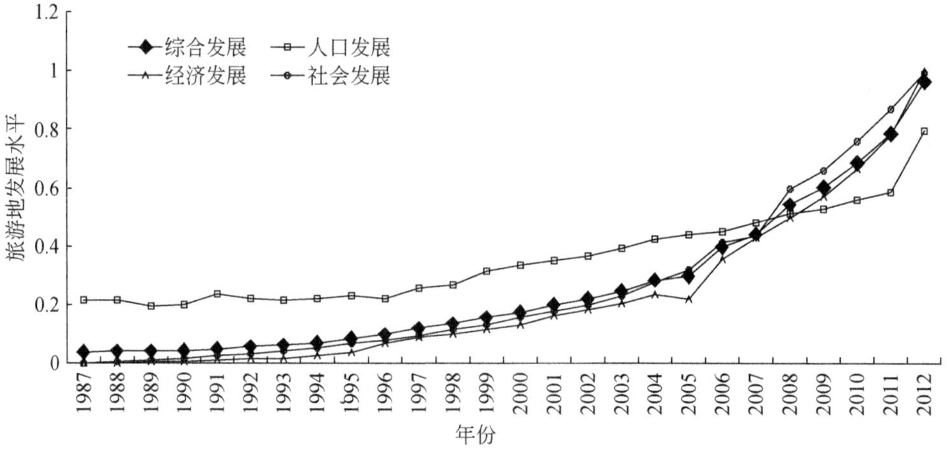

图 6-3　千岛湖旅游地综合水平的演变趋势

二、中心地—旅游地耦合协调度

由表 6-3 和图 6-4 可以分析中心地—旅游地系统耦合协调状况。

（一）中心地—旅游地系统耦合度

纵观 1987～2012 年中心地—周边旅游地系统的综合耦合度，总体上耦合度 D 稳定于 0.8～1，表明杭州市区与千岛湖旅游地间交互耦合的紧密性，中心地—周边旅游地系统达到良性共振耦合，相互促进，共同发展。从中心地—周边旅游地系统耦合度时序变动趋势来看，26 年间耦合度变化率较小，仅为 5.83%。耦合度的趋势变化存在较小的波动，1990～1994 年，耦合度略有下降，在此期间旅游地发生“千岛湖事件”，导致中心地—周边旅游地系统发展受阻。1995 年后系统耦合度缓慢上升，趋于平稳，在此阶段，由于 20 世纪初城市体制开始向市场化方向改革，中心地系统进入快速发展的状态，同时千岛湖旅游地在 1998 年完成了景点革命，走上系统化发展，2004 年向休闲度假旅游转型，实现深度发展，这些都是系统耦合度维持在更加稳定状态的重要因素。

（二）中心地—旅游地系统协调度

前已述及，单一耦合度尚不能完全判定两者的关系，进一步通过耦合协调度模型进行测算，结果发现：杭州市区与千岛湖旅游地耦合协调度处于动态变化中，由 1987 年的 0.2360 上升到 2012 年的 0.9789，除 1987～1989 年略微下降外，整体呈现持续上升的趋势，其耦合协调类型经历了从失调到基本协调，再到高级协调的三个阶段转变。2003 年与 2009 年为两个拐点，这与国家政策的支持密切相关。国家旅游局 2003 年将旅游业发展作为重点项目，2009 年在《国务院关于加快旅游业的意见中》（国发［2009］41 号）首次明确了旅游业是“国民经济的战略性支柱产业和人民群众更加满意的现代服务业”的定位，这都大力支持了旅游业的发展。

1987～2002 年，协调度介于 0.2360～0.4935，处于失调状态。此阶段，千岛湖旅游地发展虽经历了从起步到繁荣的过程，但与旅游发展相关的主要经济指标，如旅游人数、旅游收入、旅游收入占 GDP 的比例等均处在较低水平。到 2002 年，旅游收入占 GDP 的比例也仅为 18%左右，旅游业发展主要以观光旅游为主，尚未对系统协调度产生明显影响。改革开放后，杭州市区迈开了快速发展的新步伐，但由于城市旅游自身处于发展阶段，对周边旅游地的辐射带动作用较弱，两者之间协同效应较低，相互促进作用较弱。

2003～2008 年，中心地—旅游地系统协调度迅速增加，介于 0.5323～0.7567，协调类型从失调逐步过渡到基本协调阶段。在此阶段，杭州市明确了城市的性质和功能定位，提出“一主三副六组团”的城市规划格局，同时浙江省“十一五”规划再次提出“城市东扩、旅游西进、沿江开发、跨江发展”的重要战略，为城市发展提供了更为广阔的空间，提高了对旅游地的辐射和带动能力，促使杭州市区与旅游地的空间联系更加紧密。2003～2008 年，旅游地的旅游业得到迅猛发展，旅游收入、旅游人数、社会支出等均逐年稳步上升，社会经济发展水平逐年增高。尤其是 1998 年旅游地完成了景点革命， 2004 年旅游产业向休闲度假旅游转型，更加促进了系统间信息、资本、技术等流动，使系统协调度向更优化的状态迈进。

2009 年后，中心地—旅游地系统协调度迈入高级协调状态，此时系统协调发展水平较高，介于 0.8082～0.9789。究其原因主要是政府在发展政策上予以支持，2010 年国务院批准实施《长江三角洲地区区域规划》，建设杭州都市圈，建设杭州国际旅游休闲中心，建设以“杭州—千岛湖—黄山”为主的名山名水旅游带，为城市发展拉开了新的空间框架。同期，淳安县“十一五”、“十二五”规划提出“以湖兴县，融入都市”政策，千岛湖成为杭州市区的著名旅游地，杭州市区成为千岛湖客源的主要引流地，中心地与周边旅游地的旅游业、旅游收入、社会消费等逐年攀升，千岛湖旅游地与杭州市区耦合协同效应得以增强，协调度向最优的高级协调阶段迈进。

（三）耦合协调度类型

通过对比 1987～2012 年杭州市区综合发展指数 $f(U)$和千岛湖旅游地的综合发展指数 $f(T)$，将杭州市区与千岛湖旅游地间的耦合协调等级分为 3 种类型：$f(U)<f(T)$，为中心地发展滞后型；$f(U)=f(T)$，为中心地与旅游地协调发展型；$f(U)>f(T)$，为旅游地发展滞后型。由表 6-3 可知，除了 2000 年近似为中心地与旅游地协调发展型，2012 年为中心地发展滞后型，其余年份均是旅游地发展滞后型。1987～2012 年千岛湖旅游地与杭州市区耦合度较为稳定，协调度不断上升，表明中心地与旅游地发展都较为稳定，且关系越来越密切，区域一体化越来越强，出现杭州市区综合发展水平比同期千岛湖旅游地的综合发展水平高的影响因素较多。

从中心地发展角度而言：第一，杭州市区作为浙江省会和经济、文化、科教中心，长江三角洲中心城市之一，拥有绝对的区位、经济、政治优势；第二，杭州市区作为中心区域，优势条件明显，如基础设施完备、服务设施先进、产业结构协调、人口集中且规模较大、消费能力强、流动人口多、知名度较高、文化内涵丰富等，这些为中心地综合能力的提高提供了良好的基础。

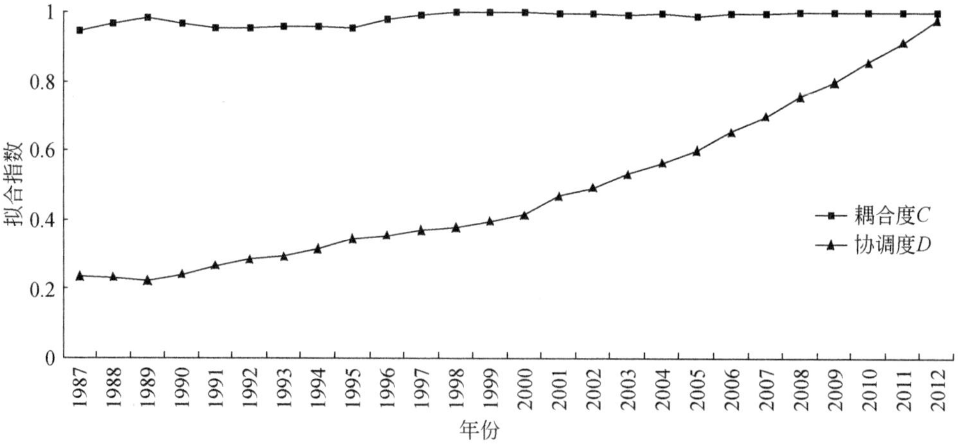

图 6-4　杭州市区与千岛湖系统耦合协调演化态势（1987～2012 年）

从千岛湖旅游地角度而言：第一，旅游地产业规模总体偏小，2012 年，千岛湖旅游地十大产业经济规模在五县市中最小，增加值仅占全市十大产业总量的 1.48%，规模普遍较小，关联度较低，延伸能力不足且对行业辐射拉动作用不明显；第二，创新驱动力不足，服务业发展层次偏低，存在运行效率不高、服务品牌匮乏等问题，特别是高技术服务业尚处于培育阶段；第三，高端人才较为匮乏，旅游产业人才机制针对性不强、创造活力不够、使用效益较低等现象相对突出。总体来看，目前千岛湖旅游地发展受各种条件限制，发展落后于杭州市区，对杭州发展的促进尚且不足。

第四节　杭州市区与千岛湖互动干扰因子分析

中心地—旅游地系统相互干扰的驱动力因子呈多元化要素格局，系统内任何一个要素的发展都有可能导致其他要素的连锁变化，进而影响系统耦合协调度。

因此，研究互动干扰的关键或主要驱动因素以及内部各要素的影响方式、性质等成为必要。将各指标进行标准化后，运用 SPSS17.0 对中心地子系统与旅游地子系统进行相关性分析和回归模拟，即以 1987～2012 年的城市人口（u_1）、城市经济（u_2）、城市社会（u_3）和旅游地人口（t_1）、旅游地经济（t_2）、旅游地社会（t_3）作为自变量，同期中心地—旅游地系统的耦合协调度（Y）作为因变量，建立中心地—旅游地耦合协调度与其动力因子的多元线性回归模型（表 6-4）。

表 6-4　杭州市区与千岛湖耦合协调度水平与动力因子的回归方程分析（1987～2012 年）

指标	主成分因子	皮尔森相关系数	非标准化系数（B）	标准误差	标准回归系数	T 统计量	双尾显著性（$Sig.$）	R^2	调整 R^2	F	显著性 $Sig.$
人口	常数项		−0.190	0.032	0.000	−5.966	0.000	0.981	0.979	578.890	0.000
	u_1	0.953	0.677	0.119	0.420	5.706	0.000				
	t_1	0.981	0.888	0.111	0.590	8.018	0.000				
经济	常数项		0.285	0.021	0.000	13.530	0.000	0.946	0.941	200.071	0.000
	u_2	0.995	0.296	0.444	0.436	0.667	0.000				
	t_2	0.994	0.582	0.435	0.628	1.213	0.000				
社会	常数项		0.285	0.010	0.000	28.893	0.000	0.977	0.975	480.175	0.000
	u_3	0.994	1.001	0.236	1.328	4.234	0.000				
	t_3	0.997	−0.273	0.250	−0.342	−1.090	0.000				

自变量 u_1、u_2、u_3、t_1、t_2、t_3 与因变量耦合协调度（Y）的皮尔森相关系数（Pearson correlation）分别为 0.953、0.995、0.994、0.981、0.994、0.997，说明各个自变量对中心地—旅游地系统耦合协调度水平的提高具有显著作用。中心地—旅游地系统耦合协调综合测度与人口、经济、社会回归模型中的 R^2 决定系数分别为 0.979、0.941 和 0.975，说明自变量对因变量的解释度较高，回归方程拟合优度较好；回归方程显著性统计量 F 为 578.890、200.071 与 480.175，反映了回归方程效果显著；标准回归系数值的大小反映该指标对因变量的影响强弱，数值越大，对因变量的重要性越高；T 统计量和双尾显著性概率（$Sig.$）说明城市人口、城市社会和旅游地人口对中心地—旅游地系统耦合协调度水平的影响最显著，显著性的检验标准均小于 0.05 水平，旅游地经济、旅游地社会也有较大影响，而中心地经济的影响相对较小。

一、中心地系统因子与耦合协调度

通过中心地—旅游地系统影响因子与耦合协调度相关性研究发现，中心地系统中非农人口比例、人口自然增长率、旅游者与当地居民比、旅游收入占 GDP 的比例和耦合协调度相关系数 R^2 均小于 0.3，相关性较弱，因此对这些因素暂不做分析。

（一）中心地人口子系统因子

中心地人口子系统主要体现中心地人口规模结构对系统耦合协调度作用的强弱。其中，总人口、人口密度与耦合协调度呈非线性相关关系，相关系数 R^2 为 0.994、0.794，两者的拟合曲线呈“S”形，但曲线发展趋势相反。当耦合协调度处于较低阶段时，总人口与耦合协调度呈现正相关，总人口增加对耦合协调度提高具有极大促进作用，此阶段人口密度与耦合协调度呈线性负关系，人口密度的增加会增加空间拥挤度，不利于系统的耦合协调。当耦合协调度由低至中度耦合协调时，总人数增加，耦合协调度略微受阻，此时人口密度与耦合协调度呈非线性正相关关系，人口密度的增长对耦合协调度起正向作用。耦合协调度较强时，总人口数量的增长对提高耦合协调度作用力较好，人口密度的持续上涨增加了土地的承载力，对耦合协调度起负向作用。外来人口比例与耦合协调度呈明显的线性正相关关系，R^2 分别为 0.668，拟合曲线呈“U”形，总体而言，外来人口对提高系统耦合协调度具有促进作用。

（二）中心地经济子系统因子

中心地经济子系统反映社会经济收入对系统耦合协调度的影响程度。中心地经济发展因子中，GDP、财政总收入、第三产业产值、旅游收入、旅游人数均与耦合协调指数呈线性正相关关系，R^2 分别为 0.983、0.997、0.979、0.996、0.996、0.744。其中，财政总收入和第三产值曲线较为相似，除这两者因素外的其他影响因子的曲线较为一致。这说明这些因素的增长会增进耦合协调度。旅游人数与耦合协调指数呈非线性正向关系，在耦合协调度较低的情境下，旅游人数的增加会迅速提高耦合协调度。但当耦合协调度发展到高级阶段时，其旅游人数呈现下降趋势。

（三）中心地社会子系统因子

中心地社会子系统涉及社会支出和社会存储对系统耦合协调作用性质。社会支出四项因素（财政支出、社会消费品零售总额、社会固定资产投资、境内等级公路）和社会存储三项因素（居民可支配收入、居民储蓄存款、居民居住面积）均与耦合协调指数呈非线性正向关系，相关性系数 R^2 均在 0.94 以上。也就是说，这些因素的增加会直接引起耦合协调度的上升。实际上，中心地经济子系统与社会子系统也是相互关联的，旅游经济收入的增加，将直接引起第三产值、财政收入、GDP 等增长，社会支出与社会存储能力提高，必然会完善交通基础设施、改善居民生活等。这表明经济子系统因子和社会子系统因子在耦合协调度较低的情况下，经济能力的增强和社会发展水平的提高，会提升整个中心地—旅游地系统耦合协调度，进而促进系统协调度的提高。

二、旅游地因子与耦合协调度

通过中心地—旅游地系统影响因子和耦合协调度的相关性研究发现，旅游地系统中人口自然增长率与耦合协调度相关系数 R^2 为 0.416，相关性相对较弱，因此暂不做分析。

（一）旅游地人口子系统因子

旅游地人口子系统中，总人口、非农人口比例与旅游者与当地居民比呈现明显的非线性正相关关系，相关系数 R^2 分别为 0.914、0.977 和 0.991。总人口与非农人口的增加直接影响中心地—旅游地系统的耦合度大小，总人口与非农人口数越多，系统的耦合度越大。旅游者与当地居民比对耦合协调度由弱到强的提高具有巨大的推动作用。但当耦合协调度进入较强阶段时，其对耦合协调度的推动作用减弱，并趋于平稳。外来人口和人口密度均与耦合协调度呈非线性负向关系，相关性 R^2 为 0.661 和 0.922，其中人口密度拟合曲线呈正 U 形，在耦合协调度较弱时期，人口密度的增加会加重系统承载力，出现阻碍系统耦合协调的负向作用。

（二）旅游地经济子系统因子

旅游地经济子系统均与耦合协调指数呈正向相关关系，相关性系数均在 0.94 以上。其中旅游收入占 GDP 的比例与耦合协调指数呈线性正向关系，说明旅游产业支柱地位不断加强。GDP、财政收入、第三产值、旅游收入和旅游人数与耦合协调指数呈非线性正向关系。其中，旅游收入和旅游人数的曲线较为相似。旅游收入与旅游人数在中心地—旅游地系统耦合协调度低中期，对耦合协调度的提高具有巨大推动作用，增长速率较快，但当系统耦合协调度达到较高程度时，其促进作用是有限的。GDP、财政收入和第三产值的提高必然会增加中心地—旅游地系统在资本、物质、信息以及能量的交换与传输频繁，以致促进系统耦合协调度的增加。

（三）旅游地社会子系统因子

旅游地演变过程中，在社会发展方面，财政支出、社会消费品零售总额、社会固定资产投资、居民收入、居民储蓄、居民居住面积、境内等级公路等均与耦合协调度呈非线性正向关系，相关性 R^2 均在 0.95 以上。在耦合协调度处于低中期时，财政支出的增长会引起耦合协调度的急剧上升，但增长到一定程度时，增长趋势趋于平缓。社会消费品零售总额指数增高，改善了社会消费结构和消费方式。社会资产投资的加大，会提高中心地—旅游地系统互动交换能力，进而促进系统耦合协调度的提高。居民收入的增加必然带来社会储蓄能力增强，同时改善居住环境，提高生活品质。境内等级公路起初增长时会引起耦合协调度的迅速上升，而超过一定范围时，增长趋势趋于缓慢。

三、中心地—旅游地系统影响机理分析

运用回归方程进行模拟，采用标准回归系数，建立中心地—旅游地系统耦合协调度影响关联模型（表 6-5）。

表 6-5　杭州市区和千岛湖旅游地耦合协调度影响关联模型

关联要素	回归方程	指标释义
耦合协调度与中心地系统、旅游地系统	$Y=0.322Y_1+0.280Y_2$	Y 代表耦合协调度，Y_1、Y_2 分别代表中心地系统和旅游地系统
耦合协调度与人口	$Y=0.420u_1+0.590t_1$	Y 代表耦合协调度，u_1、t_1 分别代表中心地人口和旅游地人口
耦合协调度与经济	$Y=0.436u_2+0.628t_2$	Y 代表耦合协调度，u_2、t_2 分别代表中心地经济和旅游地经济
耦合协调度与社会	$Y=1.328u_3-0.342t_3$	Y 代表耦合协调度，u_3、t_3 分别代表中心地社会和旅游地社会

耦合协调度与中心地系统、旅游地系统关联模型显示，中心地系统对耦合协调度起决定作用，表明中心地杭州市区对千岛湖旅游地发展具有巨大的带动性，系统的互动耦合需要依赖杭州市区综合发展水平的提高。从耦合协调度与人口关联模型看出，杭州市区人口与千岛湖旅游地人口共同作用，促进中心地—旅游地耦合协调水平的不断提高。其中，千岛湖旅游地人口对耦合协调度的作用性较大，影响系数为 0.590。耦合协调度与经济关联模型显示，系统耦合协调度受千岛湖旅游地经济的影响较大，影响系数为 0.628，表明中心地—旅游地系统耦合协调度的提高主要通过千岛湖旅游地经济增长来拉动。根据耦合协调度与社会关联模型得到，中心地社会子系统对整个系统耦合协调度的影响最大，影响系数为 1.328，说明杭州市区与千岛湖旅游地间的互动过程中，中心地社会的快速发展是不可替代的重要推动因素，而千岛湖旅游地社会的发展对耦合协调度的影响相对较弱，需要进一步强化。

本 章 小 结

1）1987～2012 年，杭州市区综合发展水平呈快速上升趋势，从 1987 年的 0.0695 增长到 2012 年的 0.9568；千岛湖旅游地综合发展水平呈稳步上升趋势，由 1987 年的 0.0349 达到 2012 年的 0.9664。对杭州市区和千岛湖旅游地的综合发展指数值进行相关性分析，相关系数高达 0.995，说明两者存在很强的耦合互动发展关系。

2）1987～2012 年，杭州市区与千岛湖旅游地耦合度 D 变化较小，稳定于 0.8～1，属于高水平耦合状态，但耦合协调度却经历了失调状态—基本协调—高级协调的转变。其以 2002 年和 2009 年为分界点，1987～2002 年处于失调阶段，2003～2008 年进入基本协调阶段，2009～2012 年迈进高级协调阶段。杭州市区与千岛湖旅游地间耦合协调类型主要为旅游地发展滞后型。

3）复杂的中心地—旅游地系统由中心地系统与旅游地系统共同构造，两系统均会对中心地—旅游地系统的耦合协调水平产生影响。系统耦合协调度逐年提升是中心地系统和旅游地系统相互作用的结果。从中心地系统、旅游地系统与耦合协调度的关联模型来看，中心地系统对耦合协调度起决定作用，表明中心地杭州市区对千岛湖旅游地发展具有巨大的带动性，系统的互动耦合需要依赖杭州市区综合水平发展的提高。

4）从耦合协调度与中心地、旅游地关系来看，系统耦合协调度受中心地发展影响较大。从耦合协调度与人口、经济、社会影响关联模型来看，旅游地人口、旅游地经济、中心地社会对耦合协调度作用更加突出。对不断变化的中心地—旅游地系统而言，重点需要加快中心地核心区域发展和加大旅游地开发。只有在一个相互作用较强的系统内，系统间的协同效应才能得以增强，才能促进系统向更加持续健康的方向发展。

第七章 千岛湖旅游地社会—生态系统恢复力区域测度

恢复力是社会—生态系统概念性框架的核心理论。系统通过运行中（即适应性循环过程中）的“记忆”与“反抗”（扰沌）来不断增强其恢复力，应对系统运动中内外部相互作用带来的各种问题（陈娅玲，2013）。当干扰超过恢复力的阈值时，系统就会发生稳态变化，进入新的状态中，新稳态可能更为稳定，也可能非理想（王俊等，2009a）。干扰作用于系统要素，在这个系统里，任何一个要素的变化都会引起其他要素的连锁反应（余中元等，2014a）。社会—生态系统的行为往往由一些关键变量进行控制，要实现从理论向实际应用转变，需要对恢复力进行评估和计算，才能遴选出恢复力变化的主要驱动因子，揭示系统恢复力变化驱动机理，探索其适应和转化机制，为社会—生态系统管理提供科学依据（汪兴玉等，2008；Lepp，2008）。恢复力测度也成为目前国内外旅游地社会—生态系统研究的热点。但是，前已述及，旅游地社会—生态系统恢复力测度研究目前在测度指标、模型和认识上仍处于探索阶段，尚存在众多争议与不足。因此，本章尝试从脆弱性和应对能力相互作用的视角，借助恢复力属性特征，将旅游活动干扰作为主要驱动因素而引发的系统脆弱性和应对能力为指标，建立旅游地社会—生态系统恢复力测度框架，对1987～2012年的千岛湖旅游地社会—经济—生态复杂系统恢复力进行历时定量测度，比较各子系统恢复力，揭示恢复力影响因素及机理，衡量系统可持续发展能力。

第一节 旅游地社会—生态系统恢复力测度框架

决定一个社会—生态系统是否具有恢复力（是否有利于可持续发展），关键在于系统处理、应对变化的能力，而并不是避免它们的战略（Beisner et al.，2003）。旅游地社会—生态系统实际上包含整个旅游地的社会、经济和生态系统，旅游活动是系统的主要干扰因素。根据综述中 Walker 和 Salt（2006）的盆地理论模型理论及稳定性景观中恢复力的4个构成元素（范围、抗性、不稳定性和扰沌），在旅游地系统中的某一个稳定性景观中，其稳定性的维持是在扰沌外力作用下景观不稳定性和抗性相互作用的结果，其结果决定了该景观的恢复力。若恢复力大，则该系统仍处在原稳定性景观中，或在此基础上向着更高层次发展；若恢复力小，并达到阈值，则该景观会超越阈值进入另一稳定性景观中，或者陷于暂时系统崩溃中。但是突破景观系统阈值，并不代表系统一定不可持续，而可能是在适应性循环圈中发展阶段的不断提升或进入另一个可持续的系统（图 7-1）。因此，脆弱性评估的结果不能完全代表恢复力，恢复力大小还取决于系统应对能力大小，同样脆弱的两个系统，应对能力大小不同，其恢复力也不同。

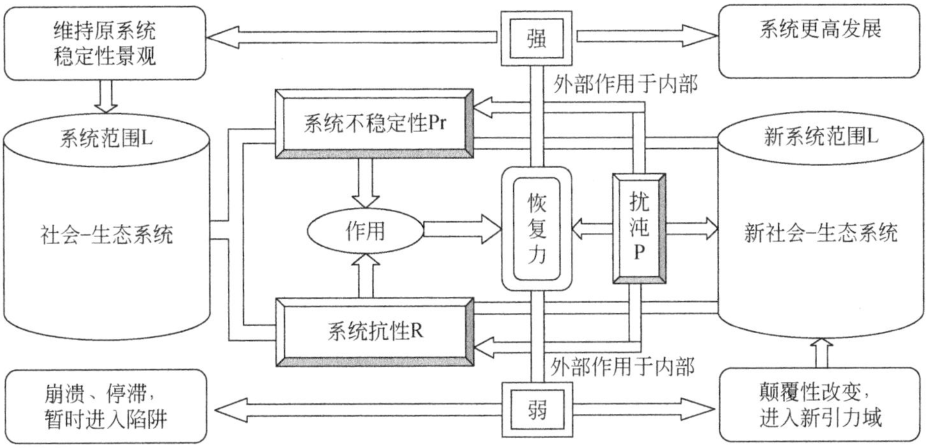

图 7-1　基于属性特征的旅游地社会–生态系统稳定性景观恢复力评价

旅游地社会—生态系统恢复力测度不同于系统的稳定性研究，更关注变化中的可持续性。从恢复力的 4 个构成要素来看，系统范围依赖于恢复力测度结果与边界的比较，扰沌具有不确定性、不均衡性，对恢复力的影响可通过对系统要素的影响而体现。因此，就恢复力测度因子而言，主要由系统不稳定性和系统抗性两部分组成。系统不稳定性主要通过由系统外部干扰和内部演替引发的一些脆弱性因子来衡量，旅游地社会—生态系统不稳定性包括生态子系统、经济子系统和社会子系统三个方面，其脆弱性因子主要是由旅游开发、发展而引起的各子系统相关因素变化，旅游地类型、特征、发展模式、区域环境不同，其脆弱性因子和脆弱程度也不同。系统抗性主要通过系统应对和适应能力因子来衡量，旅游地社会—生态系统总体发展水平、政策、制度等不同，会导致系统应对能力的巨大差异。这些测度因子通常有正向和负向、线性和非线性、快速和慢速、确定和不确定等之分，干扰与影响着旅游地社会—生态系统功能。

第二节 研 究 设 计

一、测度指标体系

理论上恢复力测度由社会、治理、经济、生态四个维度组成（Holladay，2011），各维度主要测度核心依次是社会稳定和学习、治理灵活性和权力分享、经济多样性与增长、生态自然性与人类影响。千岛湖现状和访谈调查表明，治理恢复力可能多为感知测度或通过对其他维度的影响而显现，客观上很难选取定量化指标。根据图7-1 建构的恢复力测度框架和各要素测度核心，选取社会子系统、经济子系统、生态子系统等3个子系统为测度单元，每个单元分为脆弱性和应对能力两个体系，从客体角度选取可定量化因子。借助相关研究成果、专家咨询和相关性分析，遴选39项指标因子（表7-1），对千岛湖旅游地社会—生态系统进行历时性测度。

表 7-1 千岛湖旅游地社会—生态系统恢复力测度指标体系

项目	社会子系统恢复力指标	指标释义影响性质	经济子系统恢复力指标	指标释义影响性质	生态子系统恢复力指标	指标释义影响性质
脆弱性指标	人口自然增长率/‰	衡量系统人口特征（－）	旅游经济总收入/10^8元	衡量系统旅游效益（＋）	森林覆盖率/%	衡量系统自然条件（＋）
	外来人口比例/%	衡量系统开放性（－）	旅游人数/10^4人	衡量系统旅游规模（＋）	噪声水平/db	衡量旅游干扰带来的噪声变化（－）
	旅游者与当地居民比	衡量系统人口结构（＋）	旅游总收入占GDP的比例/%	衡量旅游产业在国民经济中的地位（－）	空气污染指数API	衡量旅游干扰导致的空气变化（－）
	社会犯罪率/%	衡量系统安全（－）	旅游业增长弹性系数/%	衡量旅游业在整个经济发展的健康程度（＋）	人口密度/（人/km^2）	衡量旅游干扰导致的土地承载力（－）
	失业率/%	衡量系统稳定（－）	客源市场集中度/%	衡量旅游市场状况（－）	降水量/mm	衡量系统自然条件（－）
	人均居住面积/m^2	衡量系统社会效益（＋）	生计多样性指数	衡量人们谋生手段是否多样化（＋）	水位年变幅/m	衡量水量生态安全（－）
	等级公路里程/km	衡量系统基础设施（＋）	产业结构多样化指数	衡量产业结构平衡问题（＋）	废水排放量/10^4t	衡量废水排放导致的生态压力（－）
	义务教育普及/%	衡量系统学习能力（＋）			耗电量/（10^4kW·h）	衡量社会用电导致的生态压力（－）
	社会消费品零售总额/10^4元	衡量系统消费能力（＋）			全湖营养状态指数	衡量旅游干扰导致的水质生态安全（－）

续表

项目	社会子系统恢复力指标	指标释义影响性质	经济子系统恢复力指标	指标释义影响性质	生态子系统恢复力指标	指标释义影响性质
应对能力指标	地方财政支出/10^4元	衡量社会财政支出力度（+）	GDP/10^8元	衡量经济总量（+）	三同时执行合格率/%	衡量环保执法制度情况（+）
	教育支出/10^4元	衡量教育扶持力度（+）	财政总收入/10^4元	衡量地方政府经济实力（+）	污染源治理投资额/10^4元	衡量污染治理投资力度（+）
	社会保障和就业支出/10^4元	衡量社会稳定性和就业支持力度（+）	居民人均收入/元	衡量居民收入水平（+）	生活污水处理率/%	衡量污水处理情况（+）
	医疗卫生支出/10^4元	衡量医疗支持力度（+）	社会固定资产投资完成额/10^8元	衡量资本投资额度（+）	生活垃圾无害化处理率/%	衡量固体废弃物处理情况（+）
	金融机构存款余额/10^4元	衡量社会存储状况（+）			节能环保支出/10^4元	衡量环境保护措施及新能源采用状况（+）

由于历时跨度较长，定量资料收集非常困难，有以下几点需要进行说明：①由于统计年鉴口径的变化，1987～1998年，教育事业支出为文教卫生事业费类；社会保障和就业支出为抚恤和社会福利救济费类。关于节能环保支出，1987～1992年为环境保护资金补助，1993～2005年为专款支出，2006～2012年为环境保护支出费。关于失业率统计，1987～1992年为城镇待业人员数/城镇人口总数。关于义务教育普及中，1987～1990年只有小学入学率统计，其他以初中入学率统计为准。人均居住面积为农村人均住宅面积和城镇人均居住面积的平均数，其中1993～1998年城镇人均居住面积通过对1999年新增城镇住宅面积及新增人口进行递推运算获得。②生态子系统恢复力指标中，噪声水平和空气污染指数均为千岛湖镇统计数据。经济子系统恢复力中，客源市场集中度主要为境外客源市场集中度。③产业结构多样化指数依据国民经济第一、二、三产业综合值，采用Shannon-Weaver公式计算所得，生计多样性指数主要依据农村劳动力人口结构数据。

二、测度方法选取

旅游地社会—生态系统恢复力是系统脆弱性与应对能力在变化中相互作用的结果，各指标的影响有正负向之分，且对系统的影响可能更多是非线性的、不确定的。集对分析（SPA）正是一门处理不确定性问题的系统理论方法，是解决多目标决策、多属性评价、非线性影响的有效途径，目前已广泛应用于评价、管理、预测和规划等研究领域（王群等，2014b；王文圣等，2010；苏飞等，2010；苏美蓉等，2006；赵克勤，2000）。基于集对分析的社会—生态系统恢复力测度是将恢复力状况与既定的恢复力测度标准构成一个集对，通过两者间的比照分析，并根据正负向影响，获得恢复力测度的量化指标，基本思路见王文圣等（2010）的研究。

运用集对分析进行多属性评价，记为 $M=\{Q, T, E, W\}$，评价方案集 $Q=\{q_1, q_2, \ldots, q_m\}$，评价指标集 $T=\{t_1, t_2, \cdots, t_n\}$，评价对象集 $E=\{e_1, e_2, \cdots, e_k\}$，评价指标权重集 $W=\{w_1, w_2, \cdots, w_n\}$。在同一空间内进行对比，确定各评价方案中的最优指标构成最优评价集 $U=\{u_1, u_2, \cdots, u_n\}$，各评价指标中最劣指标构成最劣评价集 $V=\{v_1, v_2, \cdots, v_n\}$，其中，$u_n$、$v_n$ 分别为指标的最优值和最劣值。集对 $\{Q_m, U\}$ 在 $[U, V]$ 上的联系度（王明全等，2009）为

$$\begin{cases}\mu(q_m,U)=a_m+b_m i+c_m j\\ a_m=\sum w_p a_{pk}\\ c_m=\sum w_p c_{pk}\end{cases}\quad p=(1, 2, \cdots n) \tag{7-1}$$

式中，a_{pk} 和 c_{pk} 分别为评价指标 t_{pk} 与集合 $\{v_p, u_p\}$ 的同一度和对立度；w_p 为第 p 项指标的权重。a_m 值越大，表示同一度越高；c_m 值越大，表示对立度越大。

当 t_{pk} 对评价结果起正向作用时，

$$\begin{cases}a_{pk}=\dfrac{t_{pk}}{u_p+v_p}\\ c_{pk}=\dfrac{u_p v_p}{t_{pk}(u_p+v_p)}\end{cases} \tag{7-2}$$

当 t_{pk} 对评价结果起负向作用时，

$$\begin{cases}a_{pk}=\dfrac{u_p v_p}{t_{pk}(u_p+v_p)}\\ c_{pk}=\dfrac{t_{pk}}{u_p+v_p}\end{cases} \tag{7-3}$$

方案 q_m 与最优方案集 U 的相对贴近度 r_m 为

$$r_m=\frac{a_m}{a_m+c_m} \tag{7-4}$$

r_m 反映了被评价方案 q_m 与最优方案集 U 的联系度，r_m 值越大，表示被评价对象越接近最优方案。

千岛湖旅游地社会—生态系统受政策、产业、市场、自然等不确定因素影响较大，且多数指标没有标准参考值，只有正负向影响及优劣之分。因此，采用熵权法，根据指标影响性质和最大值、最小值进行数据标准化，消除变量之间的不同量纲，确定集对分析中的权重，主要步骤见陈明星等（2009）的研究。

（1）数据标准化处理：

当指标值越大，对系统发展越有利时，采用正向指标计算方法。

$$X_{ij}^{'}=(X_{ij}-\min\{X_j\})/(\max\{X_j\}-\min\{X_j\}) \tag{7-5}$$

当指标越小，对系统发展越好时，采用负向指标计算方法。

$$X_{ij}^{'}=(\max\{X_j\}-X_{ij})/(\max\{X_j\}-\min\{X_j\}) \tag{7-6}$$

（2）第 i 年份（月份）第 j 项指标值的比例：

$$Y_{ij}=X_{ij}^{'}/\sum_{i=1}^{m}X_{ij}^{'} \tag{7-7}$$

（3）指标信息熵：

$$e_j=-k\sum_{i=1}^{m}(Y_{ij}\times\ln Y_{ij}) \tag{7-8}$$

令 $k=\dfrac{1}{\ln m}$，有 $0\leqslant e_j\leqslant 1$。

（4）信息熵冗余度：

$$t_j=1-e_j \tag{7-9}$$

（5）指标权重：

$$w_i=t_i/\sum_{j=1}^{n}t_j \tag{7-10}$$

式中，X_{ij} 为第 i 年份第 j 项评价指标的数值；max｛X_j｝为所有年份中第 j 项评价指标的最大值；min｛X_j｝为所有年份中第 j 项评价指标的最小值；m 为评价年数；n 为指标数。

集对分析是一种相对的非线性分析方法，因此恢复力测度结果也是相对的。不同的时间跨度，恢复力测度值和区间也不同，测度结果是对此区间段的相对衡量。根据苏飞等（2008）的研究，将旅游地社会—生态系统脆弱性、应对能力、恢复力级别在（0，1）范围内划分为三级，即 $0\leqslant r_m\leqslant 0.33$ 为相对低级，$0.33< r_m< 0.67$ 为相对中级，$0.67\leqslant r_m\leqslant 1$ 为相对高级。

三、资料来源

2013 年 7 月和 2014 年 7 月课题组实地调查淳安县政府、旅游局、环保局、工商局、公安局、统计局等相关部门，获取了大量资料。主要包括《淳安统计年鉴》（1987～2012 年）、《淳安年鉴》（1997～2003 年、2005～2012 年）、《淳安县国民经济和社会发展统计公报》（1987～2013 年）、《新安江大移民》《淳安县志》《淳安县国民经济发展五年规划纲要》（十一五、十二五）、《淳安县环境质量公报》（2003～2012 年）、《淳安县十二五环境保护规划》《淳安县环境保护工作总结》（2012 年）、《千岛湖及新安江上游流域水资源与生态环境保护综合规划

（征求意见稿）》（2012 年）及《辉煌三十年》《蝶变千岛湖》《千岛湖高峰论坛》等公开出版资料。

第三节　千岛湖旅游地社会—生态子系统恢复力测度

根据式（7-5）～式（7-10），分别计算社会、经济、生态子系统各指标的权重，然后根据式（7-1）～式（7-4）计算千岛湖 1987～2012 年各子系统的脆弱性指数、应对能力指数和恢复力指数。

一、社会子系统恢复力

（一）脆弱性指数

纵观 1987～2012 年千岛湖社会子系统脆弱性指数，千岛湖处于中级脆弱水平，总体上呈现下降趋势，相对可分为两个大阶段：1987～1998 年为中级较高脆弱水平间的波动下降；1999～2012 年为中级较低脆弱水平间的波动下降（表 7-2）。

表 7-2　千岛湖社会子系统恢复力指数（1987～2012 年）

年份	脆弱性指数			应对能力指数			社会子系统恢复力指数		
	a_m	c_m	r_m	a_m	c_m	r_m	a_m	c_m	r_m
1987	0.5381	0.4332	0.5540	0.0085	0.9915	0.0085	0.0964	0.8259	0.1045
1988	0.4998	0.4354	0.5345	0.0110	0.7827	0.0138	0.0928	0.6943	0.1179
1989	0.4962	0.3821	0.5650	0.0116	0.7584	0.0151	0.0847	0.6520	0.1150
1990	0.4886	0.3590	0.5764	0.0134	0.6474	0.0203	0.0790	0.5863	0.1187
1991	0.4696	0.3567	0.5683	0.0158	0.5495	0.0279	0.0831	0.5190	0.1380
1992	0.4278	0.3993	0.5172	0.0173	0.5286	0.0318	0.1014	0.4886	0.1718
1993	0.4205	0.3913	0.5180	0.0236	0.3761	0.0590	0.1027	0.3956	0.2060
1994	0.4248	0.3762	0.5304	0.0308	0.2991	0.0934	0.1053	0.3481	0.2323
1995	0.4107	0.3637	0.5304	0.0370	0.2456	0.1309	0.1044	0.3006	0.2577
1996	0.4391	0.3451	0.5599	0.0465	0.1901	0.1967	0.1094	0.2651	0.2921
1997	0.4196	0.3529	0.5432	0.0501	0.1797	0.2180	0.1151	0.2479	0.3170
1998	0.3975	0.3712	0.5171	0.0557	0.1619	0.2559	0.1263	0.2227	0.3618
1999	0.3638	0.4187	0.4649	0.0651	0.1366	0.3229	0.1416	0.1982	0.4167

续表

年份	脆弱性指数			应对能力指数			社会子系统恢复力指数		
	a_m	c_m	r_m	a_m	c_m	r_m	a_m	c_m	r_m
2000	0.3843	0.4024	0.4885	0.0713	0.1247	0.3639	0.1473	0.1885	0.4386
2001	0.3949	0.4560	0.4641	0.1026	0.0870	0.5411	0.1733	0.1653	0.5117
2002	0.3438	0.4789	0.4179	0.1194	0.0724	0.6225	0.1890	0.1489	0.5593
2003	0.3733	0.4109	0.4760	0.1470	0.0579	0.7172	0.1999	0.1480	0.5746
2004	0.3678	0.4304	0.4608	0.1655	0.0544	0.7527	0.2211	0.1409	0.6108
2005	0.3721	0.4187	0.4705	0.2056	0.0417	0.8315	0.2492	0.1306	0.6562
2006	0.3927	0.4211	0.4826	0.2531	0.0340	0.8815	0.3067	0.1161	0.7253
2007	0.3802	0.4524	0.4566	0.2614	0.0398	0.8677	0.3330	0.1140	0.7450
2008	0.3839	0.4650	0.4522	0.3930	0.0215	0.9481	0.4391	0.0988	0.8163
2009	0.4260	0.4370	0.4936	0.5172	0.0162	0.9697	0.5147	0.1029	0.8334
2010	0.3931	0.4963	0.4420	0.7024	0.0120	0.9832	0.6446	0.0944	0.8723
2011	0.3937	0.4782	0.4515	0.8761	0.0096	0.9891	0.7649	0.0909	0.8938
2012	0.4107	0.4658	0.4685	0.9915	0.0085	0.9915	0.8937	0.0894	0.9091

26 年间，千岛湖的人口自然增长率、失业率均呈现总体下降趋势，而人均居住面积、境内等级公路里程、义务教育普及率、全县社会消费品零售总额均呈现逐年稳定增长趋势。但 1987～1998 年，千岛湖的人口自然增长率虽处于逐年下降状态，最低值仍达 2.81‰；失业率先逐年增长，在 2000 年前后达到峰值，之后才开始逐年下降；境内等级公路里程虽呈逐年增长趋势，但此期间总值仍很低，1998 年全县等级公路里程才达 687km。

1999 年后，随着社会经济的不断发展，各项有利指标均呈现良好的发展态势。尤其是 1998 年开始，旅游业已进入系统发展期，开始了千岛湖的“景点革命”，先后投资 1.02 亿元对原有的 23 个景点进行综合改造治理，最后形成 13 个品位较高的景区景点，统一售票、统一管理、统一建设，完成了景区景点管理和建设从量的扩张向质的提升的转变（陆林等，2010），旅游业开始成为当地的主导产业。与此同时，随着旅游业的不断发展，带来了一系列的社会问题，如外来人口不断增多，社会犯罪率逐年上升等。因此，千岛湖旅游地的社会子系统仍处于中等脆弱水平，且伴随着旅游业发展的波动性，其脆弱性具有一定的波动性。

（二）应对能力指数

1987～2012 年，千岛湖旅游地社会子系统的应对能力呈现良好的逐年上升态势。从应对能力 r_m 的等级区间来看，大致可划分为三个相对阶段：1987～1999 年为弱应对阶段；2000～2002 年为中应对阶段；2003～2012 年为强应对阶段（表 7-2）。

这与地方财政总支出、教育支出、社会保障和就业支出、医疗卫生支出、年末金融机构存款余额的逐年增加是息息相关的（图 7-2）。由于这些支出的稳定增长，促使社会子系统应对脆弱性的能力不断增强。但由于国民经济发展的制约及各类社会财政支出的有限性，尤其是 1999 年之前，社会保障和就业支出处于正负增长波动阶段，应对能力经历了一个较为漫长的低弱时期。2000 年后，应对能力提升较快，经历了短暂的中应对期后，迅速进入强应对期。

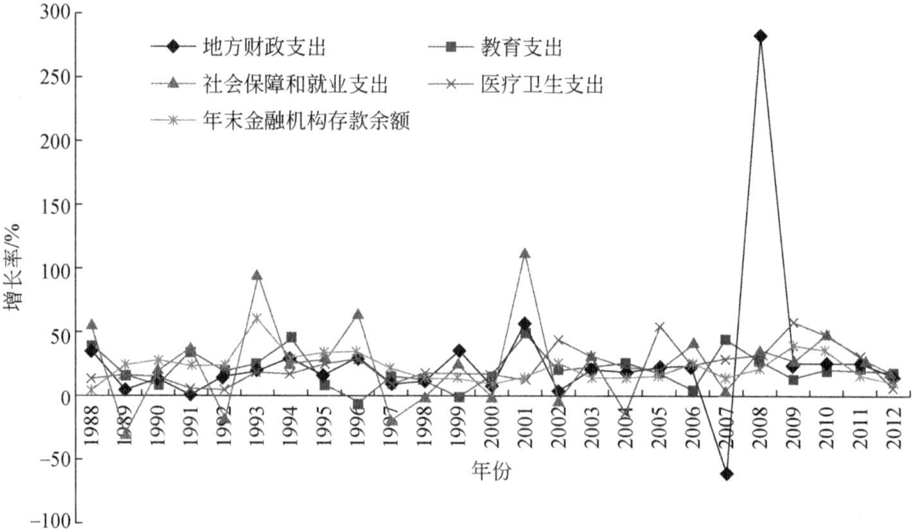

图 7-2　千岛湖社会子系统应对能力指标增长率

（三）恢复力指数

1987～2012 年千岛湖旅游地社会子系统的恢复力也呈现出强劲的逐年上升态势。根据 r_m 值，也可相对分为三个阶段：1987～1997 年为弱恢复力阶段；1998～2005 年为中恢复力阶段；2006～2012 年为强恢复力阶段（表 7-2、图 7-3）。

1987～1998 年，千岛湖社会子系统脆弱性处于中级较高水平，应对能力也处于低级水平，两者的共同作用，导致 1987～1997 年千岛湖社会子系统恢复力处于低弱阶段，1987 年为 0.1045，经过 10 年的发展，1997 年仅达到 0.3170。1998 年之后，社会子系统脆弱性逐渐降至 0.5 以下，应对能力快速上涨，尤其是在 2000 年之后，有了跨越式增长，由 2000 年的 0.3639 增加到 2001 年的 0.5411，之后一直处于逐年稳步上升状态。脆弱性的降低和应对能力的显著提高，促使社会子系统恢复力在 1998 年之后进入中级阶段，2006 年进入强阶段。

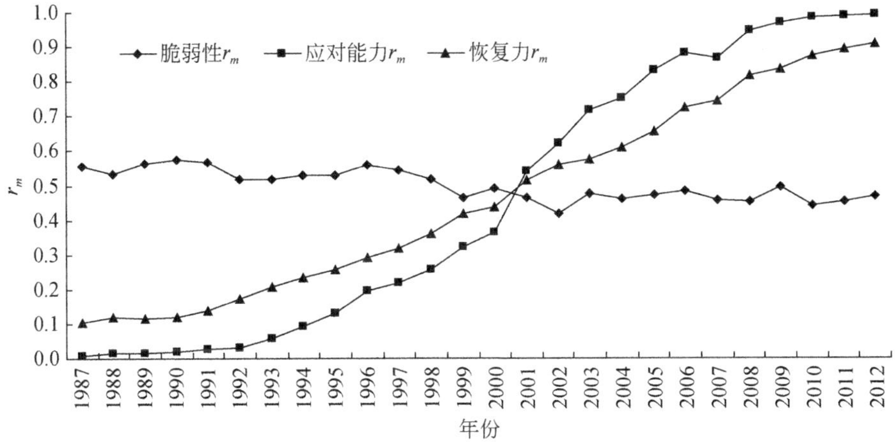

图 7-3　千岛湖社会子系统脆弱性、应对能力、恢复力年际变化态势（1987～2012 年）

但由于应对措施作用的滞后性，总体上恢复力的强弱滞后于应对能力的强弱。2000 年前，虽然应对能力指数较小，但由于系统具有一定的自我调节能力，系统恢复力指数仍高于应对能力指数，2000 年之后，虽然应对能力显著提高，但同样由于系统的脆弱性，恢复力的提高速度明显低于应对能力。这说明，虽然应对能力不断上升，但社会子系统的恢复力是一个长期过程，其大小是脆弱性与应对能力相互作用的结果。

二、经济子系统恢复力

（一）脆弱性指数

1987～2012 年，千岛湖旅游地经济子系统脆弱性变化不大，持续处于 0.5320～0.6636 的中等偏高水平，呈现出先降后升的变化态势。大致也可分为两个阶段：1987～1998 年，由 1987 年的 0.6375 降低到 1998 年的 0.5893，其间虽有升有降，但经济子系统脆弱性没有突破 0.6；1999 年之后，经济子系统脆弱性开始在 1996 年之后逐年上升的基础上突破 0.6，1999～2012 年，经济脆弱性始终维持在 0.6 以上（表 7-3）。

表 7-3　千岛湖经济子系统恢复力指数（1987～2012 年）

年份	脆弱性指数			应对能力指数			经济子系统恢复力指数		
	a_m	c_m	r_m	a_m	c_m	r_m	a_m	c_m	r_m
1987	0.4053	0.2305	0.6375	0.0231	0.9431	0.0239	0.0847	0.8950	0.0865
1988	0.3667	0.2350	0.6094	0.0274	0.8079	0.0328	0.0909	0.7492	0.1082
1989	0.3196	0.2504	0.5607	0.0300	0.7638	0.0377	0.1126	0.6243	0.1528
1990	0.3334	0.2267	0.5952	0.0322	0.7504	0.0412	0.0924	0.6189	0.1299
1991	0.3111	0.2416	0.5629	0.0353	0.6702	0.0501	0.1036	0.5492	0.1587
1992	0.3045	0.2487	0.5504	0.0390	0.6204	0.0591	0.1312	0.4778	0.2154
1993	0.3126	0.2411	0.5646	0.0497	0.4674	0.0962	0.0961	0.4497	0.1760
1994	0.2996	0.2396	0.5557	0.0672	0.3461	0.1625	0.1067	0.3614	0.2280
1995	0.2873	0.2527	0.5320	0.0728	0.4435	0.1410	0.1427	0.3342	0.2992
1996	0.3199	0.2495	0.5618	0.0936	0.2496	0.2726	0.1450	0.2285	0.3882
1997	0.3388	0.2419	0.5834	0.1091	0.2220	0.3296	0.1390	0.2110	0.3972
1998	0.3429	0.2390	0.5893	0.1262	0.1886	0.4008	0.1407	0.2023	0.4102
1999	0.3581	0.2382	0.6005	0.1413	0.1622	0.4656	0.1587	0.1776	0.4719
2000	0.3627	0.2403	0.6014	0.1618	0.1381	0.5396	0.1666	0.1667	0.5000
2001	0.3753	0.2430	0.6069	0.1947	0.1084	0.6423	0.1900	0.1470	0.5639
2002	0.3824	0.2463	0.6082	0.2164	0.0991	0.6860	0.2042	0.1408	0.5919
2003	0.3968	0.2399	0.6232	0.2576	0.0818	0.7591	0.2228	0.1390	0.6157
2004	0.3965	0.2480	0.6152	0.3069	0.0693	0.8157	0.2570	0.1273	0.6687
2005	0.4632	0.2882	0.6164	0.3588	0.0590	0.8587	0.3776	0.1117	0.7717
2006	0.4865	0.2541	0.6569	0.4142	0.0506	0.8911	0.3384	0.1182	0.7411
2007	0.5103	0.2635	0.6595	0.4848	0.0435	0.9177	0.3943	0.1125	0.7781
2008	0.5197	0.2715	0.6569	0.5587	0.0381	0.9361	0.4482	0.1119	0.8002
2009	0.5583	0.2857	0.6615	0.6194	0.0346	0.9471	0.5121	0.1028	0.8328
2010	0.5703	0.2891	0.6636	0.7293	0.0299	0.9607	0.5798	0.1105	0.8399
2011	0.5530	0.3125	0.6390	0.8499	0.0254	0.9709	0.6687	0.1080	0.8610
2012	0.6024	0.3506	0.6321	0.9777	0.0223	0.9777	0.8368	0.0943	0.8987

1987 年，地方经济非常落后，旅游业也尚未发展成规模，经济脆弱性较高，随着旅游业与地方经济的不断发展，经济脆弱性呈现逐渐走低趋势。但随着旅游业的快速发展，旅游收入占 GDP 的比例越来越大（图 7-4），尤其是在 1999 年之后，旅游业逐渐成为地方经济的主导产业，对地方经济起着巨大的促进作用，但

同时由于旅游业这种单一经济的主导作用加强及经济多样性值的降低，经济的脆弱性也逐渐升高。

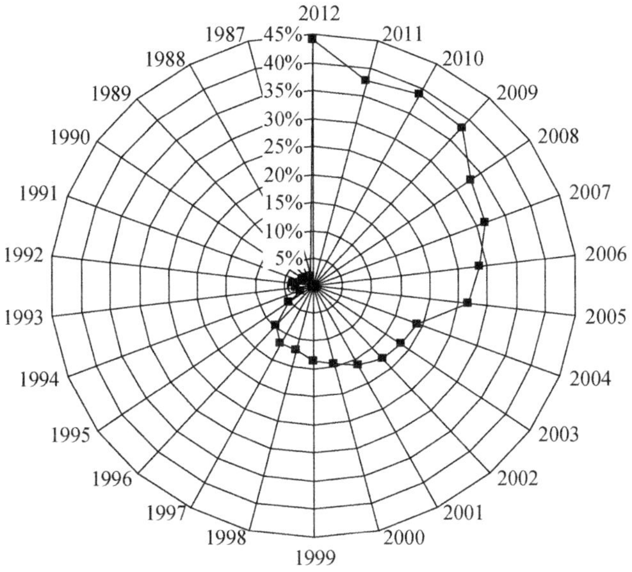

图 7-4　千岛湖旅游收入占 GDP 的比例（1987～2012 年）

（二）应对能力指数

1987～2012 年，千岛湖旅游地经济子系统的应对能力也呈现逐年上升态势。从应对能力 r_m 的等级区间来看，大致相对可划分为三个阶段：1987～1997 年为弱应对阶段；1998～2001 年为中应对阶段；2003～2012 年为强应对阶段。经济子系统应对能力比社会子系统均提前一年进入下一恢复力阶段，说明经济子系统应对能力的提高对社会子系统恢复力的提高具有铺垫作用（表 7-3）。

26 年间，全县 GDP、财政总收入、城镇居民及农民人均收入、全社会固定资产投资呈现逐年稳定增加趋势，应对能力也相应增加。但 1998 年前，全县 GDP 仍没有突破 25 亿元，财政总收入没有突破 1 亿元，城镇人均可支配收入最高只达到 5000 元，农民人均收入只有 1600 元，固定资产投资仅达 6 亿元。1998 年后，增长逐步加快，各项指标均有了长足发展；至 2012 年，全县 GDP 已达 160 亿元，财政总收入达 17.2 亿元，城镇居民人均可支配收入近 2.5 亿元，农民人均收入近 1 万元，固定资产投资近 100 亿元，经济系统应对能力大大增强。

（三）恢复力指数

1987～2012 年，千岛湖旅游地经济子系统恢复力指数呈现出上升趋势，从恢

复力 r_m 的等级区间来看，可分为三个阶段：1987～1995 年为弱恢复力阶段；1996～2004 年为中恢复力阶段；2005～2012 年为强恢复力阶段。偶尔有些年份出现波动，如 1990 年、1993 年、2006 年，但每一次下降之后，带来了相对更强劲的恢复力（表 7-3、图 7-5）。

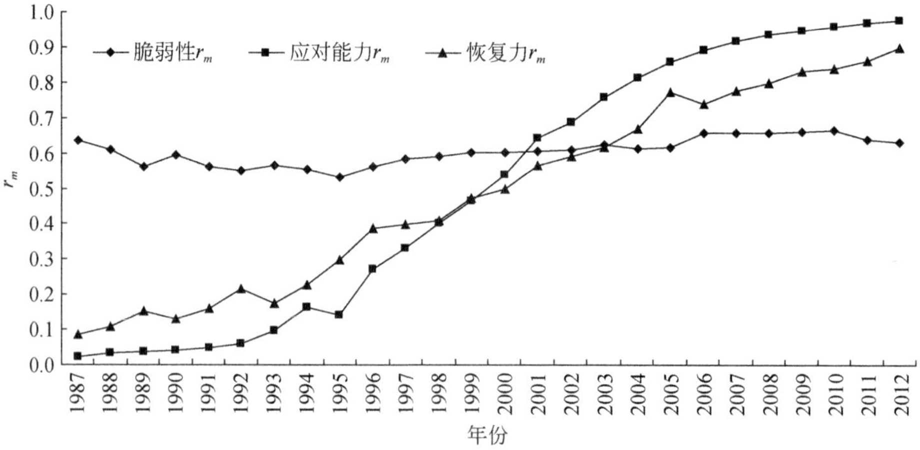

图 7-5　千岛湖经济子系统脆弱性、应对能力、恢复力年际变化态势（1987～2012 年）

26 年间，经济子系统恢复力阶段的划分相对较为均衡，说明经济子系统恢复力的提高是一个逐步的过程，且几乎每一次系统的脆弱性波动都会影响到系统恢复力的应时反射，如 1990 年、1992 年、1993 年、2005 年，系统脆弱性的高低与恢复力高低呈现出明显的相反状态。尤其是在前期系统应对能力较低的情境下，系统脆弱性的波动更容易导致恢复力的波动。近几年，随着应对能力的巨大加强，系统脆弱性对恢复力的影响相对较为低弱。

纵观 1987～1997 年，恢复力指数一直高于应对能力指数，说明在经济子系统相对脆弱、应对能力较低的情境下，系统仍具有一定的自我调整与恢复能力。而从近 10 年来看，虽然应对能力明显提高，但由于受系统脆弱性客观条件的限制，应对能力的发挥具有一定的局限性，系统的恢复力虽不断提高，但却始终低于系统的应对能力。

三、生态子系统恢复力

（一）脆弱性指数

1987～2012 年，千岛湖旅游地生态子系统脆弱性指数与社会子系统、经济子系统脆弱性指数有较大的区别，总体上呈现上升趋势，大致可分为两个相对阶段：

1987～2004 年为相对稳定阶段；2005～2012 年为快速上升阶段（表 7-4）。

1987～2004 年，千岛湖生态子系统脆弱性指数一直维持在 0.4 左右，且多数居于 0.4 之下，处于中等较低的脆弱水平，旅游业发展尚未对千岛湖生态子系统造成明显的影响。2005 年之后，千岛湖镇空气污染指数（API）急剧上升，1987～2005 年一直维持在 22～34，2007～2012 上升到 53～71，工业废水排放量 2005 年比 2004 年增长 2.12 倍，全社会用电量也在不断增长，全湖综合营养状态指数从贫营养上升为中营养，营养状况指数逐年上升趋势。究其来源，一方面是新安江上游污染企业、流域及湖泊周边的生活及生产污染；另一方面是由旅游业发展导致的不合理利用及游客不文明行为产生的污染。这些污染物质不断累积，导致湖水水质持续恶化，再加上生态大环境的影响，系统脆弱性呈现快速上升态势。2010 年起，空气污染指数、废水排放量及水质营养指数有所下降，生态脆弱性也随之有所下降，但仍没有降到 2005 年之前的水平，故此阶段生态子系统一直处于中等较高脆弱水平。

表 7-4 千岛湖生态子系统恢复力指数（1987～2012 年）

年份	脆弱性指数			应对能力指数			生态子系统恢复力指数		
	a_m	c_m	r_m	a_m	c_m	r_m	a_m	c_m	r_m
1987	0.3567	0.5766	0.3822	0.0595	0.9405	0.0595	0.2230	0.7647	0.2258
1988	0.3390	0.5742	0.3712	0.0695	0.5528	0.1117	0.2342	0.5057	0.3166
1989	0.3646	0.5311	0.4071	0.0739	0.4305	0.1465	0.2267	0.4373	0.3414
1990	0.3407	0.5603	0.3781	0.0797	0.3443	0.1880	0.2351	0.3776	0.3837
1991	0.3470	0.5484	0.3875	0.0831	0.3404	0.1961	0.2358	0.3763	0.3852
1992	0.3590	0.5181	0.4093	0.0909	0.3305	0.2157	0.2358	0.3722	0.3878
1993	0.3626	0.5312	0.4057	0.0952	0.3005	0.2405	0.2358	0.3640	0.3932
1994	0.3357	0.5500	0.3790	0.0986	0.2674	0.2694	0.2420	0.3305	0.4227
1995	0.3448	0.5502	0.3852	0.1021	0.2369	0.3011	0.2426	0.3154	0.4347
1996	0.3644	0.5471	0.3998	0.1092	0.2018	0.3510	0.2436	0.3035	0.4452
1997	0.3378	0.5417	0.3841	0.1120	0.1855	0.3766	0.2488	0.2783	0.4720
1998	0.3331	0.5760	0.3664	0.1178	0.1670	0.4135	0.2547	0.2686	0.4867
1999	0.3668	0.5297	0.4091	0.1235	0.1530	0.4467	0.2471	0.2746	0.4737
2000	0.3416	0.5141	0.3992	0.1324	0.1259	0.5126	0.2625	0.2366	0.5260
2001	0.3352	0.5382	0.3837	0.1464	0.1014	0.5908	0.2718	0.2230	0.5493
2002	0.3349	0.5433	0.3814	0.1570	0.0960	0.6205	0.2845	0.2142	0.5705
2003	0.3550	0.5125	0.4093	0.1847	0.0824	0.6916	0.2921	0.2152	0.5758
2004	0.3360	0.5487	0.3798	0.1969	0.0771	0.7185	0.3209	0.1976	0.6189

续表

年份	脆弱性指数			应对能力指数			生态子系统恢复力指数		
	a_m	c_m	r_m	a_m	c_m	r_m	a_m	c_m	r_m
2005	0.4080	0.4274	0.4884	0.2772	0.0739	0.7895	0.3552	0.2050	0.6340
2006	0.4602	0.3796	0.5480	0.2960	0.0652	0.8194	0.3510	0.2127	0.6227
2007	0.5468	0.3430	0.6145	0.6261	0.0624	0.9093	0.5615	0.2195	0.7189
2008	0.6010	0.3073	0.6617	0.6302	0.0634	0.9086	0.5479	0.2373	0.6978
2009	0.5897	0.3485	0.6286	0.6501	0.0623	0.9126	0.5837	0.2235	0.7231
2010	0.5236	0.3438	0.6036	0.6325	0.0626	0.9099	0.5545	0.2256	0.7108
2011	0.5283	0.3560	0.5974	0.5603	0.0630	0.8989	0.5103	0.2268	0.6924
2012	0.5573	0.3453	0.6174	0.8549	0.0616	0.9328	0.6952	0.2305	0.7510

（二）应对能力指数

1987～2012 年，千岛湖旅游地生态子系统的应对能力也呈现逐年上升态势。从应对能力 r_m 的等级区间来看，大致可划分为三个阶段：1987～1995 年为弱应对阶段，1996～2002 年为中应对阶段，2003～2012 年为强应对阶段（表 7-4）。

总体来说，应对能力的各项指标都在逐年增长。但是 1995 年之前，各指标值底数均很低，增长也较为缓慢。1996 年，三同时执行合格率上升为 95%，污染源治理投资额和节能环保支出分别比上年增长了 33%和 24%，应对能力进入中级阶段。2003 年，污染源治理投资额和节能环保支出分别比上年增长了 80%和 52%，2005～2007 年，应对能力中这两项权重最大的指标更是有了突破性增长，其中，污染源治理投资额由 2004 年的 943 万元上升到 2005 年的 3140 元，节能环保支出由 2006 年的 1337 万元上升到 2007 年的 7078 万元，应对能力迅速上升。

（三）恢复力指数

1987～2012 年，千岛湖旅游地生态子系统的恢复力指数呈现出稳步增长。1988 年之前处于弱恢复力阶段，1989～2006 年为中恢复力阶段，2007～2012 年为强恢复力阶段（表 7-4、图 7-6）。

由于 2005 年之前，千岛湖生态子系统一直处于相对稳定的中等较低脆弱水平，应对能力也基本处于中低级水平，千岛湖恢复力指数经历了一个漫长的中恢复力阶段。生态子系统最具生命力，在应对能力较低的情境下，也具有一定的恢复能力。但因为生态子系统具有生命力，一旦受损，其恢复力的提高也非常困难。因此，2000 年之前，生态子系统恢复力指数一直高于应对能力指数。2000 年之后，尽管应对能力的提高大大促进了系统恢复力的提高，但其指数却大大小于应对能力，两者的差距要大于社会子系统和经济子系统。

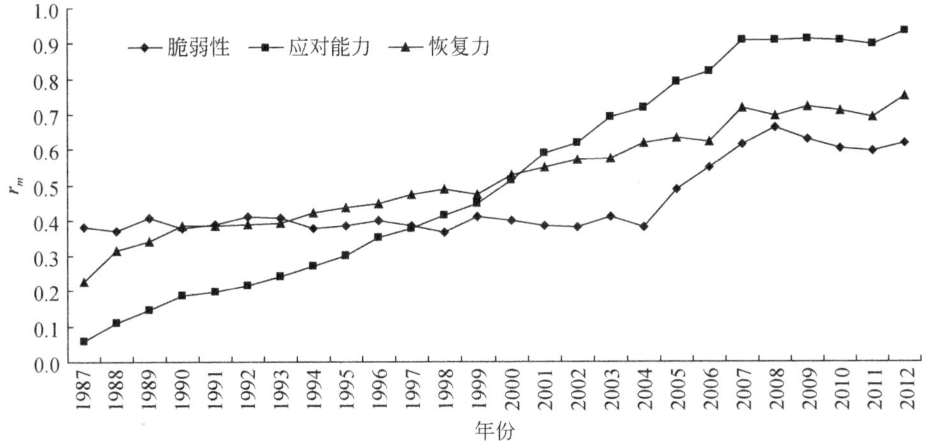

图 7-6 千岛湖生态子系统脆弱性、应对能力、恢复力年际变化态势（1987～2012 年）

第四节 千岛湖旅游地社会—生态子系统恢复力比较

一、脆弱性指数比较

从变化趋势来看，三个子系统的脆弱性指数 r_m 呈现不同的变化态势。社会子系统脆弱性总体上呈现良好的下降趋势；经济子系统脆弱性在波动变化中呈现一定的缓慢上升趋势；而生态子系统脆弱性在相当长的稳定之后，却呈现较明显的上升趋势（图 7-7）。

从强弱程度来看，三个子系统尽管呈现出不同的变化趋势，但均在 0.33～0.67，即都处于相对中等脆弱水平。总体上，经济子系统脆弱性最高，其次是社会子系统，再次是生态子系统。但是，由于生态子系统和社会子系统具有相反的变化趋势，2005 年之后，生态子系统脆弱性指数急剧上升，大大超过社会子系统脆弱性指数。

从阶段划分来看，三个子系统均可以划分为两个阶段，但节点与阶段变化方向、速率不同。社会子系统在 1987～1998 年为中级较高脆弱水平间的波动下降，在 1999～2012 年为中级较低脆弱水平间的波动下降。经济子系统在 1987～1995 年为下降阶段，1996～2012 年为缓慢上升阶段。生态子系统在 1987～2004 年为稳定阶段，在 2005～2012 年为快速上升阶段。

从变化幅度来看，生态子系统脆弱性变化幅度相对最大，26 年间谷值为 0.3664

（1998 年），峰值为 0.6617（2008 年），且自 2004 年之后变化方向很不利；其次是社会子系统，26 年间谷值为 0.4179（2002 年），峰值为 0.5764（1990 年），在小幅波动中处于良好的下降趋势；经济子系统变化幅度最小，26 年间谷值为 0.5320（1995 年），峰值为 0.6636（2010 年），但呈现一定的上升趋势。

总体而言，随着社会经济和旅游业的不断发展，社会子系统不断趋于稳定，脆弱性逐渐减少；经济子系统的脆弱性有所加强，主要是因为旅游业占国民经济比值不断增大，而旅游业受外界环境影响大，脆弱性较强；生态子系统脆弱性最大，旅游业的大力发展对千岛湖的生态环境影响仍较大，尤其是旅游业给千岛湖带来的水质、噪声等负面影响，使得千岛湖生态子系统压力加大。

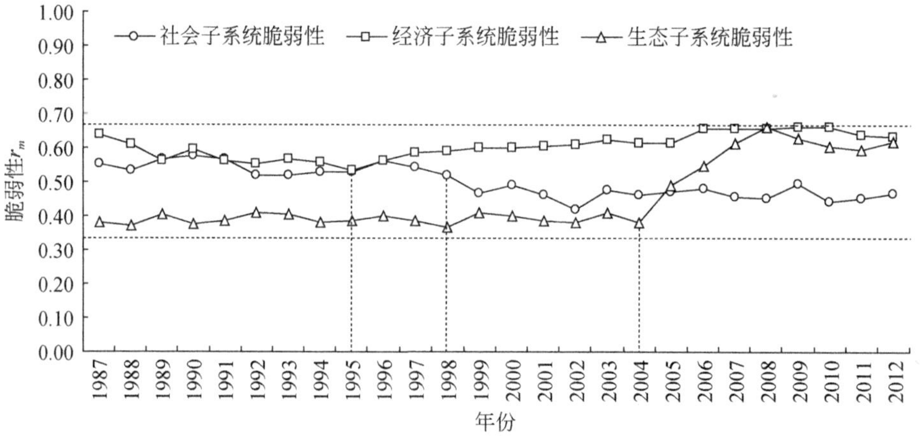

图 7-7　千岛湖旅游地社会、经济、生态子系统脆弱性比较（1987～2012 年）

二、应对能力指数比较

从变化趋势来看，三个子系统的应对能力指数 r_m 呈现出相同的变化态势，即逐年稳步上升，应对能力不断加强（图 7-8）。

从强弱程度来看，三个子系统均经历了从相对较弱阶段到相对较强阶段的过程。社会子系统应对能力变化最强劲，由最初的最弱应对阶段发展到现在的最强应对阶段；其次是经济子系统应对能力，从 1999 年起，超过生态子系统应对能力，在三个子系统中应对能力最强，2008 年之后稍弱于社会子系统。生态子系统起初应对能力最强，但在 2002 年之后逐渐落后于社会子系统和经济子系统。生态子系统自身具有一定的恢复力，同时由于其客观阈值的存在，限制了许多生态应对能力的提高。

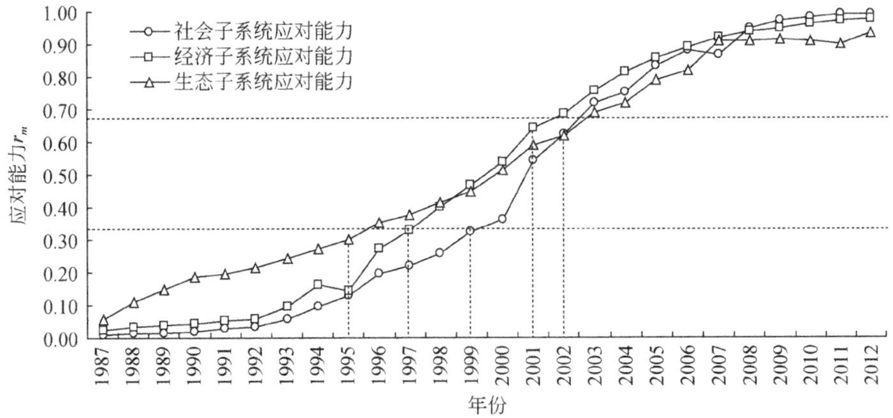

图 7-8　千岛湖旅游地社会、经济、生态子系统应对能力比较（1987～2012 年）

从阶段划分来看，根据应对能力 r_m 的等级区间，三个子系统均可以划分为弱、中、强三个阶段，且阶段节点大致相同（表 7-5）。1987 年至 20 世纪 90 年代中后期，由于社会、经济发展的弱势，三个子系统均处于弱应对阶段；之后，直至 2002 年，三个子系统均处于中应对阶段，其中生态子系统于 1996 年率先进入中应对阶段，千岛湖在旅游发展历程中，逐渐意识到保护生态环境的重要性，并进行了巨大的投入。2003～2012 年，随着社会、经济发展及生态意识的不断加强，三个子系统均进入强应对阶段。

表 7-5　千岛湖旅游地社会、经济、生态子系统应对能力阶段划分

系统类别	相对弱应对阶段	相对中应对阶段	相对强应对阶段
社会子系统	1987～1999 年	2000～2002 年	2003～2012 年
经济子系统	1987～1997 年	1998～2001 年	2002～2012 年
生态子系统	1987～1995 年	1996～2002 年	2003～2012 年

从变化幅度来看，三个子系统均处于逐步上升阶段，但 26 年间变化幅度巨大，地位也略有变化。社会子系统应对能力指数由 1987 年的 0.0085 上升到 2012 年的 0.9915，由最弱逐渐赶超经济和生态子系统，成为最强。经济子系统由 1987 年的 0.0239 上升到 2012 年的 0.9777，尽管 1999～2007 年在三个子系统中最强劲，但随后又位居中列。生态子系统由 1987 年的 0.0595 上升到 2012 年的 0.9328，在三个子系统中由最强变成最弱，说明生态子系统自身具有一定的客观性，应对能力的提高有一定的局限性。

经过 26 年的发展，千岛湖的社会—生态系统应对能力几乎经历了从无到几近完备的过程。在各系统脆弱性有所加大的情境下，应对能力的不断加强对提高千岛湖社会—生态系统恢复力具有至关重要的作用。

三、恢复力指数比较

从变化趋势来看，与应对能力同步，三个子系统的恢复力指数 r_m 均呈现出不断提升的变化态势，恢复力不断加强（图 7-9）。

从强弱程度来看，三个子系统恢复力均经历了由弱到强的过程。社会子系统恢复力逐年稳步上升，并由最低上升为最高。经济子系统和生态子系统虽呈上升趋势，但具有一定的波动性和跳跃性。生态子系统 1987 年恢复力指数 r_m 为 0.2258，在三个子系统中最高，但在逐步增长的过程中，却渐渐落后于社会和经济子系统，2005 年之后在三个子系统中恢复力最低。经济子系统恢复力于 2001～2007 年在三个子系统中恢复力最高，但在 2008 年之后又稍落后于社会子系统。

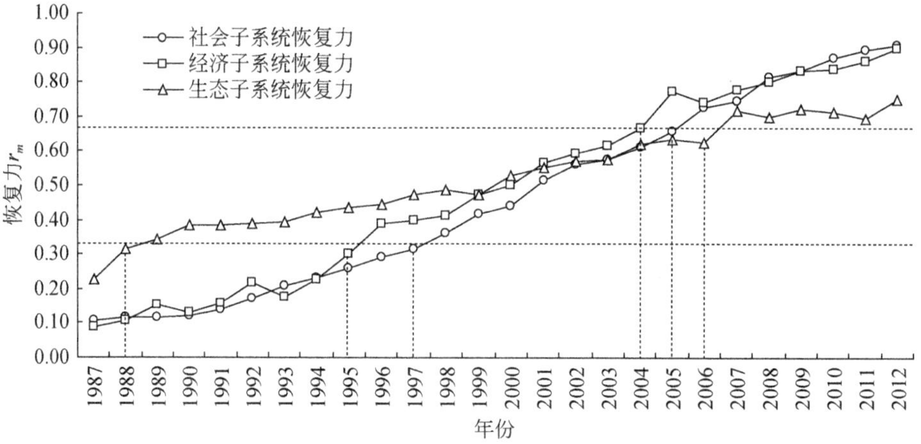

图 7-9　千岛湖旅游地社会、经济、生态子系统恢复力比较（1987～2012 年）

从阶段划分来看，三个子系统均经历了弱、中、强三个阶段。生态子系统恢复力弱阶段经历时间最短，仅 1987～1989 年，之后就经历了漫长的中恢复力阶段，直到 2007 年才进入强恢复力阶段。经济子系统恢复力虽具有一定的波动性，但平均增长较为匀速，1987～1995 年为弱阶段，1996～2004 年为中阶段，2005～2012 年为强阶段。社会子系统恢复力增长最为强劲，1987～1997 年为弱阶段，1998～2005 年为中阶段，2006～2012 年为强阶段，2008 年之后赶超经济子系统。

从变化幅度来看，社会子系统恢复力基本呈稳定的均衡正变化趋势，由 1987 年的 0.1045 逐年上升到 2012 年的 0.9091。生态子系统变化幅度最小，由 1987 年的 0.2258 逐年上升到 2012 年的 0.7510。经济子系统恢复力在总体上升的趋势下，伴随有一定的波动性，间隔出现一定的负变化，由 1987 年的 0.0865 逐年上升到 2012 年的 0.8987。

三个子系统恢复力目前均进入理想的强阶段，社会子系统恢复力的稳步提升为旅游地健康发展提供了保障，经济子系统恢复力的快速提升说明旅游业发展给当地带来了巨大的经济效益，但是也应注意旅游产业延伸链的发展，避免由高度集中的旅游业发展给当地经济带来的脆弱性。生态子系统恢复力的提高往往是一个缓慢的过程，生态子系统的部分要素一旦被破坏，即使提高应对能力，也很难恢复到原来的状态，因此，应注重保护生态子系统，进一步加强生态子系统恢复力，避免波动性。

四、子系统恢复力影响因素

以上分析可以看出，26年间，千岛湖社会—生态系统的应对能力不断提高，而生态和经济子系统的脆弱性均有所上升，一方面说明千岛湖旅游业主导经济，导致经济系统相对较为单一，经济风险加大；另一方面说明千岛湖的发展比较注重创造社会能力，而对物质资本（尤其是生态资本）的创造不足。因此，虽然千岛湖旅游地社会—生态系统恢复力在不断提高，但应看到系统潜在危险因素的聚集，防止系统某一要素接近阈值而导致突然崩溃（图7-10）。

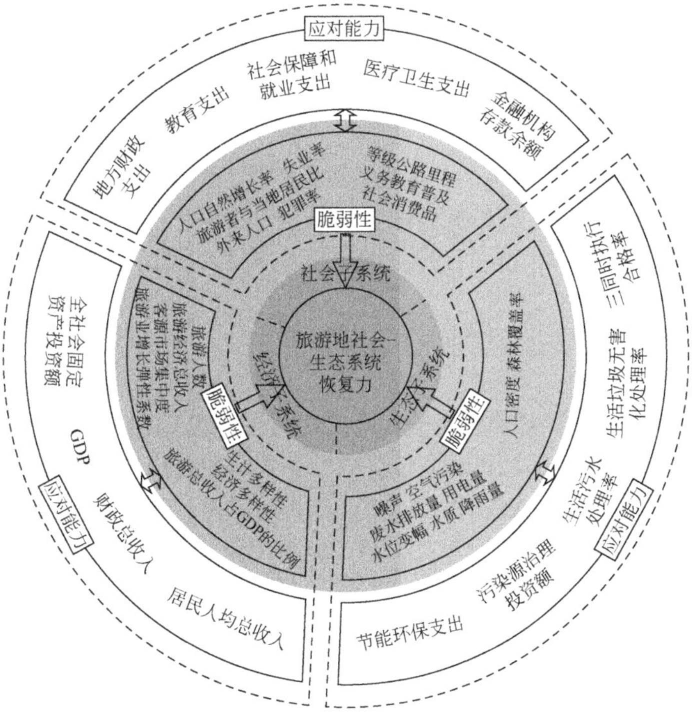

图7-10　旅游地社会—生态子系统恢复力影响因素

注：图中加黑字体表示重要影响因素。

社会子系统脆弱性主要受旅游者与当地居民比、社会犯罪率、境内等级公路里程、人均居住面积、社会消费品零售额影响，说明旅游者与当地居民比越大，社会犯罪率越高，存在的不稳定因素概率相对增大，而交通的改善、人均居住面积的提高、社会消费品的丰富可以有效减少社会子系统的脆弱性。地方财政、教育、社会保障和就业、医疗卫生支出，以及年末金融存款余额各因子等均是应对能力中的重要影响因素，并成为影响恢复力的决定性要素。

经济子系统脆弱性主要受生计多样性、旅游弹性系数、旅游总人数、旅游总收入的影响最大。人们谋生手段越呈现多样化，经济脆弱性风险就越小；旅游业是当地的支柱产业，旅游业规模和收入是当地经济的重要组成部分，是提高当地经济实力的重要来源之一。应对能力主要受全县 GDP、财政总收入、居民人均收入、社会固定资产投资影响，即经济收入和经济投资都是经济子系统应对能力不可或缺的部分。

生态子系统脆弱性主要受森林覆盖率、人口密度、噪声水平、湖水水质等影响，说明当地的生态本底条件和旅游带来的两大主要生态环境影响——噪声增大和水质恶化，对生态子系统产生了巨大冲击。应对能力主要受生态治理三项措施的影响，说明从源头治理环境，采取严格措施，做到清洁生产和环境保护，是提高应对能力和恢复力的根本。

第五节 千岛湖旅游地社会—生态系统恢复力综合测度

综合各子系统共 39 个指标，根据式（7-5）～式（7-10），计算旅游地社会—生态系统各指标的权重，然后根据式（7-1）～式（7-4）计算千岛湖 1987～2012 年系统的总脆弱性指数、总应对能力指数和总恢复力指数。

一、总脆弱性指数呈缓慢上升趋势

纵观 26 年间千岛湖旅游地社会—生态系统的总脆弱性指数，总体上处于中等脆弱水平，并呈缓慢上升趋势。大致可分为两个相对阶段：1987～2004 年为平稳阶段，处于 0.43～0.48；2005～2012 年为上升阶段，处于 0.5～0.6，尤其是 2005～2009 年，逐年上升，此后有所下降，趋于相对平稳。曲线趋势与生态子系统脆弱性趋势及阶段划分大致相同（图 7-11）。

1987～2004 年，系统同一度在 0.34～0.44 波动，对立度在 0.42～0.48 波动，脆弱性在两者的相互作用中处于较为平稳状态。在此期间，旅游业发展虽经历了从起步到繁荣的过程，但与脆弱性指数呈正向影响的主要指标——生态指标，如空气污染指数、废水排放量、用电量等都处在较低的水平，湖水水质也一直处于贫营养状态。2004 年，旅游收入占 GDP 的比例也仅为 18%左右，旅游业发展主要以观光旅游为主，尚未对系统脆弱性产生明显的影响。

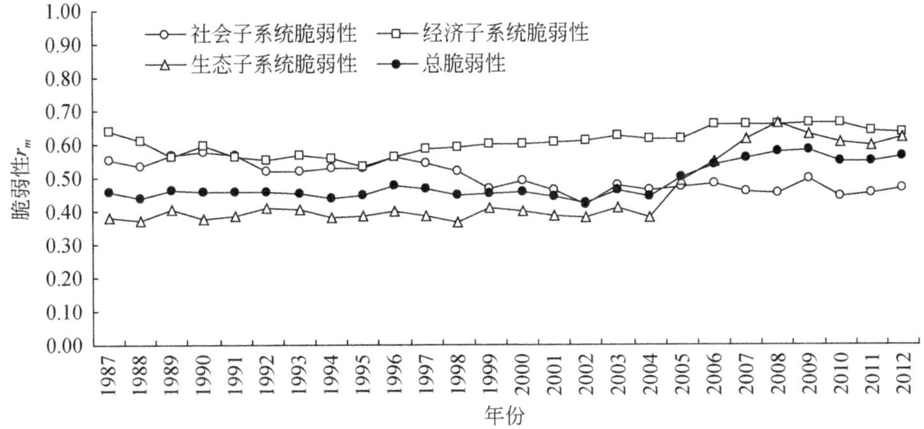

图 7-11　千岛湖旅游地社会—生态系统脆弱性指数年际变化（1987～2012 年）

2005 年后，由于旅游业迅猛发展和深化，对生态环境的影响日益上升，系统同一度从 2005 年的 0.4037 上升到 2009 年的最高值 0.5201，对立度从 2005 年的 0.4030 下降到 2008 年的最低值 0.3655，系统脆弱性显著上升。湖水水质由贫营养上升为中营养状态，空气污染指数由 2004 年的 34 由上升到 2007 年的 71，旅游由观光旅游逐渐向休闲度假旅游深度发展，游客量从 2004 年 119.7 万增加到 2012 年 796.6 万，大量游客涌入，加大了系统脆弱性。2009 年之后，政府、企业和居民对旅游发展的理性认识进一步加强，充分认识到资源保护是当地旅游业发展之根本，制定了一系列保护政策，社会—生态系统脆弱性增长相对缓慢。

二、总应对能力指数呈快速上升趋势

千岛湖社会—生态系统的总应对能力指数呈逐年快速上升趋势，由 1987 年的 0.0282 上升到 2012 年的 0.9725，总应对能力同样经历了由空白到几近完备的过程。根据 r_m 指数阶段划分，弱、中、强三个阶段分别为：1987～1997 年为弱应对能力阶段；1998～2002 年为中应对能力阶段；2003～2012 年为强应对能力阶段。总系统曲线趋势与社会、经济、生态子系统应对能力曲线趋势基本相同，阶段划分与经济子系统相同（图 7-12）。

各曲线趋势的一致性说明各子系统的应对因子是相互关联的，但经济子系统应对能力提升是生态和社会子系统应对能力提升的基础。26 年间，生态环境保护力度逐年加大，经济发展水平逐年增高，社会保障措施逐年完善。尤其是千岛湖旅游业发展在 1998 年完成了景点革命，走上系统化发展，2004 年向休闲度假旅游转型，实现深度发展，乡村旅游规模不断增大，旅游经济收入渠道增加，更加促进了系统应对能力的增强，并使系统应对能力向上一个台阶迈进。由于三个子系统的相互牵制，总系统的应对能力更加稳定，呈现逐年上升态势。在各子系统脆弱性有所加大的情境下，应对能力的不断加强对提高千岛湖社会—生态系统恢复力具有至关重要的作用。

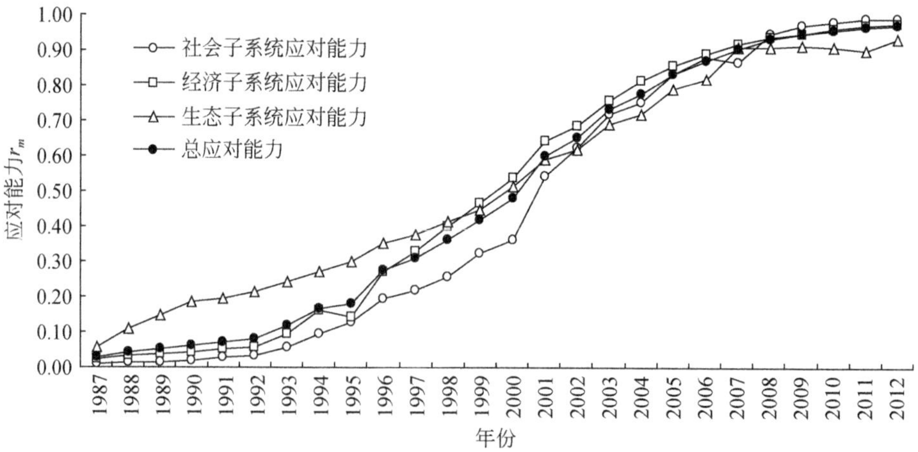

图 7-12　千岛湖旅游地社会—生态系统应对能力指数年际变化（1987～2012 年）

三、总恢复力指数呈稳步上升趋势

尽管脆弱性指数呈现一定的上升趋势，但伴随着强大的应对能力，千岛湖社会—生态系统的总体恢复力指数仍呈现逐年稳步上升趋势，由 1987 年的 0.1276 上升到 2012 年的 0.8669。弱、中、强三个阶段相对划分为：1987～1996 年为弱恢复力阶段；1997～2004 年为中恢复力阶段；2005～2012 年为强恢复力阶段。系统总恢复力的逐年提升是三个子系统共同作用的结果。相比较而言，总恢复力受社会和经济子系统恢复力的影响较大，尤其是社会和经济子系统应对能力的作用更加突出。生态子系统应对能力中的污染源治理投资额、节能环保支出，实际上也就是经济投入，因此总恢复力指数曲线阶段划分与经济子系统大致相同，曲线圆滑度与社会子系统较接近（图 7-13）。

综合总脆弱性、总应对能力和总恢复力关系，系统具有一定的自我调节与恢复能力。1987～1997 年，系统应对能力处于极弱的状态，但由于系统自身活力及相对稳定的脆弱性，系统恢复力指数明显高于应对能力指数。当应对能力快速提升到一定程度时，又受到脆弱性的牵制，恢复力指数渐渐落后于应对能力指数。

同时，应对能力的作用时效也具有一定的滞后性，2002 年应对能力已经进入强应对阶段，脆弱性指数也尚处于稳定波动期间，但是恢复力在 2005 年才进入强应对阶段，说明各种投入建设显效需要一定的时间。尤其是千岛湖作为湖泊型旅游地，资源更加敏感，减少旅游开发给水质、森林及其他环境带来的负面影响，是一个长期过程。总体上，在强大的应对能力下，脆弱性微弱增加，改变不了总恢复力提高的趋势。2005 年起，系统脆弱性开始显著增强，但由于强大的系统应对能力的提高，系统恢复力仍然保持稳步增长态势，正印证了这一点（图 7-14）。

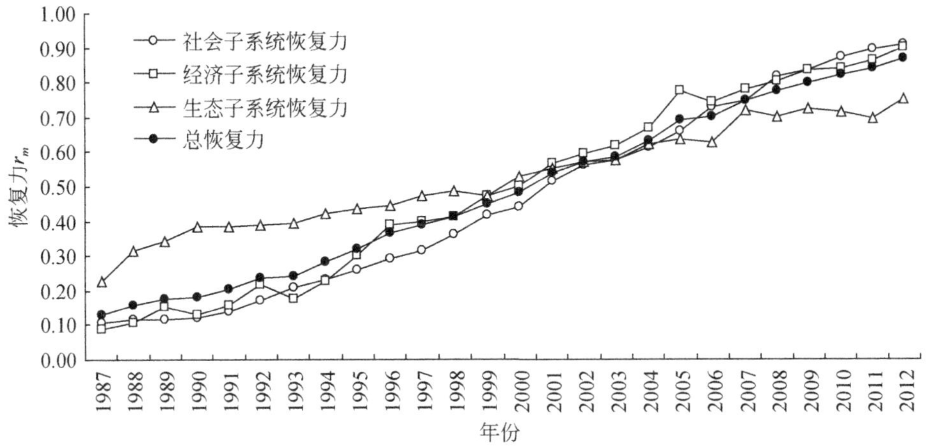

图 7-13　千岛湖旅游地社会—生态系统恢复力指数年际变化（1987～2012 年）

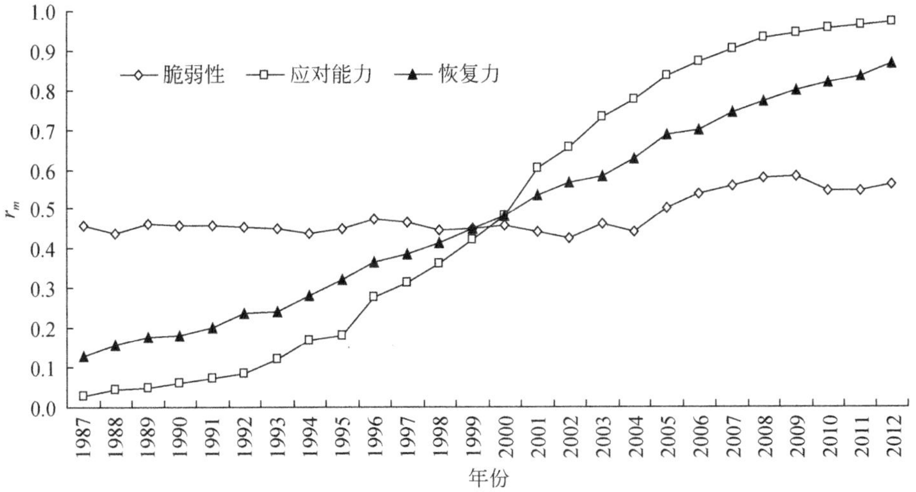

图 7-14　千岛湖社会—生态系统脆弱性、应对能力、恢复力年际变化态势（1987～2012 年）

第六节　千岛湖旅游地社会—生态系统恢复力影响机理

从目前分析来看，千岛湖旅游地社会—生态系统是富有恢复力的，但同时也应看到其脆弱性的缓慢增长，系统内任何一个要素的发展都有可能导致其他要素的连锁变化，进而影响系统恢复力。因此，研究恢复力各要素的影响方式、性质、速率等机理和规律成为必要。由于因子影响具有正负向之分，因此将各指标依据正负向进行标准化后，运用 SPSS19.0 对 26 年间各子系统的脆弱因子和应对因子进行相关性分析。

一、脆弱性影响因子与恢复力关联分析

研究发现，千岛湖降雨量、水位年变幅、旅游业增长弹性系数、产业结构、客源市场集中度、人口自然增长率、失业率等与恢复力的影响，规律性不强，相关系数 R^2 均小于 0.3，限于篇幅，本书对这些因素暂不做分析。

（一）生态子系统脆弱性

生态子系统脆弱性涉及生态环境本底条件和旅游活动干扰的环境变化两大类。生态环境本底条件中，森林覆盖率与恢复力呈线性正向关系（R^2 为 0.9493），森林覆盖率直接影响系统恢复力的高低，森林覆盖率越高，系统恢复力越大。人口密度与恢复力呈线性负向关系（R^2 为 0.8599），人口密度的增加会加重土地承载力，对生态子系统恢复力具有直接的负向影响（图 7-15a）。

水质营养指数、空气污染指数、耗电量、噪声等旅游活动干扰的环境变化因素，均与恢复力呈现非线性负向关系，相关性 R^2 均在 0.82 以上。噪声在起初增长时，会引起恢复力的急剧下降，但增长到一定程度时，恢复力减弱的趋势趋于缓慢。水质营养化指数增高，会逐年导致恢复力下降，直至系统进入瘫痪状态。耗电量和空气污染指数与恢复力的回归出现了拐点，说明两者在起初增长时，尚不对恢复力构成威胁，当超过一定范围时，其增长会引起恢复力的迅速减退（图 7-15b）。旅游发展给当地带来了巨大的环境压力，由旅游活动而引起的环境变化要素，尽管对恢复力的影响速率和影响性质不同，但在一定程度上削弱了整个千岛湖社会—生态系统恢复力。

（二）经济子系统脆弱性

经济子系统脆弱性涉及旅游经济发展和社会生计两大类。在旅游经济发展因子中，旅游总收入和旅游人数均与总恢复力指数呈非线性正向关系，相关系数 R^2

分别为 0.8377 和 0.9078。旅游总收入和旅游人数对恢复力由弱至中的提高起到巨大的推动作用。但是当恢复力进入强阶段时，两者对恢复力的提高作用明显减弱，并逐步趋于平稳（图 7-15c）。

社会生计因子中，生计多样性、旅游收入占 GDP 的比例均与恢复力指数呈线性相关关系，R^2 分别为 0.9245、0.8861，但影响性质相反。旅游收入占 GDP 的比例逐渐增大，表明由于单一产业的支柱地位加强，不利于系统的稳定性，恢复力会逐渐降低。而人们的生计多样性指数越大，系统恢复力就越高（图 7-15d）。由此看出，单一旅游业经济是脆弱的，应大力加强旅游产业化发展，减少单一系统要素的不稳定，增加外界干扰的抗御能力，进而增加整个系统的恢复力。

（三）社会子系统脆弱性

社会子系统脆弱性涉及社会稳定和社会福利两大类。对社会稳定而言，外来人口比例和社会犯罪率均与恢复力呈明显的线性负相关关系，R^2 分别为 0.6003、0.876，也就是说，外来人口的增加和社会犯罪率的上升会直接引起恢复力的下降。相比较而言，社会犯罪率对恢复力的负面影响更大。旅游者与当地居民比和恢复力呈非线性正向关系，与旅游收入、旅游人数同步，在系统恢复力较低的情境下，旅游人数与居民的提高会大大促进系统由低恢复力向高恢复力进化，而当比例增长到一定程度时，对恢复力的促进作用明显减慢（图 7-15e）。

对社会福利而言，人均居住面积、交通、教育、社会消费品均与恢复力呈明显的非线性正向关系。其中，教育拟合曲线呈正 U 形，教育普及对提高系统恢复力具有持续促进作用。人均居住面积、交通、社会消费品在系统恢复力低中期，对恢复力的提高具有巨大作用，随后进入边际效益递减期（图 7-15f）。

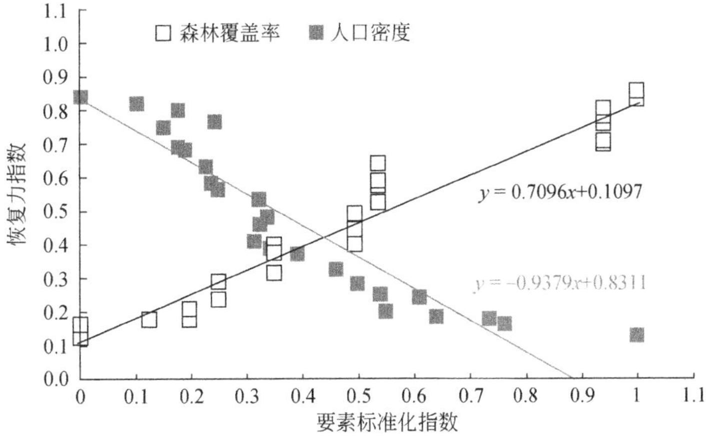

(a) 生态环境本底条件与恢复力

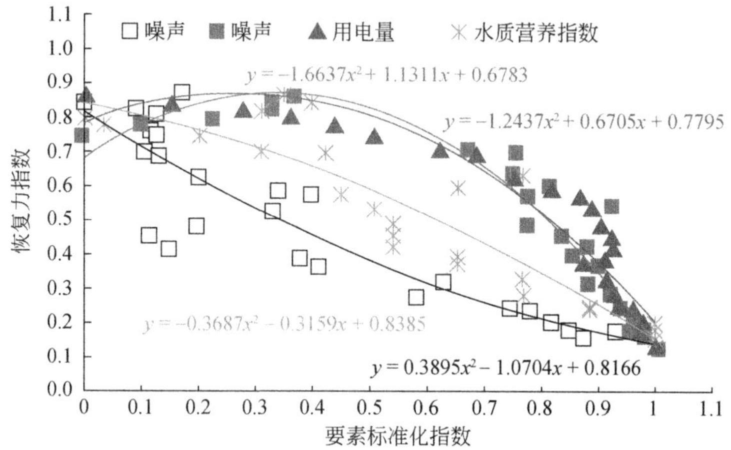

(b) 旅游活动干扰的环境变化与恢复力

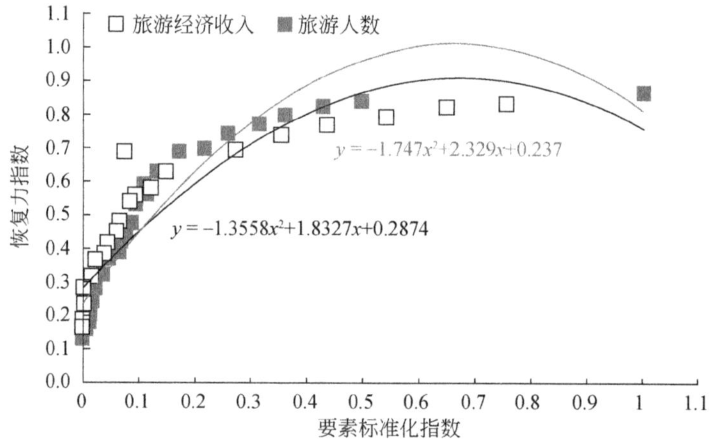

(c) 旅游经济发展与恢复力

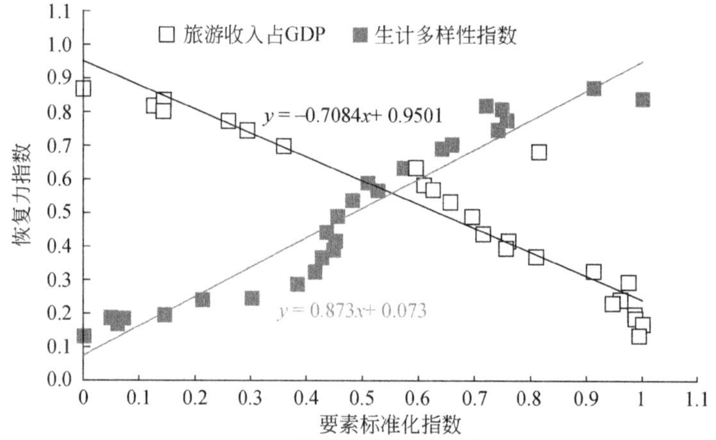

(d) 社会生计与恢复力

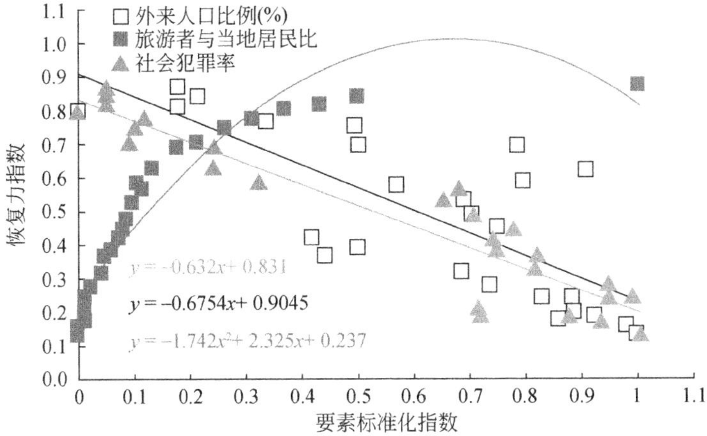

(e) 社会稳定与恢复力

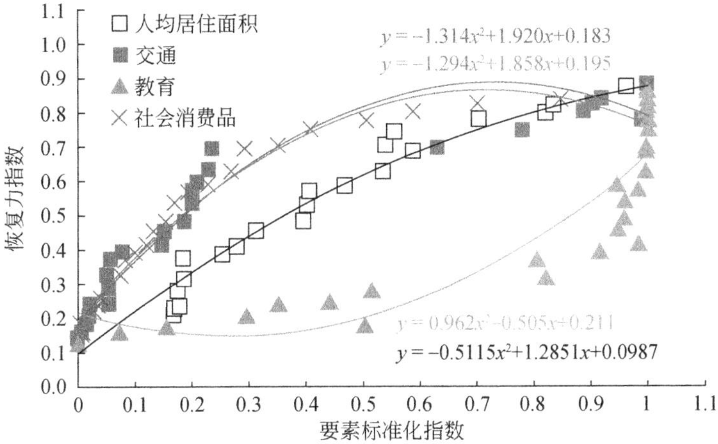

(f) 社会福利与恢复力

图 7-15　千岛湖社会—生态系统脆弱性与恢复力关联分析（1987～2012 年）

二、应对能力影响因子与恢复力关联分析

（一）生态子系统应对能力

生态子系统应对能力涉及生态投资和生态治理两大类。生态投资与恢复力指数呈非线性正向关系，在恢复力较低的情境下，污染源治理投资额和节能环保支出的增加会迅速提高总恢复力。但当恢复力发展到高级阶段时，其生态治理投资效益明显下降（图 7-16a）。

生态治理的三项因素——“三同时”执行合格率、生活污水处理率、生活垃圾无害化处理率均与恢复力呈明显的线性正相关关系，R^2 分别为 0.585、0.9665、0.9109

（图 7-16b）。这说明从源头上采取的生态处理措施会大大有利于恢复力的提高。进一步对三者与恢复力进行回归方程分析，发现生活污水处理率对恢复力的影响最大，主要生活污水处理的达标与否对千岛湖水质具有重要影响，其次是生活垃圾和三同时执行合格率。对湖泊型旅游地千岛湖来说，水是旅游地生态子系统最重要的因素，保护水源是生态处理措施的重中之重，对系统恢复力起直接促进作用。

（二）经济子系统应对能力

经济子系统应对能力涉及经济收入和经济投资两大类。两大因子均与恢复力指数呈非线性正相关关系，且曲线较为相似。这说明经济收入和经济投资在恢复力较低的情况下，经济收入的提高和经济投资的加大，会提高整个社会—生态系统应对能力，进而促进系统恢复力的提高。但与生态投资相似，随着系统恢复力向高阶段迈进，应对能力作用开始减弱，出现曲线拐点，恢复力呈现缓慢下降趋势（图 7-16c，图 7-16d）。

（三）社会子系统应对能力

社会子系统应对能力涉及社会支出和社会存储两大类。与经济子系统应对能力相似，两大因子均与恢复力指数呈非线性正向相关关系，且曲线较为相似，均为倒 U 形（图 7-16e，图 7-16f）。实际上，应对能力的各因素也是相互关联的，经济收入的增加必然会促进地方财政支出增加，而要想增加财政支出，必然要首先加大在教育、社会保障和就业、医疗等民生方面的支出；同时，经济收入增加又必然会促进社会存储增加，提高系统应急和风险抗御能力。这些指标在恢复力较低的情境下，可以迅速提高系统恢复力，而当恢复力水平较高时，各应对能力的发挥也具有一定的局限性。

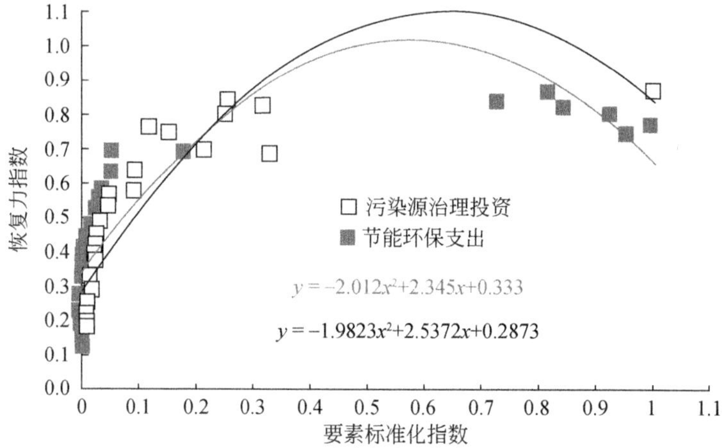

(a) 生态投资与恢复力

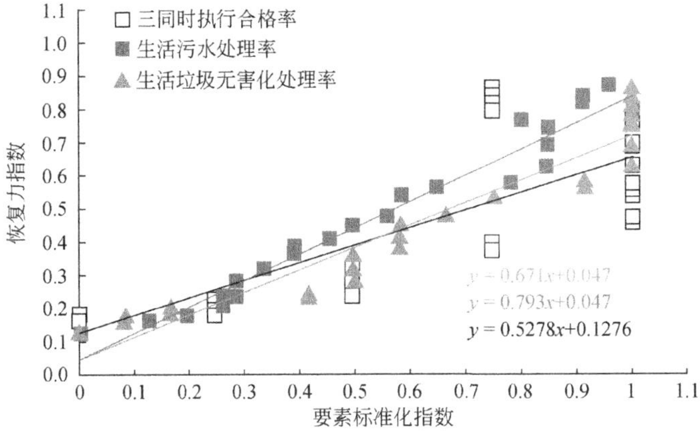

(b) 生态治理与恢复力

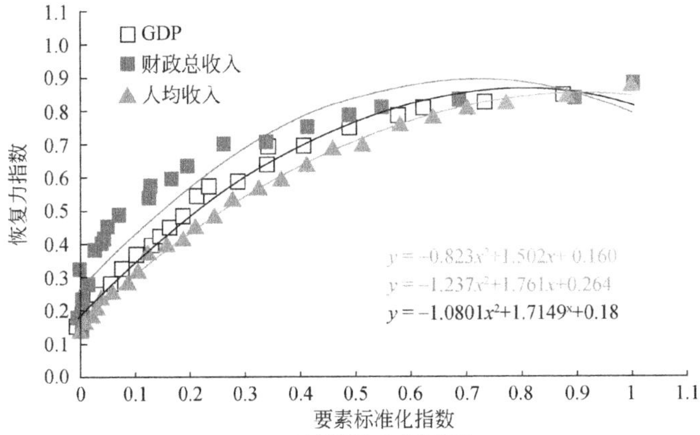

(c) 经济收入与恢复力

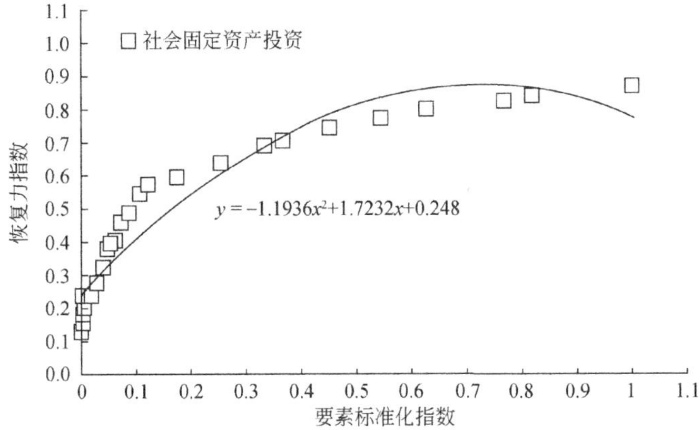

(d) 经济投资与恢复力

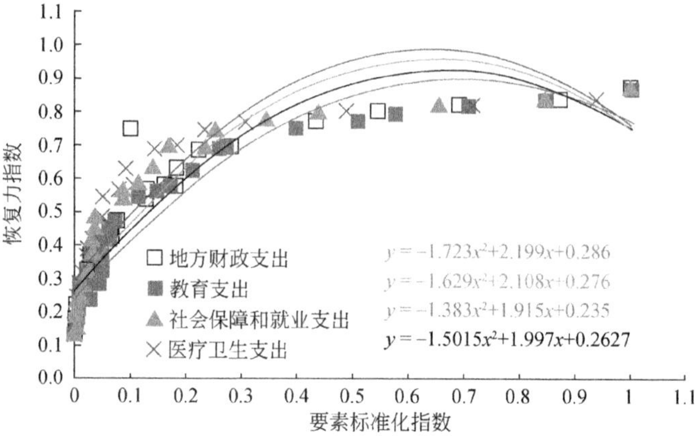

(e) 社会支出与恢复力

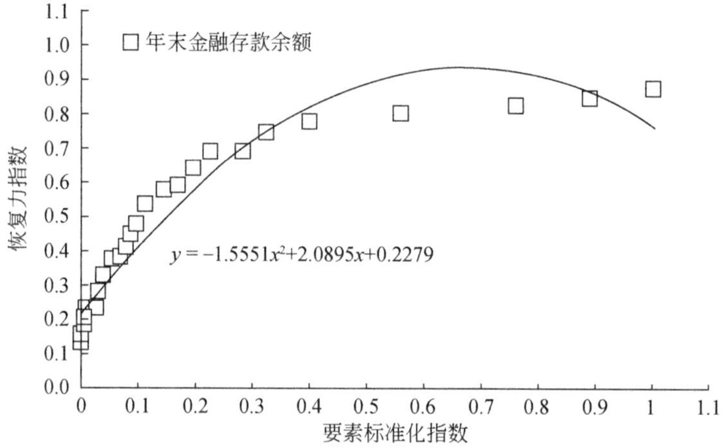

(f) 社会存储与恢复力

图 7-16　千岛湖社会—生态系统应对能力与恢复力关联分析（1987～2012 年）

三、旅游地社会—生态系统恢复力影响机理分析

（一）影响关联模型

运用回归方程进行模拟，建立旅游地社会—生态系统恢复力影响关联模型（表 7-6）。

恢复力关联模型显示，总应对能力对总恢复力起决定性作用。旅游地社会—生态系统是一个不断变化的复杂系统，系统恢复力不仅受各种不稳定要素的动态变化影响，更取决于在动态变化中系统不断适应和应对的能力，这也用事实证明了恢复力思想的核心。

表 7-6 千岛湖旅游地社会—生态系统恢复力影响关联模型

关联要素	回归方程	指标释义	相关性
总恢复力与总脆弱性、总应对能力	$Y=0.007+0.07 Y_1+0.94 Y_2$	Y 代表总恢复力，Y_1、Y_2 分别代表总脆弱性和总应对能力	相关系数分别为 0.770、0.992，均在 0.01 水平上显著相关
总脆弱性与子系统脆弱性	$Y_1=0.077+0.193x_{11}+0.092x_{12}+1.016x_{13}$	Y_1 代表总脆弱性，x_{11}、x_{12}、x_{13} 分别代表社会子系统脆弱性、经济子系统脆弱性、生态子系统脆弱性	社会、经济、生态子系统脆弱性指数的相关系数分别为—0.405（在 0.05 水平上显著相关）、0.724（在 0.01 水平上显著相关）、0.982（在 0.05 水平上显著相关）
总应对能力与子系统应对能力	$Y_2=-0.003+0.294x_{21}+0.509x_{22}+0.2x_{23}$	Y_2 代表总应对能力，x_{21}、x_{22}、x_{23} 分别代表社会子系统应对能力、经济子系统应对能力、生态子系统应对能力	相关系数分别为 0.996、0.998、0.996，均在 0.01 水平上显著相关

脆弱性关联模型显示，系统总脆弱性受生态子系统脆弱性影响最大，其次是社会和经济子系统脆弱性。生态子系统脆弱性涉及系统最本底的自然资源与生态环境，它们的变化往往是缓慢的，一旦被破坏，将很难逆转，更难恢复到原初状态。而社会和经济子系统的脆弱性更多的是由系统发展水平所致，有快速和慢速之分，人类主观能动性的发挥可以在一定程度上改变其脆弱性发生的方式及程度，减小脆弱性。前文分析已知，社会子系统脆弱性呈现总体下降趋势，一定程度上缓和了系统总脆弱性上升的势头。因此，生态子系统是整个系统脆弱性中最重要的因素，只有生态安全和社会稳定，才能促进经济有效发展。

应对能力关联模型显示，总系统应对能力受经济子系统应对能力影响最大，其次是社会和生态子系统应对能力。应对能力中，无论是生态投资与治理，还是社会支出与存储，都涉及经济实力问题，因此，经济应对能力的增强是系统总应对能力提高的前提和基础，总系统与经济子系统的应对能力阶段划分也是相同的。虽然从制度和保障来看，社会子系统对总系统应对能力调节作用最大，但改变不了经济发展是社会制度和保障实施的必备条件这一事实。

（二）影响机理

通过前文分析可知，旅游地社会—生态系统恢复力可通过社会、经济、生态三个子系统的脆弱性和应对能力进行测度。其中，系统脆弱性中，生态子系统脆弱性影响最大；系统应对能力中，经济子系统应对能力影响最大，恢复力是脆弱性和应对能力相互作用的结果，对不断变化的旅游地社会—生态系统来说，应对能力的加强是提高系统恢复力的关键。旅游地社会—生态系统脆弱性要素主要由社会、经济、生态子系统的本底要素和旅游发展带来的相关变化要素构成，应对能力主要由各子系统的投入与存储构成，影响性质有正负向之分，影响方式有线性和非线性之分。只有在一个富有恢复力的系统内，才能维持系统稳定性景观，从而促进系统向更健康的方向发展。据此，构建旅游地社会—生态系统恢复力影响机理框架（图 7-17）。

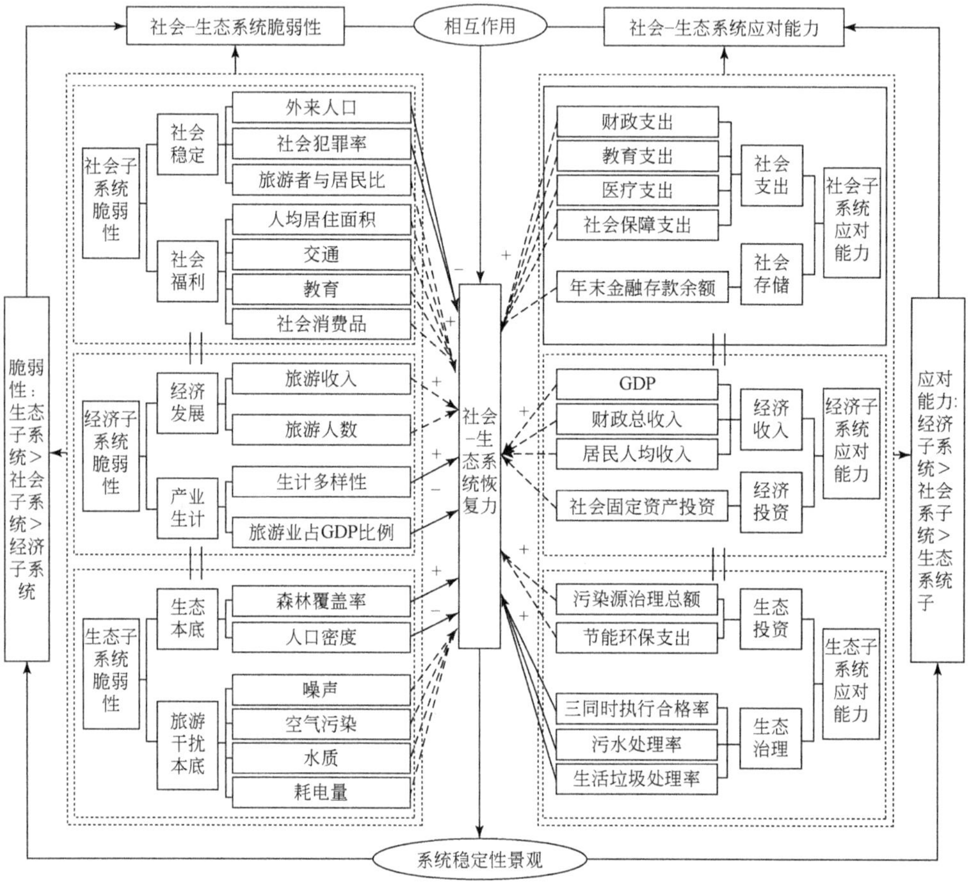

图 7-17　千岛湖旅游地社会-生态系统恢复力影响机理

注：- - -➤ 表示非线性影响；——➤ 表示线性影响；＋ 表示正向影响；－ 表示负向影响。

（三）影响曲线与规律

从脆弱性和应对能力因子与恢复力影响的关联分析，可以得出旅游地社会—生态系统影响因子与恢复力之间大致呈现两种影响方式，共六种曲线类型，曲线类型不同，影响的性质、速率和规律不同（图 7-18）。

（1）线性影响：线性递增和线性递减曲线

与恢复力呈线性关系的主要有生态本底条件、社会稳定、产业生计和生态治理措施，这些因子都是社会、经济、生态子系统中最基本的要素，影响关系可分为线性递增（a_1）和线性递减（a_2）两种类型。其中，正向影响因子与恢复力呈线性递增关系，如森林覆盖率、生计多样性、三同时执行合格率、生活污水处理率、生活垃圾无害化处理率，这些因子值的不断增大对恢复力的提高起直接作用。负向影响因子与恢复力呈线性递减关系，主要涉及社会稳定中的外来人口和社会犯罪率、产业生计中旅游收入占 GDP 的比例，外来人口的不断增加、社会犯罪率的不断提高会影响社会稳定性，旅游收入占 GDP 的比例的加大会进一步加大单一经济的脆弱性，进而对旅游地恢复力的降低有着直接影响。

（2）非线性影响："U"形/倒"U"形递增和递减曲线

与恢复力指数呈"U"形曲线关系的指标相对较少，主要涉及社会子系统中的教育和生态子系统中的噪声，可分为"U"形递增（b_1）和"U"形递减（b_2）两种类型。在恢复力的不同阶段，影响速率不尽相同。当恢复力较低时，基础教育的改善对恢复力的作用并不大，但随着教育的逐步提高，系统适应和学习能力会越来越强，进而有效地促进恢复力的提高。当恢复力较高时，噪声的增大会迅速降低恢复力，但到了恢复力低级阶段，其影响相对变得缓慢。

与恢复力呈倒"U"形曲线关系的主要涉及脆弱性指标中的社会福利、旅游经济发展、旅游活动干扰产生的环境变化以及社会、经济子系统应对能力和生态子系统应对能力中的生态投资，可分为倒"U"形先快速上升后缓慢下降（b_3）和倒"U"形先缓慢上升后快速下降（b_4）。其中，正向影响因子在恢复力中低阶段，其稳步发展可逐步提高恢复力，但当恢复力发展到高级阶段时，其对恢复力的提高具有明显的抑制作用，尤其对应对能力来说，更为明显，充分说明人类主观能动性的发挥应尊重旅游地社会—生态系统的自然发展规律。负向影响因子主要涉及生态子系统中旅游活动干扰导致的环境变化，如空气污染、耗电量、水质营养指数等，这些因素属于慢变量，在起初刚恶化时尚不对恢复力产生较大的影响，在系统其他有利因素发展的情况下尚不能改变恢复力提高的趋势，但当这些因素进一步恶化时，会对恢复力产生质的影响，大大降低系统恢复力。

总体上，就影响性质来说，旅游地社会—生态系统恢复力的负向影响主要集中在旅游业对生态环境造成的破坏、对经济发展造成的依赖性、对社会造成的部分不良影响等。就影响方式来说，线性影响主要集中在社会稳定性、产业生计、生态本底及生态处理措施等子系统最本底的要素上，非线性影响主要集中在旅游发展所带来的生态、经济及社会变化因素及应对能力要素上，且各要素在恢复力低中高阶段的影响速率各不相同。系统要素主要以非线性影响为主，这也从另一方面印证了陆林和鲍捷（2010）以耗散结构理论为基础，提出旅游地系统要素的非线性作用是其演化动力的结论。

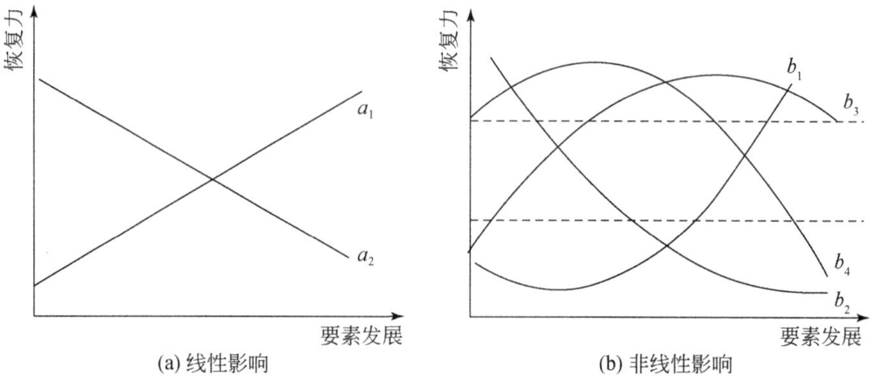

图 7-18　千岛湖旅游地社会—生态系统恢复力因子影响曲线

本 章 小 结

1）从 1987～2012 年千岛湖旅游地社会—生态系统各子系统的单独测度来看，脆弱性方面，社会子系统指数处于中级水平，呈下降趋势，经济子系统脆弱性处中等偏高水平，呈先降后升的变化态势，生态子系统脆弱性呈上升趋势；应对能力和恢复力是相关联的，基本同步增长，三个子系统均呈良好的上升趋势。

2）比较来看，脆弱性方面，三个子系统处于中等脆弱水平，大致相对可分为两个阶段，但变化态势与幅度略有不同，生态子系统变化幅度相对最大，经济子系统脆弱性相对最高；应对能力方面，三个子系统均经历了由相对较弱到较强的过程和三个阶段，且阶段节点大致相同，变化幅度略有不同，社会子系统变化幅度最大，由最弱变为最强，生态子系统变化幅度最小，由最强变至最弱；恢复力基本与应对能力变化趋势、强弱程度相似，但社会子系统恢复力的增长最强劲，经济子系统恢复力具有一定的波动性，生态子系统变化幅度最小。

3）从恢复力综合测度结果来看，1987～2012 年千岛湖旅游地社会—生态系统脆弱性呈缓慢上升趋势，应对能力呈快速上升趋势，恢复力呈稳步上升趋势。系统自身具有一定的抗性和恢复力，即使在非常脆弱的情况下，系统仍具有一定的自我调节、自我保护、自我恢复能力。而当系统脆弱性呈现微弱增加时，在应对能力不断强大的作用下，也改变不了系统总恢复力提高的趋势。恢复力应是脆弱性与应对能力相互作用的结果。

4）从三个子系统与总系统影响关联模型来看，系统总恢复力逐年提升是三个子系统共同作用的结果。系统总脆弱性受生态子系统脆弱性影响最大，总应对能力受经济子系统应对能力影响最大，总恢复力受社会和经济子系统恢复力影响较大。从总脆弱性、总应对能力和总恢复力相关性来看，总应对能力对总恢复力起决定性作用，其中，社会和经济子系统应对能力作用更加突出。

5）旅游地社会—生态系统影响因子与恢复力之间大致呈现两种影响方式，共六种曲线类型。与恢复力呈线性关系的主要涉及社会、经济、生态子系统中最基本的要素，包括生态本底条件、社会稳定、产业生计和生态治理措施等，可分为线性递增和线性递减两种类型。与恢复力呈“U”形或倒“U”形曲线关系的主要涉及脆弱性指标中旅游发展所带来的变化及应对能力指标，可分为“U”形递增、“U”形递减、倒“U”形先快速上升后缓慢下降和倒“U”形先缓慢上升后快速下降四种类型。总体上以非线性影响为主，且各因子影响的方向、速率具有差异性和不确定性，这更印证了恢复力非线性思想和集对分析非线性方法测度的适用性。

6）从区域测度结果来看，千岛湖旅游地发展具有稳步性，但发挥应对能力的同时，应注意系统物质资本的积累，真正提高系统恢复力。因为每一项应对能力的出台都有可能对系统造成创造性毁灭，产生新的问题，新问题又诱发新应对能力，如此循环，可能会潜移默化地伤害系统本底资源，直至系统瘫痪。对淳安湖泊型旅游地来说，更应关注生态子系统的脆弱性及应对能力，水质、生物等资源一旦被破坏，将很难恢复到原来的状态。此外，旅游业主导的旅游地社会—生态系统，也应注意旅游与其他产业的融合发展，提高经济多样性，减少单一旅游发展带来的经济风险，增强系统抗性。

第八章　千岛湖旅游地社会—生态系统社区恢复力认知测度

人是社会—生态系统的主要决定性因素，恢复力理论应该聚焦于人的认知和行为，才能更好地理解社会—生态系统恢复力（Lee，2014；Khan，2012；Ruiz-Ballesteros，2011）。成功的社会—生态系统管理既需要客观恢复力测度，也需要从居民主观认知角度测度社区恢复力，有助于更深入地理解社区认知层面的因素对恢复力的影响机制（图 8-1）。

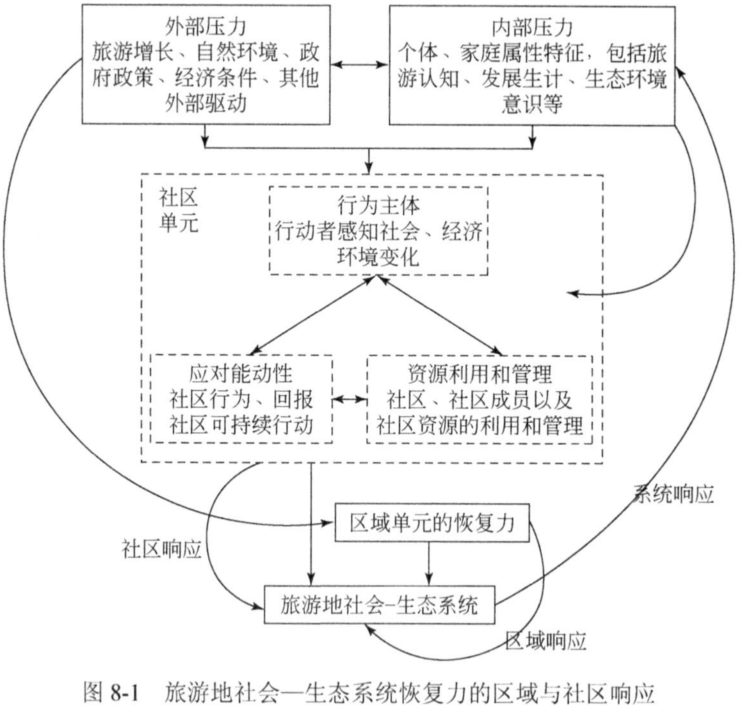

图 8-1　旅游地社会—生态系统恢复力的区域与社区响应

社区是若干社会群体所居住的具有边界特征的地理空间，其成员通常具有共同的社会规范、关系网络和价值体系（Pain et al.，2001）。在过去的 20 余年里，旅游社区可持续性思想发生了较为重要的转变，即从社区稳定性（community stability）静态观念向社区恢复力（community resilience）动态观念转变。社区恢复力研究从识别影响能力的因子向探寻社区响应变化的过程转变，关注社区经济生产力、环境健康和社会诉求之间的平衡力。

旅游地社会—生态系统以复杂的方式运行（Baggio，2008），传统旅游思维忽略了系统之间的相互关联性，而不能从社区、自然和社会综合的角度分析旅游业可持续发展（Butler，2009；Farrell et al.，2004；McKercher，1999；Wall，1997）。旅游地社会—生态系统分析框架中，社区在社会—生态系统中扮演重要角色。旅游活动是居住在社会—生态系统内居民的主要经济资源和社区重要经济支柱，同时受生态系统状况的制约。在旅游地社会—生态系统模型中，旅游地不仅受外部环境条件的影响，同时还受内在因素，诸如个体（旅游从业人员、旅游企业、农民等）、政府等行为主体及行为触发因素的影响。而行为主体是旅游发展对社会—生态系统影响或者适应效应的直接体现，行为主体的适应或调整导致了旅游地区域社会—生态系统的调整。行为主体利用自身所拥有的自然、经济、社会等资本寻求发展机会，推动社区、社区成员以及社区资源的利用和管理，提高社区适应能力。对社区而言，社区恢复力的根本目标是保障和维持生产、生活、生态的可持续。旅游地社区恢复力的提高是旅游地可持续治理的关键。因此，本章从社区恢复力视角，建立社区恢复力认知测度模型，定量测度千岛湖社区恢复力，运用回归和通径分析，识别社区恢复力的脆弱性及应对能力影响因子，探索单一因子和复合因子对社区恢复力的作用关系及机理，解释千岛湖社区系统在旅游发展后保持类似结构和功能以满足持续发展的能力，形成一个新的更合适的社区适应性共同管理体制。

第一节　社区恢复力理论模型构建

本书第三章中关于社区恢复力的梳理为本章旅游地社区恢复力概念框架建构提供了基础。社区恢复力由社区应对扰动的缓冲力（Adger，2000）、自组织能力（Walker et al.，2004）、学习和适应能力（Folke，2006）共同作用，提高社区旅游系统的持久性。从业人员、游客、当地居民和旅游企业等不同利益主体参与其中。社区恢复力主要表现为社区所经受的风险（压力）和应对能力。社区承受来自系统内部和外部、来自社会经济和自然不同要素的干扰。面对外来压力和内部干扰，社区所经受的风险（压力）是系统的动力系统，是产生系统脆弱性的驱动因素和原动力；应对能力是系统面临风险时表现出来的反应。系统所经受的脆弱性、应对能力、恢复力三者之间相互依存，相互联系，共同构成社区旅游社会—生态系统的恢复力体系，其测度维度仍可借鉴 Holladay 的社会、经济、生态和治理四个方面（图 8-2）。

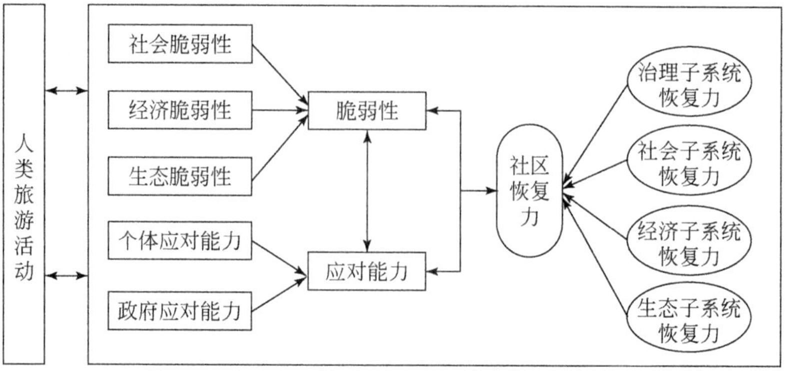

图 8-2　旅游地社会—生态系统社区恢复力认知测度概念模型

在模型中，社区恢复力关键在于保育良好的生态系统、可持续性利用土地和自然资源，调动利益相关者有意参与决策过程，为传统管理向对应决策管理转变。特别是作为一个整体，社区（或它的大部分成员）可以变得更有弹性，但由于一些项目的干预措施，可能在社区内导致一些成员是赢家，另一些成员是输家。在旅游地社会—生态系统的社区恢复力评估中，不仅要考虑系统一般性，也要考虑系统内不同的团体和个人之间可能存在的矛盾与不对称性，尤其是存在冲突问题（Béné，2012）。

第二节　研究设计

一、研究方法

（一）问卷调查

采用问卷调查的方法收集样本。调研组于 2013 年 4 月在淳安县进行预调研，正式调研于 7 月中下旬开展，分别在环千岛湖与旅游相关的重点乡镇（千岛湖镇、左口乡、汾口镇、姜家镇、界首乡、宋村乡、石林镇）进行实地调研。调研组与淳安县政府办公室联系，在办公室的帮助下，召开相关部门座谈会，与各相关部门进行交流，搜集淳安县城市与乡镇相关规划，旅游发展总体与专项规划，旅游相关文件、报告与总结等资料。并在 7 个乡镇干部带领下，调研组深入居民家庭进行面对面的调查，采取问卷调查与访谈相结合，逐户发放，现场回收，力求保证数据的客观性和有效性，提高问卷回收率。共发放问卷 780 份，回收 710 份，有效问卷 690 份，问卷回收率为 91.03%，问卷有效率为 88.46%（表 8-1）。获取数据的结果用 Excel、SPSS 和 DPS 软件进行处理与分析。

在实地调研中，依据千岛湖各乡镇人口比例、人口结构及社区类型，进行多阶段分层抽样。第一阶段，先根据各乡镇发展特点与人口构成对环千岛湖乡镇进行划分和归类，选取千岛湖镇、左口乡、汾口镇、姜家镇、界首乡、宋村乡、石林镇 7 个比较有代表性的行政区来调研；第二阶段，在选取的千岛湖镇中，按照老城区、商品住宅社区、安置性住房社区、商业街四种类型社区抽取了 7 个调查单元；第三阶段，通过对千岛湖镇部分居民及政府工作人员的访谈，选取辖区内大型或特色住宅小区进行调查。

表 8-1　调查问卷发放情况

调查单元		面积/km^2	期末总户数/户	期末总人口数/人	有效问卷/份	百分比/%
千岛湖镇	江滨社区 1	0.58	2465	6748	52	7.5
	南苑社区 2	1.45	5786	21 364	47	6.8
	望湖社区 3	1.58	3704	10 657	82	11.9
	西园社区 4	0.45	2829	9238	66	9.6
	新北社区 5	1.3	4996	11 662	39	5.7
	青溪村（坪山村安置区）6	15.98	245	815	32	4.6
	秀水街商业街 7	/	/	/	17	2.5
左口乡 8		175	3355	11 573	42	6.1
汾口镇 9		237	16 895	54 899	59	8.6
姜家镇 10		206	8820	26 633	45	6.5
界首乡 11		121	3077	9181	58	8.4
宋村乡 12		80	2190	6874	18	2.6
石林镇 13		144	1491	4933	49	7.1
淳安县重点酒店 14		/	/	/	35	5.1
淳安县主要农家乐 15		/	/	/	49	7.1
总计					690	100.0

注：①调查酒店包括千岛湖开元度假村（5 星）、千岛湖海外海假日酒店（4 星）、千岛龙庭开元大酒店（4 星）、阳光大酒店（3 星）、喜来登度假酒店（待评）、洲际度假酒店（待评）等；②面积、期末总户数和期末总人口数来自《淳安县千岛湖城市主城区控制性详细规划》，其他为实地调查数据。

（二）非参数检验

为进一步了解调查对象的人口学特征变量对社区恢复力认知及所涉及的各维度是否具有影响，采用 T 检验（分为两组）、方差分析方法（ANOVA）（分为三组以上）来对样本进行统计分析，重点考察性别、年龄、文化程度、职业、户籍、居住年限、年均收入、从事旅游年限、家人是否从事旅游等居民之间的差异。对存在显著差异的维度，进一步分析其具体认知项上的差异情况，从而考察这些因素对社区恢复力的影响。

（三）通径分析方法

通径分析（path coefficient）最早由数量遗传学家休厄尔·赖特（Sewall Wright）在1921年提出。通径分析是对相关系数进行分解，分离出某一解释变量对被解释变量的直接作用效果、其他解释变量对被解释变量的间接作用效果和总的作用效果。r_{ij} 为解释变量 X_i 和 X_j 的相关系数，r_{iY} 为 X_i 和被解释变量 Y 的相关系数，P_{iY} 是直接通径系数，X_i 通过其他解释变量 X_j 对被解释变量 Y 的间接通径为 $r_{ij}P_{jY}$。其原理如下（付莲莲，2014；付莲莲等，2014）：

$$\begin{cases} P_{1Y} + r_{12}P_{2Y} + r_{13}P_{3Y} + \cdots + r_{1k}P_{kY} = r_{1Y} \\ r_{21}P_{1Y} + P_{2Y} + r_{23}P_{3Y} + \cdots + r_{2k}P_{kY} = r_{2Y} \\ r_{31}P_{1Y} + r_{32}P_{2Y} + P_{3Y} + \cdots + r_{3k}P_{kY} = r_{3Y} \\ \cdots\cdots \\ r_{k1}P_{1Y} + r_{k2}P_{2Y} + r_{k3}P_{3Y} + \cdots + P_{kY} = r_{kY} \end{cases} \tag{8-1}$$

一般来说，当被解释变量和解释变量之间有显著的相关关系与回归关系时，通径分析才有意义。在社区恢复力认知影响回归分析的基础上，采用通径分析方法研究因变量与自变量之间、自变量之间的相互影响关系，测度主要变量对社区恢复力认知的直接和间接影响，分解相关系数，借助直接通径和间接通径系数，识别各主要要素对效应因子的直接和间接影响程度。

直接通径系数表示各个自变量对因变量的直接作用大小，得到回归方程的标准系数即为直接通径系数（直接效应），反映影响因子对社区恢复力单一作用关系。直接通径系数的绝对值越大，说明该变量对恢复力直接影响越大。间接通径系数（间接效应）为直接通径系数与相关系数的乘积，表示因子间的相互作用关系。直接通径系数与间接通径系数的和即为总效应，可以反映影响因子对社区恢复力总复合作用关系。

二、样本结构

淳安县7个乡镇调查资料统计显示，受访居民样本特征分布如表8-2所示。本次调查样本涵盖不同年龄、不同文化程度及收入水平的被访者。690位被访者中，女性占 52.8%；男性占 47.2%；年龄以 18～60 岁为主（约为 73.2%），拥有本地户口受访者占主导（约为 77.1%），农民、个体经营户、旅游从业人员、机关事业单位人员等居多（约为 78.5%）。被访者的平均受教育程度接近高中、大专水平，年均收入处于 1 万～10 万（约为 78.9%）；居住时间超过 10 年以上的达 68.7%。因此，本次抽样调查样本具有较强的科学性和代表性。

另外，问卷设计采用五级李克特量表法，并对问卷中的各量表进行了缺失值检验。分析结果显示，每个量表均存在部分缺失值，但所有条目的缺失值比率均远低于 5%。因此，在进行实证分析时，不会对研究结果产生重大影响。对于问卷中的缺失数据，本书采用了“均值替代法”，在满足随机性的前提下用均值来代替缺失数据，以保持尽可能多的样本。

表 8-2 调查样本的基本变量描述性分析

基本情况	分类	频数	有效百分比	基本情况	分类	频数	有效百分比
性别	男	326	47.2	职业	农民	149	21.6
	女	364	52.8		渔民	22	3.2
年龄	18 岁以下	33	4.8		林农	16	2.3
	18～35 岁	304	44.1		个体经营户	202	29.3
	36～60 岁	201	29.1		旅游从业人员	106	15.4
	60 岁以上	152	22.0		乡镇企业人员	44	6.4
文化程度	初中及以下	199	28.8		机关事业单位人员	84	12.2
	中专及高中	284	41.2		其他	67	9.7
	大专及本科	166	24.1	户籍	本地户口	532	77.1
	本科以上	41	5.9		外地户口	158	22.9
年均收入	1 万元以下	109	15.8	居住年限	0～5 年	107	15.5
	1 万～3 万	166	24.1		6～10 年	109	15.8
	3 万～5 万	251	36.4		11～20 年	153	22.2
	5 万～10 万	127	18.4		21～30 年	100	14.5
	10 万以上	37	5.4		30 年以上	221	32.0

三、样本的信度与效度

信度反映被调查者调查问卷填写结果的可信程度。研究采用内部一致性系数（Cronbach α 系数）来衡量同一量表内题目之间的一致性程度。以 SPSS 中信度检测刻度（scale）以及因素分析进行因素的提取，信度检测刻度要求 Cronbach $\alpha>0.7$；因素筛选以特征值大于 1 为选取标准，各变量的选取则参考因素负荷量（factor loading）大于 0.3，低于 0.3 的变量被剔除。表 8-3 列出了脆弱性、个体应对能力、政府应对能力、恢复力问卷调查的题目数和内部一致性系数。从表中可以看出，脆弱性 C、个体应对能力 A1、政府应对能力 A2、恢复力 R 量表的 Cronbach α 系数分别为 0.874、0.759、0.894、0.915，各个维度分量表的 Cronbach α 系数介于 0.706～0.854。因而，量表具有较好的信度。

效度反映问卷能否有效地预测研究问题，即量表的各题项与变量的符合程度。为检验量表的建构效度，对数据进行因子分析，研究采用主成分分析法抽取共同因子，再按照最大方差进行正交旋转，从而进行探索性因子分析。效度分析采用 KMO 值和 Bartlett 球形检验，确定数据进行因子分析的适合程度。首先，进行 KMO（Kaiser-Meyer-Olkin）检验，结果显示脆弱性、个体应对能力、政府应对能力、恢复力的 KMO 值分别为 0.887、0.782、0.901、0.919，表明取样代表性足够。再进行 Bartlett 球形度检验，均通过了 Bartlett 球形显著性检验（P=0）。因此，样本数据适合进行因子分析，样本数据具有较高的信度。各变量基本上通过信度和效度检验。

表 8-3　社区恢复力认知调查样本检验结果

检验项目	公因子	KMO 数值	Bartlett 球形检验	Cronbach α
脆弱性 C（Cronbach α=0.874）	社会压力（C1）	0.887	近似卡方 4824.773 显著（P=0）	0.854
	生态退化（C2）			0.836
	生计脆弱（C3）			0.780
	外来挤占（C4）			0.723
	设施干扰（C5）			0.730
个体应对能力 A1（Cronbach α=0.759）	社会应对能力（A11）	0.782	近似卡方 1184.505 显著（P=0）	0.723
	经济应对能力（A12）			0.706
	生态应对能力（A13）			0.762
政府应对能力 A2（Cronbach α=0.894）	生态应对能力（A21）	0.901	近似卡方 3951.165 显著（P=0）	0.855
	社会应对能力（A22）			0.816
	经济应对能力（A23）			0.827
恢复力 R（Cronbach α=0.915）	政府治理弹性（R1）	0.919	近似卡方 10 602.953 显著（P=0）	0.893
	社会资本网络化（R2）			0.810
	自然景观原生性（R3）			0.858
	社区治理能力（R4）			0.848
	经济多元化（R5）			0.806
	人工设施控制力（R6）			0.776
	漏损最小化（R7）			0.715
	社会参与平等性（R8）			0.716

第三节　千岛湖社区脆弱性认知测度

一、社区脆弱性认知公因子提取

确定社区脆弱性维度，识别关键的脆弱性因子，是恢复力研究过程中非常重要的一步。随着城镇化和旅游快速发展，由人类旅游活动导致的人口急剧增加、城镇建设用地的大量增加、产业结构的巨大调整、生态环境潜在风险等，均对千岛湖社会—生态系统形成巨大压力，是社会—生态系统脆弱性的源泉，尤其是近年来表现十分明显。

运用探索性因子分析方法，对 20 项社区脆弱性居民认知指标采用主成分法提取公因子，通过方差最大正交旋转，获得 5 个公因子（表 8-4）。5 个公因子分别在社区脆弱性维度的认知项上有较大的载荷，由此将这 5 个公因子分别命名为社会压力 C1、生态退化 C2、生计脆弱 C3、外来挤占 C4、设施干扰 C5。5 个公因子分别解释了总方差的 29.944%、11.491%、7.910%、6.092%、4.830%，累计解释总方差的 60.267%，表明 5 个公因子对社区脆弱性居民认知有显著性的影响。

表 8-4　社区脆弱性居民认知指标均值、因子载荷表

	因子					均值	赞成率/%	标准差
	1	2	3	4	5			
一、社会压力 C1								
SV1. 淳朴民风渐渐丧失	0.716	0.098	0.132	0.094	0.033	2.80	26.4	1.218
SV2. 社会不良现象上升	0.758	0.106	0.06	0.103	−0.028	2.61	21.3	1.174
SV3. 乡村习俗丧失	0.777	0.155	0.12	0.111	−0.005	2.79	27.0	1.202
SV4. 拥挤程度增加	0.618	0.171	−0.119	0.236	0.193	3.22	41.9	1.152
SV5. 人心更加散漫	0.774	0.119	0.16	0.083	−0.014	2.73	24.5	1.147
SV6. 传统文化威胁	0.754	0.136	0.114	0.075	0.056	2.74	24.4	1.217
二、生态退化 C2								
BV2. 土壤退化	0.283	0.488	0.092	0.295	−0.157	3.21	40.0	0.979
BV4. 野生动物减少	0.171	0.688	0.147	0.021	0.031	3.26	42.5	1.001
BV5. 水质恶化	0.12	0.822	0.057	0.06	0.068	3.29	43.9	1.148
BV6. 空气污染	0.125	0.838	0.05	0.144	0.029	3.27	44.5	1.11
BV7. 噪声加大	0.177	0.723	−0.033	0.159	0.302	3.47	52.5	1.022
BV8. 能耗增加	0.07	0.596	0.055	0.162	0.376	3.74	67.1	0.777

续表

	因子					均值	赞成率/%	标准差
	1	2	3	4	5			
三、生计脆弱 C3								
EV5. 收入不稳定	0.138	0.144	0.855	0.151	0	3.11	32.9	0.952
EV6. 就业不稳定	0.166	0.042	0.852	0.126	0.088	3.08	29.7	0.894
四、外来挤占 C4								
EV1. 相关产业限制	0.165	0.12	0.171	0.678	−0.063	3.21	39.0	0.928
EV2. 外来移民挤占	0.176	0.078	0.005	0.75	0.147	3.19	36.2	0.836
EV3. 物价上涨	0.044	0.349	0.152	0.489	0.233	3.84	66.7	1.109
EV4. 外来企业威胁	0.191	0.155	0.395	0.462	0.141	3.07	29.4	0.863
五、设施干扰 C5								
BV1. 商业设施增多	0	0.032	0.015	0.05	0.797	3.63	60.7	0.804
BV3. 建筑设施增多	0.08	0.268	0.103	0.124	0.711	3.78	71.3	0.671

注：赞成率由调研样本中选择 4（赞成）或 5（非常赞成）的居民所占的比例构成。

二、社区脆弱性认知各维度测度

5 个公因子涉及社会脆弱性（社会压力 C1）、经济脆弱性（生计脆弱 C3、外来挤占 C4）和生态脆弱性（设施干扰 C5、生态退化 C2）三个方面。在这 5 个公因子中，社会压力、生态退化的解释方差最大，表明社会、生态在社区脆弱性中的作用最为显著，对居民心理有更为深刻的影响。其次，经济因素如生计脆弱、外来挤占，也在社区脆弱性中的作用较为显著。采用均值计算方法来表示居民对每一项认知内容的集中趋势或平均水平。居民对社区脆弱性认知项得分均值处于 2.6～3.9，赞成率介于 21%～72%。总体上，居民对千岛湖社区脆弱性的认知较为强烈，但具有明显的分化倾向（图 8-3）。

从生态脆弱性（设施干扰 C5、生态退化 C2）维度来看，设施干扰 C5 各认知项均值介于 3.63～3.78，影响最为强烈。“商业设施数量比以前大大增多”（商业设施增多 BV1，均值=3.63）、“建筑设施比以前增多了”（建筑设施增多 BV3，均值=3.78）赞成率超过了 60%。生态退化 C2 各项均值也相对较高，各认知项均值介于 3.21～3.74。其中，“水电能耗比以前更多了”（能耗增加 BV8，均值=3.74）、“比以前吵闹了”（噪声加大 BV7，均值=3.47）赞成率超过 50%，分别达到 67.1%、52.5%。

从经济脆弱性（外来挤占 C4、生计脆弱 C3）维度来看，外来挤占 C4 各认知项均值介于 3.07～3.84。其中，“当地物价比以前上涨了”（物价上涨 EV3，均值=3.84）赞成率达到 66.7%；而居民对产业挤占、就业挤占及外来企业挤占的赞成率则较低，尤其是对“外来企业投资影响本地生存”（外来企业威胁 EV4，均值=3.07）赞成率仅为 29.4%，说明大多数居民可能认为企业是适者生存，本地和外来企业都面临同样的市场竞争。生计脆弱 C3 各项均值也处于中等水平（3.08～3.11），但“淡旺季旅游差异导致我（我家）的收入不稳定”（收入不稳定 EV5，均值=3.11）赞成率为 32.9%，“旅游业的脆弱性导致我（家人）在旅游行业内就业不稳定”（就业不稳定 EV6，均值=3.08）赞成率仅为 29.7%。需要说明的是，生计脆弱 C3 尽管赞成率相对较低，但并不表示居民反对旅游淡旺季或行业脆弱性导致其收入不稳定，而是被调查者家庭以旅游为主要收入来源的仍较少，居民对其无明显认知。

从社会脆弱性（社会压力 C1）维度来看，各项均值最低（2.61～3.22）。只有“让本地更加拥挤”（拥挤程度增加 SV4，均值=3.22）赞成率达到了 41.9%，而“使犯罪率、赌博等社会不良现象上升”均值最低（社会不良现象上升 SV2，均值=2.61），且赞成率仅为 21.3%。据淳安县公安局相关数据显示，淳安县犯罪率一年呈上升趋势，说明居民并不认为社会犯罪率的提升与旅游发展具有必然联系。同时，居民对旅游发展导致“淳朴民风丧失”“乡村习俗丧失”“人心更加散漫”“传统文化威胁”等赞成率均不超过 30%，说明大多数居民并不赞同旅游业发展会带来巨大的负面社会影响。

面对旅游发展扰动，居民对生态脆弱性（设施干扰 C5、生态退化 C2）认知最为强烈，生态脆弱性指数总体最高，设施干扰在所有因子中各项均值均较高。旅游设施建设占用了大量原始土地，对自然性和生物多样性造成直接的负面影响，这种生态多样性的损失可能会影响生态系统维持其基本功能的能力。这与千岛湖湖泊型旅游地优美的自然生态环境本底有关，也侧面反映了居民环保意识较强。居民对经济脆弱性（外来挤占 C4、生计脆弱 C3）认知强度高于社会脆弱性（社会压力 C1），低于生态脆弱性（设施干扰 C5、生态退化 C2）。经济发展状况直接影响居民生存，旅游对经济发展显示出巨大影响，认知较为明显和直观，且对各指标认知具有明显分化倾向。社会脆弱性认知偏低，这与文化习俗、生活习惯、社会网络关系等具有相对稳定性有关，虽然旅游发展对其产生一定影响，但潜伏期较长，脆弱性显现度较为缓慢；同时，居民生活水平的提高增强了居民社会认知能力，开拓了居民的社会视野。

这与区域恢复力测度中生态脆弱性指数缓慢上升，经济脆弱性在波动中上升，社会脆弱性缓慢下降的结果是一致的，更印证了在系统恢复力提高中应充分注重生态和经济脆弱性。但方差的重要性解释与居民认知结果存在差异，充分说明恢复力认知影响的复杂性和不确定性，社会脆弱性在脆弱性中影响作用最大，而它却具有一定的稳定性，目前正朝着有利方向发展。

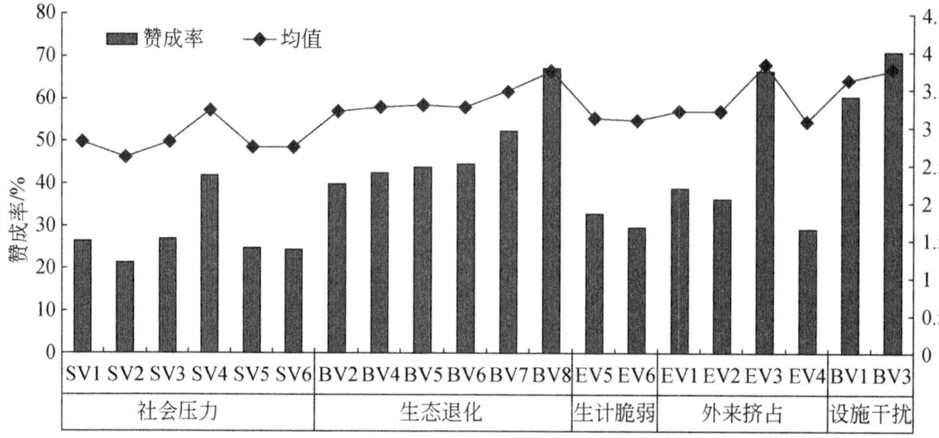

图 8-3　社区脆弱性居民认知均值、赞成率

第四节　千岛湖社区应对能力认知测度

社区应对能力认知的决定因素识别主要集中在个体、政府两个层面。

一、个体应对能力

（一）个体应对能力认知公因子提取

运用探索性因子分析方法，对 8 项个体层面的应对能力指标采用主成分法提取公因子，获得 3 个公因子（表 8-5）。3 个公因子分别在个体应对能力维度的感知项上有较大的载荷，将这 3 个公因子分别命名为社会应对能力 A11、经济应对能力 A12、生态应对能力 A13。3 个公因子分别解释了总方差的 37.549%、15.263%、13.099%，累计解释总方差的 65.911%，表明 3 个公因子对社区个体应对能力居民认知有显著性的影响。

表 8-5　社区应对能力个体层面均值、因子载荷表

	因子			均值	赞成率/%	标准差
	1	2	3			
一、社会应对能力 A11						
SA1. 自我学习能力	0.773	0.226	0.077	3.58	55.6	0.875
SA2. 文化保护行为	0.807	0.151	0.091	3.70	63.2	0.796
SA3. 关系协调能力	0.756	0.062	0.193	3.97	77.1	0.756

续表

	因子			均值	赞成率/%	标准差
	1	2	3			
二、经济应对能力 A12						
EA2. 当地企业吸引力	0.178	0.785	0.134	3.40	47.8	0.900
EA3. 当地企业竞争力	0.054	0.797	0.031	3.20	37.7	0.932
EA4. 生计多样化能力	0.212	0.709	0.165	3.51	53.1	0.872
三、生态应对能力 A13						
BA1. 生态保护行为	0.177	0.015	0.845	3.99	77.8	0.812
BA2. 生态保护意识	0.107	0.268	0.783	3.88	72.5	0.825

注：EA1 为“我积极拓宽收入渠道，旅游收入不是家庭唯一收入来源”，其因素负荷量（factor loading）小于 0.3，故删除 EA1。

（二）个体应对能力认知各维度测度

在这 3 个公因子中，社会应对能力 A11 的解释方差最大，表明社会在个体应对能力中的作用最为显著。其次，经济应对能力 A12、生态应对能力 A13，也在社区应对能力认知中的作用较为显著。居民对个体应对能力认知项得分均值处于 3.20～3.99，赞成率介于 37.7%～77.8%。总体上看，居民对千岛湖社会—生态系统个体应对能力认知处于中等（图 8-4）。

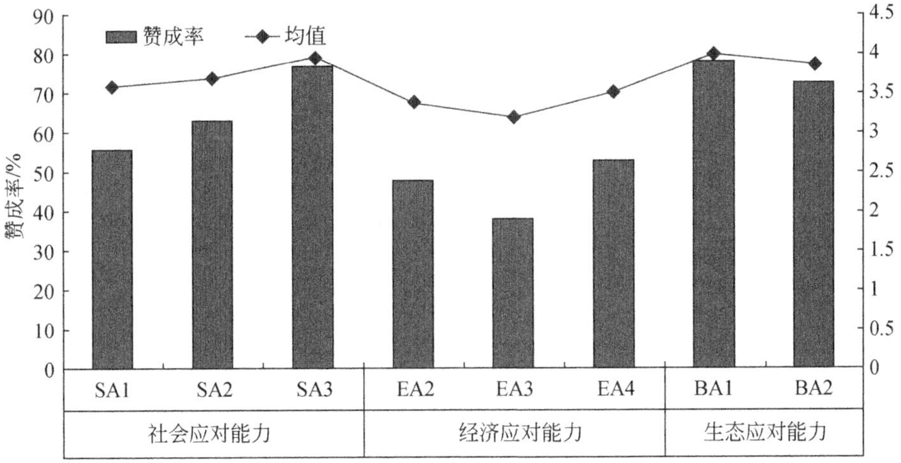

图 8-4　个体应对能力认知均值、赞成率

从社会应对能力维度看，各认知项均值介于 3.58～3.97，社会应对能力认知较强。较多居民认为“我与别人遇到矛盾，更愿意通过沟通、理性方式解决”（关

系协调能力 SA3，均值=3.97）、“我的社会文化保护意识与行动大大加强”（文化保护行为 SA2，均值=3.70）、“老百姓的自我组织与学习能力大大加强”（自我学习能力 SA1），赞成率均超过了 55%。

从经济应对能力维度来看，各认知项均值介于 3.20～3.51，相对较弱。53.1%居民赞同 “努力发展多种产业经济”（生计多样化能力 EA4，均值=3.51），提高生计多样性，增加多渠道收入；而“企业努力提高本地商品和原材料的吸引力”（当地企业吸引力 EA2，均值=3.40）、“尽量减少外来企业对本地企业的冲击”（当地企业竞争力 EA3，均值=3.20），赞成率相对较低，分别为 47.8%、37.3%。这说明居民并不排斥外来企业，对他们来说，不管是外来企业或是本地企业，只要能多为他们提供就业机会，就能增强他们的个体应对能力。

从生态应对能力维度来看，各认知项均值介于 3.88～3.99，生态个体应对能力最强。77.8%的居民“愿意为环境保护做出一些实际行动，如不乱倒垃圾，不污染水源等”（生态保护行为 BA1，均值=3.99），也反映了居民“环境保护宣传与教育意识大大加强”（生态保护意识 BA2，均值=3.88），其赞成率达到了 72.5%。

由以上分析可知，居民对个体应对能力的认知中，认为个体生态应对能力最强，其次是个体社会应对能力，最后是个体经济应对能力。这说明从自身角度，居民能够为生态环境的改善做一些力所能及的事情，也能够尽量提高“自我学习能力、文化保护行为和关系协调能力”，进而为恢复力提高做贡献；但在经济应对能力方面，居民则感觉对恢复力的贡献较弱。

这与区域恢复力中“经济应对能力最强，社会应对能力居中，生态应对能力最弱”的结果是有差异的，与方差的重要性解释也是有差异的，说明在恢复力提高过程中，个体在应对能力层面上的所为与系统要求有一定的差距，能力相对比较有限。

二、政府应对能力

（一）政府应对能力认知公因子提取

运用探索性因子分析方法，对 12 项政府层面的应对能力指标采用主成分法提取公因子，获得 3 个公因子（表 8-6）。3 个公因子分别在政府应对能力维度的认知项上有较大的载荷，将这 3 个公因子也分别命名为生态应对能力 A21、社会应对能力 A22、经济应对能力 A23。3 个公因子分别解释了总方差的 46.577%、10.981%、10.143%，累计解释总方差的 67.701%，表明 3 个公因子对居民政府应对能力认知有显著性的影响。

表 8-6　社区应对能力政府层面均值、因子载荷表

	因子			均值	赞成率/%	标准差
	1	2	3			
一、生态应对能力 A21						
BA3. 商业化控制行为	0.685	0.152	0.092	3.61	58.6	0.853
BA4. 生态技术推广能力	0.769	0.280	0.102	3.88	73.5	0.651
BA5. 生态保护投入能力	0.792	0.214	0.207	3.78	68.8	0.824
BA6. 生态管理监控能力	0.799	0.154	0.238	3.83	71.2	0.739
BA7. 生态保护贡献能力	0.648	0.218	0.459	3.72	64.2	0.926
二、社会应对能力 A22						
SA4. 社会宣传引导行为	0.254	0.736	0.174	3.86	71.3	0.765
SA5. 社会风险控制能力	0.193	0.803	0.191	3.91	72.9	0.746
SA6. 旅游宣传引导行为	0.185	0.794	0.096	3.89	73.0	0.713
SA7. 社会文化贡献能力	0.215	0.637	0.393	3.78	66.7	0.779
三、经济应对能力 A23						
EA5. 收入公平能力	0.137	0.125	0.796	3.20	38.6	0.926
EA6. 就业保障能力	0.203	0.223	0.828	3.43	50.7	0.950
EA7. 经济贡献能力	0.262	0.256	0.786	3.52	53.6	0.941

（二）政府应对能力认知各维度测度

在这 3 个公因子中，生态应对能力 A21 的解释方差最大，表明生态在政府应对能力中的作用最为显著。其次，社会应对能力 A22、经济应对能力 A23，也在政府应对能力认知中的作用较为显著。居民对政府应对能力认知项的得分均值处于 3.20～3.91，赞成率介于 38.6%～73.5%。总体上看，居民对千岛湖社会—生态系统政府应对能力认同度较高（图 8-5）。

从生态应对能力维度来看，各认知项均值介于 3.61～3.88，政府在生态应对能力方面得到居民较多认同。70%以上的居民认为政府“努力推广绿色产品”（生态技术推广能力 BA4，均值=3.88）、“生态资源与环境管理力度加大”（生态管理监控能力 BA6，均值=3.83）；60%以上的居民对政府“农田、林地、湖泊保护力度加大”（生态保护投入能力 BA5，均值=3.78）、“为环境保护做了很大贡献”（生态保护贡献能力 BA7，均值=3.72）均持赞成态度。而对政府“大力进行城镇景观维护，严格控制商业化”（商业化控制行为 BA3，均值=3.61）出现较多分歧，赞成率仅为 58.6%，说明政府在商业化控制方面有待于进一步加强。

从社会应对能力维度看，各认知项均值介于3.78～3.91，赞成率均超过66%，政府在社会应对能力方面较好地得到了居民认同。70%以上的居民均认为政府“对旅游社会效益宣传与教育大大加强”（旅游宣传引导行为SA6，均值=3.89）、“对交通管制、社会治安及安全保障设施大大加强”（社会风险控制能力SA5，均值=3.91）、“更加注重社会良好道德风尚的树立”（社会宣传引导行为SA4，均值=3.86）。而对政府“对社会文化保护做出了很大贡献”（社会文化贡献能力SA7，均值=3.78）的赞成率相对较弱，但也达66.7%。

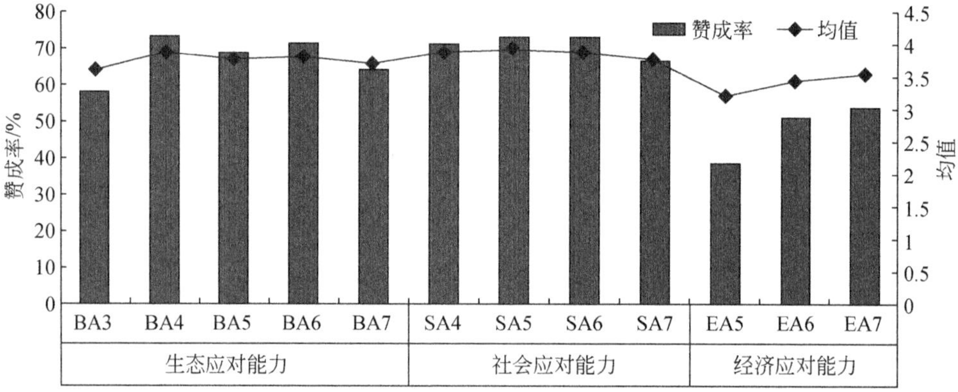

图8-5　政府应对能力认知均值、赞成率

从经济应对能力维度来看，各认知项均值介于3.20～3.52，赞成率均低于55%，居民对政府在经济应对能力方面的认同度相对较低。53.6%的居民赞同政府“为当地经济发展做出了很大贡献”（经济贡献能力EA7，均值=3.52），50.7%的居民赞同政府“为本地老百姓就业创造了更多机会”（就业保障能力EA6，均值=3.43），而对政府在“对旅游收益分配较为公平合理”（收入公平能力EA5，均值=3.20）方面，赞成率仅为38.6%。

由以上分析可知，居民在对政府应对能力的认知方面，认为政府的社会应对能力最强，其次是生态应对能力，经济应对能力最弱。这说明政府为社会风尚树立、风险控制、生态环境管理等方面做出了较大的贡献，也得到大多数居民的认可。但随着旅游业的不断发展，政府对商业化控制行为较弱，尚没有找到一条合适的减少商业化发展的旅游模式；对就业机会的创造和旅游收益的公平分配则更为薄弱，政府的经济应对能力亟需加强。

同样，这与区域恢复力中“经济应对能力最强，社会应对能力居中，生态应对能力最弱”的结果和方差的重要性解释都存在一定的差异。政府应对能力认知测度中，生态和社会应对能力虽然作用最大，但目前政府的应对作为已得到了居民较高的认可；而面对当地逐年增长的经济总量，居民却认为政府在经济方面的贡献仍较弱。经济的发展受市场牵制，政府的确有时显得无能为力，但政府在利用经济收益为百姓谋福利方面仍具有较大的提升空间，为政府今后在应对能力增强方面提供了启示。

第五节　千岛湖社区恢复力认知测度

一、社区恢复力认知公因子提取

运用探索性因子分析方法，对 36 项恢复力指标采用主成分法提取公因子，获得 8 个公因子（表 8-7）。将这 8 个公因子分别命名为政府治理弹性 R1、社会资本网络化 R2、自然景观原生性 R3、社区治理能力 R4、经济多元化 R5、人工设施控制力 R6、漏损最小化 R7、社会参与平等性 R8。8 个公因子分别解释了总方差的 26.653%、9.159%、6.476%、5.234%、4.073%、3.497%、2.885%、2.855%，累计解释总方差的 60.831%，表明 8 个公因子对居民社区恢复力认知有显著性的影响。

表 8-7　社区恢复力认知均值、因子载荷表

	因子								均值	赞成率/%	标准差
	1	2	3	4	5	6	7	8			
一、治理子系统恢复力											
政府治理弹性 R1											
M1. 学习适应性	0.78	0.09	0.12	0.08	0.09	0.07	0.11	0.05	3.21	37.1	0.89
M2. 集体治理力	0.81	0.10	0.10	0.22	0.14	0.08	0.07	0.02	3.34	42.5	0.84
M3. 政策灵活性	0.78	0.12	0.07	0.24	0.17	0.17	0.03	0.02	3.45	48.1	0.77
M4. 应急机制	0.71	0.13	0.08	0.26	0.18	0.13	0.06	0.08	3.47	48.3	0.77
M5. 权力共享	0.66	0.12	0.10	0.37	0.16	0.17	0.05	0.09	3.39	46.2	0.85
社区治理能力 R4											
M6. 社区参与赋权	0.48	0.02	0.08	0.52	0.09	0.15	0.07	0.33	3.45	51.4	0.88
M7. 参与决策机会	0.40	0.08	0.10	0.63	0.12	0.12	0.12	0.20	3.36	45.9	0.89
M8. 社区凝聚力	0.28	0.16	0.05	0.72	0.09	0.04	0.13	0.03	3.40	44.8	0.81
M9. 政策知晓度	0.35	0.15	0.09	0.68	0.09	0.10	0.14	0.09	3.28	42.5	0.96
M10. 自组织行为	0.31	0.19	0.06	0.58	0.08	0.21	0.00	−0.04	3.63	57.5	0.68
二、社会子系统恢复力											
社会参与平等性 R8											
SR3. 资源获取	0.09	0.29	−0.02	0.07	0.18	0.06	0.07	0.75	3.63	58.6	1.00
SR4. 社会平等	0.11	0.30	0.00	0.13	0.12	0.11	0.07	0.70	3.73	64.2	1.03

续表

	因子								均值	赞成率/%	标准差
	1	2	3	4	5	6	7	8			
社会资本网络化 R2											
SR1. 社会帮助	0.10	0.53	0.01	0.10	0.14	0.07	0.12	0.40	3.99	77.4	0.64
SR2. 社会学习	0.06	0.54	0.02	0.11	0.10	0.04	0.02	0.39	3.93	74.3	0.67
SR5. 社会地位	0.01	0.51	0.04	0.14	0.04	0.03	0.04	0.36	3.59	54.8	0.94
SR6. 社会信任	0.13	0.71	0.01	0.03	0.00	0.09	0.12	0.15	3.81	69.1	0.72
SR7. 知识共享	0.13	0.69	0.02	0.10	0.09	0.04	0.11	0.15	3.76	64.8	0.69
SR8. 社会支持	0.17	0.74	0.06	0.06	0.12	0.13	0.04	0.10	3.78	65.5	0.74
SR9. 社会交往	0.03	0.59	0.08	0.08	0.22	0.04	0.02	0.13	3.41	44.9	0.90
SR10. 外部学习	0.02	0.49	0.06	0.25	0.17	0.13	0.01	0.03	3.74	64.2	0.76
三、生态子系统恢复力											
自然景观原生性 R3											
BR1. 生态自然性	0.12	0.05	0.82	0.06	0.04	0.09	0.03	0.01	2.98	29.3	0.91
BR2. 农业景观多样	0.09	−0.06	0.85	0.01	−0.02	0.08	0.12	0.01	3.01	27.4	0.86
BR3. 林业景观多样	0.13	0.08	0.86	0.01	−0.06	0.03	0.04	−0.05	2.98	29.6	0.94
BR4. 湖泊自然性	0.03	−0.02	0.77	0.17	0.12	0.08	0.02	0.02	3.01	32.5	1.06
人工设施控制力 R6											
BR5. 农业设施建设	0.22	0.08	0.30	0.15	0.22	0.53	0.01	0.09	3.37	45.9	0.91
BR6. 交通设施建设	0.14	0.08	0.03	0.05	0.09	0.77	0.04	0.01	3.47	48.3	0.85
BR7. 建筑设施建设	0.09	0.14	0.14	0.31	0.14	0.53	0.11	0.06	3.19	36.5	0.89
BR8. 环境卫生建设	0.12	0.13	0.03	0.05	0.07	0.73	0.07	0.08	3.80	66.2	0.83
四、经济子系统恢复力											
经济多元化 R5											
ER1. 赚钱机会	0.16	0.26	−0.05	0.13	0.75	0.16	0.05	0.13	3.17	32.3	0.83
ER2. 就业机会	0.16	0.21	0.03	0.13	0.81	0.19	0.09	0.10	3.11	29.0	0.87
ER3. 企业多元	0.26	0.15	0.03	−0.01	0.68	0.09	0.17	0.11	3.07	30.6	0.89
ER4. 创业机会	0.15	0.12	0.07	0.14	0.69	0.06	0.28	0.07	2.86	19.0	0.80
漏损最小化 R7											
ER6. 当地原材料	0.12	0.12	−0.01	−0.01	0.15	0.04	0.72	0.11	3.07	27.8	0.76
ER7. 当地企业	0.14	0.02	0.09	0.01	0.08	0.06	0.76	0.05	3.14	34.9	0.81
ER8. 当地商品	0.01	0.17	0.09	0.34	0.13	0.08	0.64	−0.09	3.15	36.7	0.94
ER9. 旅游依附	−0.07	0.06	0.10	0.31	0.34	0.05	0.47	0.14	3.09	36.8	1.07

注：ER5“我主要从当地人手里买一些东西”与 ER10“当地人员外出打工比以前少了”，其因素负荷量(factor loading）小于 0.3，故删除。

二、社区恢复力认知各维度测度

8 个公因子涉及治理子系统恢复力（政府治理弹性 R1、社区治理能力 R4）、社会子系统恢复力（社会参与平等性 R8、社会资本网络化 R2）、生态子系统恢复力（自然景观原生性 R3、人工设施控制力 R6）、经济子系统恢复力（经济多元化 R5、漏损最小化 R7）四个维度。在这 8 个公因子中，政府治理弹性 R1 的解释方差最大，表明政府治理在社区恢复力中的作用最为显著。其次，社会资本网络化 R2 在社区恢复力中的作用也较为显著。居民对社区恢复力认知项得分均值处于 2.86～3.99，赞成率介于 19.0%～77.4%；4 个子系统中，社会子系统恢复力认知值最高，其次是治理子系统恢复力，生态子系统和经济子系统恢复力认知值最低（图 8-6）。

（一）治理子系统恢复力

从治理系统恢复力（政府治理弹性 R1、社区治理能力 R4）维度来看，各认知项均值介于 3.21～3.63，赞成率相对较低，居民总体保持中立态度，恢复力处于中等偏下。制度和组织是社区恢复力的关键要素，制度制定或个体在机构中的位置可以提高获取信息和其他关键资源的能力，社区的制度和组织网络有以政府为基础和以社区为基础两种类型。

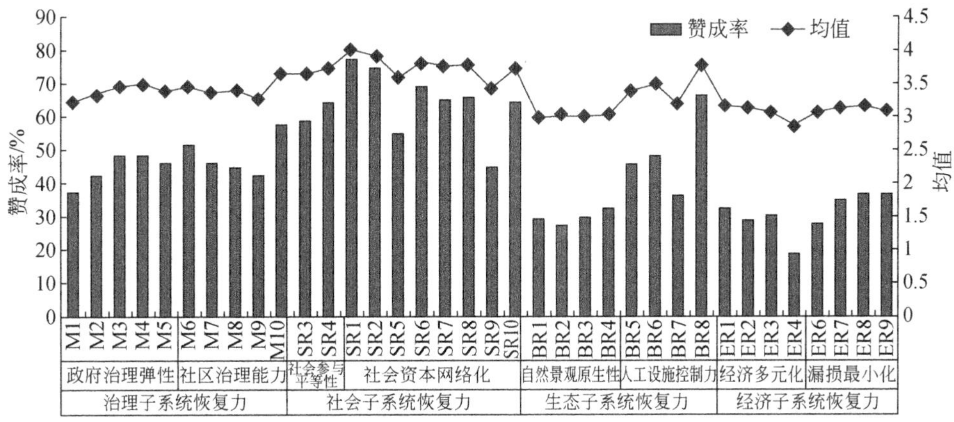

图 8-6 社区恢复力认知均值、赞成率

政府治理弹性 R1 方面，虽然政府治理弹性在社区恢复力中的解释方差最大，作用最显著，但对于“面对危机事件，政府建立了迅速应急响应机制”（应急机制 M4）、“本地领导能够适应新的变化，做出很好的政策调整”（政策灵活性

M3）、“本地领导能够很好地在一块工作”（集体治理力 M2）、“政府、企业和老百姓建立了很好的合作机制”（权力共享 M5）、“本地领导能够从他们的错误中学习”（学习适应性 M1）等，居民赞成率均没有超过 50%（37.1%～48.3%），均值为 3.21～3.47，说明居民对政府治理弹性在恢复力的提高中认同度相对较低。

对于社区治理能力 R4，57.5%的居民认为“当地人对各种知识的学习意识明显加强”（自组织行为 M10），但却只有 51.4%的居民认为“当地人拥有平等机会参与旅游发展”（社区参与赋权 M6）；对于“当地人拥有参与旅游发展决策的平台”（参与决策机会 M7）、“当地人具有很强的凝聚力”（社区凝聚力 M8）、“当地人能够及时知晓政府决策”（政策知晓度 M9）等赞成率相对更低（42.5%～45.9%），各项均值处于 3.28～3.63，居民倾向持中立态度。

政府治理弹性和社区治理能力 2 个公因子的解释方差达 31.887%，约占累计总方差的 52.42%，对恢复力的影响最大，但居民对其认同度并不高，这无疑降低了其对恢复力的贡献，也是今后恢复力提高应重点加强的领域。

（二）社会子系统恢复力

从社会子系统恢复力（社会参与平等性 R8、社会资本网络化 R2）维度来看，各认知项均值介于 3.41～3.99，赞成率较高，居民大多持认同态度，恢复力处于中等偏上。社会资本被描述为社会资源（例如网络、社会关系等）质量和数量，涉及规范，以及个人和群体之间的信任与互惠网络等，在支持社区恢复力方面扮演了重要角色。

社会参与平等性 R8 重点反映了资源可获得性，是理解社会资本与参与能力相互作用的关键，居民认同度中等。64.2%的居民认为“这里每个人都有平等参与旅游的机会”（社会平等 SR4），说明大多数居民认为只要自己努力，就有机会从事旅游业，旅游业机会是向居民开放的。但认为“这里每个人都有平等获得资源的机会”（资源获取 SR3）约占 58.6%，虽然有机会从事旅游业，但却不一定有平等获得资源的机会，资源依附地域与管辖，其平等获得需要有一定的前提条件。

社会资本网络化 R2，重点关注社会资源对社区恢复力的影响。社区具有较高水平的社会资本，将具有更强的社会恢复力，居民赞成率相对较高，恢复力处于中等偏上水平。超过 70%居民赞成“当我需要帮助的时候，我觉得我可以得到当地人（本地人）的帮助”（社会帮助 SR1）、“通过与当地人相处，我能够学习到很多新东西”（社会学习 SR2）等，反映了社区成员之间或社区内部较强的纽带关系。此外，对于“在这里，大多数人是可以信任的”（社会信任 SR6）、“人与人之间会互相帮助、互相支持”（社会支持 SR8）、“人与人之间会互相交流一些想法”（知识共享 SR7）、“通过与游客相处，我能够学到很多新东西”（外部学习 SR10）等 4 个认知项，居民赞成率也均超过 60%，反映了个人和群体之间相对信任度较高的社会网络，他们通过明确的、制度化的、正式的边界而相互作用。“我觉得我是这里重要一员”（社会地位 SR5）和“在这里，大部分人我都认识”（社会交往 SR9）的赞成率分别为 54.8%和 44.9%，相对较低，一定程度上反映了系统对社区成员地位的重视仍不够，居民的主人翁意识也有待于进一步加强；此外，本地人外出务工和外来人口进驻的不断增长，使得居民熟悉的人际交往圈有所缩小，旅游业加速了系统人员流动。

社会参与平等性和社会资本网络化 2 个公因子的解释方差达 12.014%，约占累计总方差的 19.75%，是社区恢复力认知的第二大作用维度，其居民认同度较高。这与区域恢复力测度的结果是一致的，其对恢复力提高具有至关重要的作用，也是恢复力不可缺少的重要组成部分。

（三）生态子系统恢复力

从生态子系统恢复力（自然景观原生性 R3、人工设施控制力 R6）维度来看，各认知项均值介于 2.98～3.80，赞成率较低，恢复力较低。生态子系统恢复力涉及社区的自然资本（natural capital）和物质资本（physical capital）。

自然景观原生性 R3，体现较多的是社区自然资源，提供人类生态系统服务，涉及物种多样性、相关的生态系统服务、资源管理等。“这里湖泊景观变化不大”（湖泊自然性 BR4）、“这里林业景观类型丰富”（林业景观多样 BR3）、“这里农业景观类型丰富”（农业景观多样 BR2）、“这里自然/生物环境变化不大”（生态自然性 BR1）等居民认知项的均值约为 3.0 左右，赞成率均不超过 1/3。这说明千岛湖的自然景观面貌变化较大，人类活动及旅游业发展给生态环境造成了较大的压力和风险。

人工设施控制力 R6，较多体现在包括交通、卫生设施等有形的人工基础设施方面。对于“这里绿化优美、环境卫生”（环境卫生建设 BR8），居民认同度最高，约为 66.2%。但在“这里交通网络发达”（交通设施建设 BR6）、“这里农林牧渔业设施建设具有便利条件”（农业设施建设 BR5）、“这里建筑风格统一”（建筑设施建设 BR7）等认知项上，赞同率为 36.5%～48.3%，均值为 3.19～3.47，大多数居民持中立态度，恢复力不高。旅游发展给当地带来了大量的人工设施建设，但在交通改善、相关产业发展及建筑风貌统一上存在诸多问题。

自然景观原生性和人工设施控制力 2 个公因子的解释方差达 9.973%，约占累计总方差的 16.39%，其作用同样不可忽视，但居民认同度普度偏低。这与区域恢复力测度中，生态恢复力相对最小也是一致的。旅游开发、农林业生产、工业生产等给当地生态环境带来了过多的人工烙印，尽可能保持自然景观原生性、人工设施与自然的协调性等，是当前提高生态恢复力的当务之急。

（四）经济子系统恢复力

从经济子系统恢复力（经济多元化 R5、漏损最小化 R7）维度来看，各认知项均值介于 2.86～3.17，赞成率相对最低，恢复力也相对最低。经济资本涉及收入和就业机会等影响生计的要素，是恢复力的重要决定因素之一，它能够增加或降低其他类型资本的效率，可以用来应对冲击和压力，促进地方经济增长和成功，使企业更易创新，进而增强系统恢复力。

经济多元化 R5 方面，对于“这里赚钱的机会很多”（赚钱机会 ER1）、“这里有很多不同企业”（企业多元 ER3）、“这里就业的机会很多”（就业机会 ER2），居民基本持中立态度，而仅有 19.0% 的居民赞同“这里创业比较容易”（创业机会 ER4）。虽然根据统计结果，截至 2013 年，旅游业吸纳直接和间接从业人员达 10.6 万人以上，占到全县就业人数的 30%以上，但居民对旅游带来的就业机会（尤其是间接就业机会）和经济效益的认知并不明显。

漏损最小化 R7 方面，“我的主要收入来源于与旅游相关的从业活动”（旅游依附 ER9）、“这里大部分商品是当地生产的”（当地商品 ER8）、“这里大部分企业是当地自己人开的”（当地企业 ER7）、“这里的大多数企业，从当地人那里采购材”（当地原材料 ER6），赞成率处于 27.8%～36.8%，说明旅游业给居民带来的经济效益仍有待于进一步提高，外来商品和企业不断涌入，对当地企业和原材料产生了较为明显的“挤出效应”；也从另一方面印证了旅游地系统的物质流动更加频繁。

经济多元化和漏损最小化 2 个公因子的解释方差为 6.958%，约占累计总方差的 11.44%，居民认同度较低，恢复力较低。这有悖于区域经济恢复力的测度结果，说明旅游业发展给区域带来巨大的经济效益，但居民的个体受益仍比较有限，影响了其经济恢复力认知。

三、社区恢复力认知综合测度

（一）测度指标权重的确立

主成分分析法一方面考虑了各指标的数据分布规律，另一方面考虑了指标与指标之间的信息重叠。因此，根据主成分分析法的结果，将社区恢复力的 4 个维度 8 个公因子的方差贡献率占提取公因子累计方差贡献率的比例作为权重，从而得到以上各类指标的权重得分（表 8-8）。

表 8-8　社区恢复力综合测度指标体系及权重

总则层	测度指标	解释方差百分比/%	权重
恢复力 R	政府弹性治理 R1	26.653	0.44
	社会资本网络性 R2	9.159	0.15
	自然景观原生性 R3	6.476	0.11
	社区控制力 R4	5.234	0.09
	经济多元性 R5	4.073	0.07
	人工设施控制 R6	3.497	0.06
	控制经济漏损 R7	2.885	0.05
	社会参与平等性 R8	2.855	0.05
	合计	60.831	1

（二）社区恢复力综合测度

根据社区恢复力综合测度指标体系及权重，社区恢复力综合评价模型为

$$R=0.44R_1+0.15R_2+0.11R_3+0.09R_4+0.07R_5+0.06R_6+0.05R_7+0.05R_8 \quad (8\text{-}2)$$

根据式（8-2），得出社区恢复力综合指数评价值，评价值为 2～3 的高达 77.25%，为 3～4 的仅占 8.4%。根据计算结果，千岛湖社区恢复力总体处于中等偏下水平（图 8-7）。

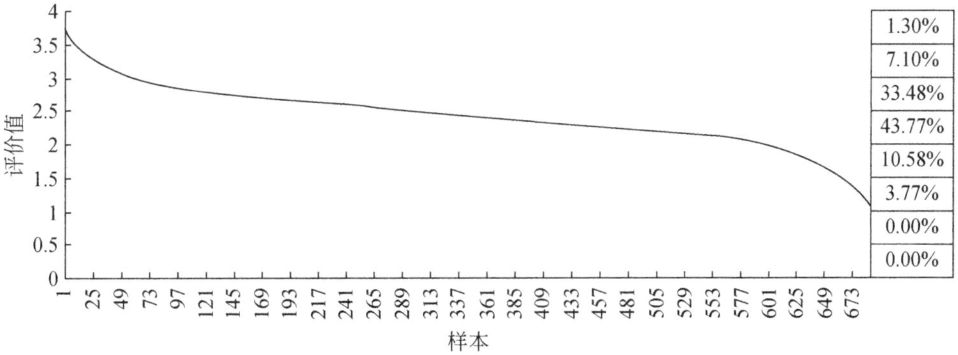

图 8-7　社区恢复力综合测度结果

这与第七章中恢复力的区域测定值是存在一定分歧的。区域恢复力测度中，尽管系统脆弱性处于中等水平，但由于强大的应对能力，恢复力也呈现逐年上升趋势。而从居民认知角度测度，尽管社会等财富在不断积累，政府管理也在不断改革完善，但居民对比生态环境系统变化，因为旅游的干扰，可能出现了较多的人工化、商业化以及不同程度的破坏；对比经济系统变化，旅游的发展导致物价、

房价提高等，这些都是与居民的生产生活息息相关的，他们更易察觉和体会。而治理和社会子系统恢复力认知值虽较高，但有些负面效应容易影响居民的恢复力总体认知。

进一步对 690 个样本的社区恢复力综合评分进行频次分布统计，经过分析发现，社区恢复力综合评价值呈偏正态分布，平均值为 2.42，标准差为 0.45（图 8-8）。由图 8-8 可以更明确地看出，绝大多数居民保持中立态度，说明各子系统的利弊交互及居民的部分矛盾心理，导致他们对千岛湖总体上既没有过多的抱怨，也没有较高的满意度。由此，从居民角度来看，千岛湖旅游地社会—生态系统的优化尚有较大空间。

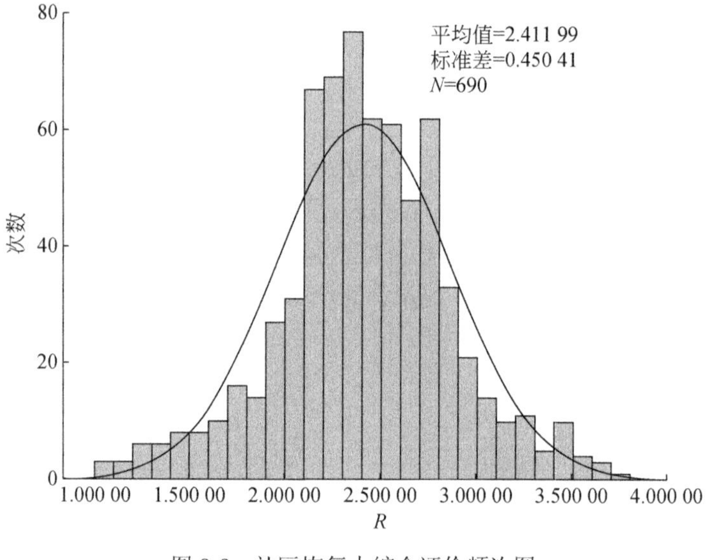

图 8-8　社区恢复力综合评价频次图

第六节　千岛湖社区恢复力驱动机制

旅游地社区是多种因素相互作用、相互制约，多尺度相互影响的社会—生态系统。弄清旅游地社区社会—生态系统恢复力机制，是进行湖泊流域可持续治理的关键（陈顺霞等，1996）。运用非参数检验、回归分析方法，对社区恢复力影响因子进行识别，并采用通径分析法分析社区恢复力相关因子的作用关系和作用机理，探索单一因子和复合因子对社区恢复力的影响强度与方向，对各因子的相互作用机理进行整体综合研究，探讨社区恢复力的驱动机制。

一、人口学特征对社区恢复力认知的差异分析

根据非参数检验结果发现（表 8-9、图 8-9），在社区恢复力的统计量中，不同文化程度（*P*=0.002）、不同职业（*P*=0.001）居民的社区总恢复力 R 认知之间差异显著，其他相关人口学特征变量均不显著。

表 8-9　人口学特征对恢复力认知的差异分析

		R	R1	R2	R3	R4	R5	R6	R7	R8
年龄	Chi-Square	4.301	3.132	4.982	0.469	1.277	11.276	3.492	8.908	14.682
	df	3	3	3	3	3	3	3	3	3
	近似 *P* 值	0.231	0.372	0.173	0.926	0.735	0.010	0.322	0.031	0.002
性别	Mann-Whitney U	59 061.0	58 834.0	57 440.0	59 278.5	58 580.5	57 812.5	57 565.0	55 494.5	58 426.5
	Z	−0.104	−0.191	−0.724	−0.020	−0.287	−0.581	−0.676	−1.468	−0.346
	近似 *P* 值	0.917	0.849	0.469	0.984	0.774	0.561	0.499	0.142	0.729
文化程度	Chi-Square	14.426	17.815	7.919	8.621	4.105	7.656	4.282	5.211	10.054
	df	3	3	3	3	3	3	3	3	3
	近似 *P* 值	0.002	0.000	0.048	0.035	0.250	0.054	0.233	0.157	0.018
职业	Chi-Square	9.951	14.838	9.257	12.301	7.963	15.958	12.647	9.773	24.453
	df	7	7	7	7	7	7	7	7	7
	近似 *P* 值	0.001	0.038	0.235	0.091	0.336	0.026	0.081	0.202	0.001
户籍	Mann-Whitney U	39 080.0	39 892.0	40 429.5	41 293.0	37 276.5	40 712.5	38 910.5	39 080.5	35 053.5
	Z	−1.340	−0.971	−0.727	−0.334	−2.160	−0.598	−1.417	−1.340	−3.170
	近似 *P* 值	0.180	0.332	0.467	0.738	0.031	0.550	0.156	0.180	0.002
居住年限	Chi-Square	2.789	2.965	10.970	1.865	4.028	2.675	3.031	8.459	7.144
	df	4	4	4	4	4	4	4	4	4
	近似 *P* 值	0.594	0.564	0.027	0.761	0.402	0.614	0.553	0.076	0.128
年均收入	Chi-Square	1.633	2.324	1.250	0.535	6.935	1.425	1.850	6.252	11.660
	df	4	4	4	4	4	4	4	4	4
	近似 *P* 值	0.803	0.676	0.870	0.970	0.139	0.840	0.763	0.181	0.020
从事旅游年限	Chi-Square	4.738	7.853	7.278	6.987	13.012	7.279	9.073	10.470	9.445
	df	5	5	5	5	5	5	5	5	5
	近似 *P* 值	0.449	0.165	0.201	0.222	0.023	0.201	0.106	0.063	0.093
家人是否从事旅游	Mann-Whitney U	37 715.0	39 633.5	39 131.5	37 451.0	36 540.0	36 988.5	38 462.5	36 814.5	37 713.0
	Z	−0.934	−0.037	−0.271	−1.057	−1.483	−1.274	−0.584	−1.355	−0.935
	近似 *P* 值	0.350	0.971	0.786	0.290	0.138	0.203	0.559	0.175	0.350

注：近似 *P* 值≤0.01 或≤0.05 上显著。

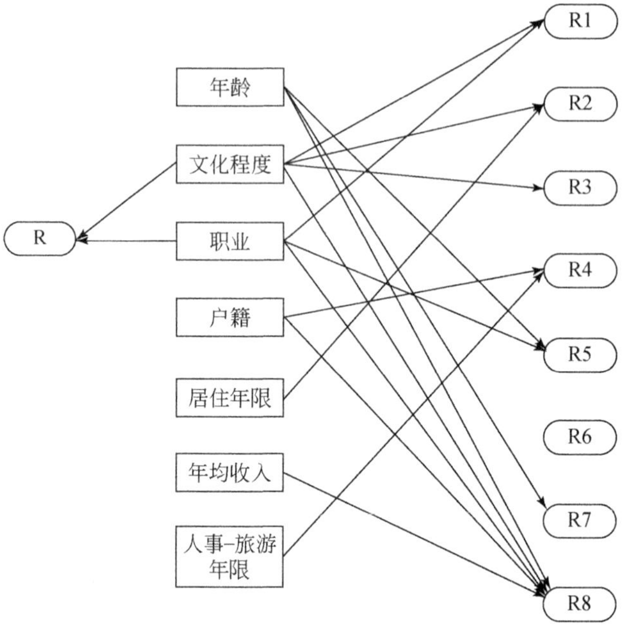

图 8-9　人口学特征与社区恢复力认知因子关联性

社区恢复力的各维度统计量中，在政府弹性治理 R1 维度上，不同文化程度（*P*=0.00）、不同职业（*P* =0.038）的居民之间差异显著；在社会网络 R2 维度上，不同文化程度（*P* =0.048）、居住年限（*P* =0.027）的居民之间差异显著；在自然景观原生性 R3 维度上，不同文化程度（*P* =0.035）的居民之间差异显著；在社区控制力 R4 维度上，不同户籍（*P* =0.031）、从事旅游行业年限（*P* =0.023）的居民之间差异显著；在经济多元性 R5 维度上，不同年龄（*P* =0.010）、不同职业（*P* =0.026）的居民之间差异显著；在人工设施控制 R6 维度上，不同人口学特征变量的居民之间差异均不显著；在控制经济漏损 R7 维度上，不同年龄（*P* =0.031）的居民之间差异显著；在社会平等性 R8 维度上，不同年龄（*P* =0.002）、不同文化程度（*P* =0. 018）、不同职业（*P* =0.001）、不同户籍（*P* =0.002）、年平均收入（*P* =0.020）的居民之间差异显著。

1）年龄对社区恢复力认知的影响。年龄影响社区恢复力认知中的经济子系统恢复力（经济多元性 K5、漏损最小化 R7）、社会子系统恢复力（社会参与平等性 R8）等认知。居民年龄越大，“经济呈现多元性”认知越强烈，“赚钱的机会很多”“就业的机会很多”“创业比较容易”。但在控制经济漏损方面，随着年龄的增长，认知呈现递减的趋势，年轻人更愿意“从当地人那里采购材料”“自己开企业”，使用“当地生产的商品”，收入较多来源于“与旅游相关的从业活动”等；相比较而言，年龄在 60 岁以上的居民则更倾向于保守，收入和创业动力减弱，对于经济漏损也较多持中立态度。这说明年龄较小者更关注外来企业、外来移民等对就业、企业生存产生的影响，而老年人则由于退休，较少关心自身就业等问题。在社会参与平等性方面，随着年龄的增长，认知呈现递减的趋势更加明显，较多年轻人认为“有平等获得资源的机会”“有平等参与旅游的机会”，老年人则与之相反。

2）文化程度对社区恢复力认知的影响。文化程度影响社区总恢复力 R、治理子系统恢复力（政府弹性治理 R1）、社会子系统恢复力（社会资本网络性 R2、社会参与平等性 R8）和生态子系统恢复力（自然景观原生性 R3）等认知。文化程度对社区总恢复力的影响呈现“两头高、中间低”的特征，即文化程度在“初中及以下”“本科以上”的居民认为千岛湖具有较高的恢复力，而文程程度为“中专及高中”“大专及本科 ”的居民则认为恢复力较低。在治理子系统恢复力（政府弹性治理 R1）方面，涉及政策灵活性、应急机制、权力共享等，居民对其认知总体偏低，“中专及高中”文化程度的居民处于最低水平。社会子系统恢复力中的社会资本网络性 R2 认知处于较高水平，文化程度越高，社会信任、社会地位、知识共享、社会支持、社会交往、社会学习等能力也越不断得到提高；社会参与平等性 R8 认知处于中等水平，但两者均呈现“文化程度越高、恢复力认知越高”的特点，受教育水平影响居民社会资本和参与旅游发展机会的获取。而生态子系统恢复力（自然景观原生性 R3）认知则与受教育水平呈现相反的趋势，表明教育水平越高，对生态环境原生性要求越高，环境保护意识也越强。

3）职业对社区恢复力认知的影响。不同职业影响人们对社区总恢复力 R、治理系统恢复力（政府弹性治理 R1）、经济子系统恢复力（经济多元性 R5）、社会子系统恢复力（社会参与平等性 R8）等的认知。在社区总恢复力认知方面，呈现“机关事业单位人员、乡镇企业人员、旅游从业人员、个体经营户、农民、林农、渔民”逐渐递减特征。可以看出，机关事业单位人员社区总恢复力认知最高，而农民、林农、渔民等从事“一产”的居民社区总恢复力认知偏低。在治理子系统恢复力（政府弹性治理 R1）方面，机关事业单位人员作为政策的主要制定者，恢复力认知最高；认为本地领导“能够从他们的错误中学习”“能够很好地在一块工作”“能够适应新的变化，做出很好的政策调整”“面对危机事件，政府建立了迅速应急响应机制”“政府、企业和老百姓建立了很好的合作机制”；乡镇企业人员、个体经营户、旅游从业人员则处于中等，而农民、渔民、林农等恢复力认知最低。在经济子系统恢复力（经济多元性 R5）方面，旅游从业人员恢复力认知水平最高，个体经营户、渔民、林农等恢复力认知水平居中，而机关事业单位人员则最低。在社会子系统恢复力（社会参与平等性 R8）方面，林农恢复力认知最高，乡镇企业人员、旅游从业人员、机关事业单位人员等居中，而渔民、农民的恢复力认知最低。

4）户籍对社区恢复力认知的影响。户籍影响治理子系统恢复力（社区控制力

R4）、社会子系统恢复力（社会参与平等性 R8）等认知。本地户口居民在“社区赋权、政策知晓度、社区自组织行为”等社区治理系统，以及“有平等获得资源的机会”“有平等参与旅游的机会”社会参与等方面的认知均低于外地户口人员，说明本地人对当地恢复力要求更高，认知也更为强烈。

5）居住年限对社区恢复力认知的影响。居住年限仅对社会子系统恢复力中的社会资本网络性 R2 认知产生影响。居住时间越长，拥有社会资本也越多，诸如社会信任、社会地位、知识共享、社会支持、社会交往、社会学习等，认知也越高。

6）年均收入对社区恢复力认知的影响。年均收入仅对社会子系统恢复力中的社会参与平等性 R8 认知产生影响。总体来说，年均收入越高，社区参与平等性认知越高。其中，年平均收入 10 万元以上的居民对恢复力的认知最高。但年平均收入 1 万元以下的居民对社会参与平等性的认知也较高，这些居民的职业更多是林农，这与职业因素的分析相吻合。

7）从业旅游年限对社区恢复力认知的影响。从业旅游年限仅对治理子系统恢复力中的社区治理能力 R4 认知产生影响。不从事旅游和从事旅游年限 20 年以上的居民对社区治理能力的认知较低，而从事旅游年限 6～10 年的居民对社区治理能力的认知最高。究其原因，可能是因为他们在旅游行业更能感受到相关政策和行动变化，也可能是从事旅游年限太长的居民往往更加默视行业变化。

二、脆弱性、应对能力对社区恢复力影响分析

（一）社区恢复力认知影响因子的识别结果

为考量脆弱性认知、应对能力认知与社区恢复力认知之间的关系，以社区恢复力认知及相关维度为被解释变量，以社会脆弱性（社会压力 C1）、经济脆弱性（生计脆弱 C3、外来挤占 C4）和生态脆弱性（设施干扰 C5、生态退化 C2）、个体应对能力（社会应对能力 A11、经济应对能力 A12、生态应对能力 A13）、政府应对能力（生态应对能力 A21、社会应对能力 A22、经济应对能力 A23）为解释变量。采用多元回归模型筛选影响社区恢复力认知的主要因子，通过回归系数和 t 值检验，得出回归模型的分析结果（表 8-10）。

1）在社区总恢复力认知方面，最主要的影响因子有 7 个，分别是脆弱性（生态退化 C2）、个体应对能力 A1（社会应对能力 A11、经济应对能力 A12、生态应对能力 A13）、政府应对能力 A2（生态应对能力 A21、社会应对能力 A22、经济应对能力 A23）。

2）在治理子系统恢复力认知方面，政府治理弹性 R1 影响因子有 5 个，分别

是脆弱性 C（社会压力 C1、生计脆弱 C3）、政府应对能力 A2（生态应对能力 A21、社会应对能力 A22、经济应对能力 A23）；社区治理能力 R4 影响因子有 3 个，分别是脆弱性 C（生态退化 C2）、政府应对能力 A2（经济应对能力 A23、生态应对能力 A21）。

表 8-10　影响社区恢复力的多元回归分析（标准回归系数）

变量	社区总恢复力	治理子系统恢复力		社会子系统恢复力		生态子系统恢复力		经济子系统恢复力	
	R	R1	R4	R8	R2	R3	R6	R5	R7
C1		-0.1063*** （-3.184）			0.0717* （2.074）				0.1037** （2.870）
C2	-0.092*** （-3.265）		-0.1189** （-3.27）			-0.1528*** （-4.064）			
C3		-0.0948** （-2.863）				0.09465* （2.502）		0.1067** （2.989）	0.0906** （2.490）
C4								0.0943* （2.633）	0.1580*** （4.299）
C5							0.3453*** （9.513）	0.0784* （2.118）	
A11	0.1780*** （5.519）				0.2669*** （6.958）	0.0534* （1.418）		0.1705*** （4.6313）	
A12	0.0963** （2.649）					0.0902* （2.388）			0.2191*** （5.902）
A13	0.1226*** （3.822）				0.1064* （2.766）		0.1010** （2.783）		
A21	0.3056*** （9.044）	0.3103*** （9.384）	0.1681*** （4.656）	0.1476*** （3.960）	0.0878* （2.304）				
A22	0.1678*** （5.061）	0.1155*** （3.451）		0.1344** （3.607）	0.2199*** （5.628）				
A23	0.3733*** （10.98）	0.3487*** （10.561）	0.2377*** （6.541）	0.0977* （2.622）				0.2208*** （6.018）	

注：采用标准回归系数，括号内数值为 *t* 值。*为 $P<0.05$，**为 $P<0.01$，***为 $P<0.001$。

3）在社会子系统恢复力认知方面，社会参与平等性 R8 影响因子有 3 个，分别是政府应对能力 A2 的生态应对能力 A21、社会应对能力 A22、经济应对能力 A23；社会资本网络化 R2 影响因子有 5 个，分别是脆弱性 C（社会压力 C1）、个体应对能力 A1（社会应对能力 A11、生态应对能力 A13）、政府应对能力 A2（生态应对能力 A21、社会应对能力 A22）。

4）在生态子系统恢复力认知方面，自然景观原生性 R3 影响因子有 4 个，分别是脆弱性 C（生态退化 C2、生计脆弱 C3）和个体应对能力 A1（社会应对能力 A11、经济应对能力 A12）；人工设施控制力 R6 影响因子有 2 个，分别是脆弱性 C（设施干扰 C5）、个体应对能力 A1（生态应对能力 A13）。

5）在经济子系统恢复力认知方面，经济多元化 R5 影响因子有 5 个，分别是脆弱性 C（生计脆弱 C3、外来挤占 C4、设施干扰 C5）、个体应对能力 A1（社会应对能力 A11）、政府应对能力 A2（经济应对能力 A23）；漏损最小化 R7 影响因子有 4 个，分别是脆弱性 C（社会压力 C1、生计脆弱 C3、外来挤占 C4）、个体应对能力 A1（经济应对能力 A12）。

（二）社区总恢复力影响因子的通径分析

由相关性及通径分析可知（图 8-10、表 8-11），各自变量对社区总恢复力 R 的单一作用强度绝对值从大到小依次为 A23、A21、A11、A22、A13、A12、C2；各自变量对社区恢复力产生的总复合作用强度从大到小依次为 A23、A21、A12、A11、A22、A13、C2。政府应对能力、个体应对能力和脆弱性均对社区总恢复力认知产生影响，且这些关键因子对社区总恢复力的作用方式与影响程度存在明显差异。

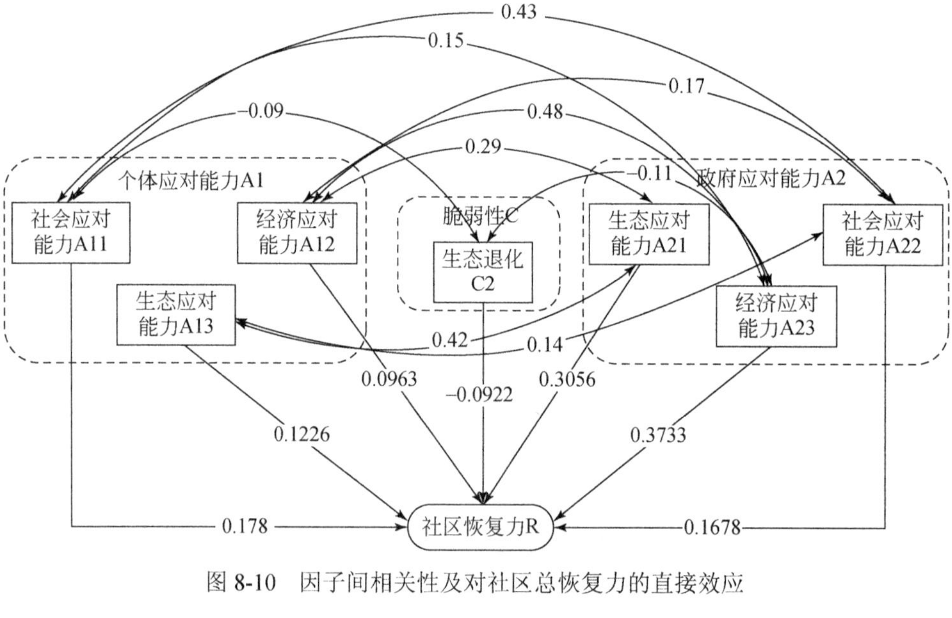

图 8-10　因子间相关性及对社区总恢复力的直接效应

表 8-11　社区恢复力影响因子通径分析

作用因子	直接效应（单一作用）	间接效应（因子相互作用关系）							主要复合作用	总效应（总复合作用）
		→C2	→A11	→A12	→A13	→A21	→A22	→A23		
C2	**−0.0922**		**−0.0156**	0.0068	0.0055	−0.0055	−0.0109	**−0.0429**	0.0585	−0.1548
A11	**0.178**	**0.0081**		0.0006	−0.0016	0.0209	**0.0724**	**0.0561**	0.1366	0.3345
A12	**0.0963**	−0.0065	0.001		−0.0002	**0.0874**	**0.028**	**0.1804**	0.2958	0.3864
A13	**0.1226**	−0.0041	−0.0024	−0.0002		**0.1276**	**0.0233**	0.0116	0.1509	0.2784
A21	**0.3056**	0.0017	0.0122	**0.0275**	**0.0512**		−0.0031	0.0073	0.0787	0.4024
A22	**0.1678**	0.006	**0.0768**	**0.0161**	**0.0171**	−0.0057		0.0022	0.1100	0.2803
A23	**0.3733**	**0.0106**	**0.0267**	**0.0465**	0.0038	0.006	0.001		0.0838	0.4679

注：加粗数字表示相关系数显著的因子间效应；→表示第一列作用因子对该因子的间接效应。

1. 政府应对能力对社区总恢复力的影响

政府应对能力的总复合作用最强，且以直接效应为主。政府应对能力对社区总恢复力起直接主导作用。政府的经济应对能力 A23、生态应对能力 A21、社会应对能力 A22 对社区总恢复力的单一作用最强，作用强度从大到小依次为 0.3733、0.3056、0.1678；它与其他主要影响因子对社区总恢复力产生的总复合作用强度分别为 0.4679、0.4024、0.2803。政府经济、生态、社会应对能力的直接效应占总效应的比例分别为 79.78%、75.94%、59.86%，表明政府经济、生态应对能力的直接效应最为显著，但间接效应相对较低。然而，政府社会应对能力的间接效应较为显著，并通过个体社会、经济、生态应对能力这三个因素的协助共同对社区总恢复力起到促进作用，其间接效应分别为 0.0768、0.0161、0.0171。

各因子与社区总恢复力均呈正相关关系，对社区总恢复力有促进作用。经济、生态应对能力越强，社区总恢复力越高。因此，提升社区总恢复力，需推动政府的收入公平能力、就业保障能力、经济贡献能力等经济应对能力，需完善商业化控制行为、生态技术推广能力、生态保护投入能力、生态管理监控能力、生态保护贡献能力等生态应对能力。而政府社会应对能力对社区总恢复力的作用，还需要发挥个体应对能力的间接作用。政府的社会宣传引导行为、社会风险控制能力、旅游宣传引导行为、社会文化贡献能力，也依赖个体的自我学习能力、文化保护行为、关系协调能力，共同推动社区总恢复力的提高。

2. 个体应对能力对社区总恢复力的影响

个体应对能力总复合作用也很强，且直接效应和间接效应并存。个体应对能力对社区总恢复力起重要促进作用。个体的社会应对能力 A11、生态应对能力 A13、经济应对能力 A12 对社区总恢复力的单一作用强度从大到小依次为 0.178、

0.1226、0.0963；与其他主要影响因子对社区总恢复力产生的总复合作用强度分别为 0.3345、0.2784、0.3864。个体社会、生态、经济应对能力的直接效应占总效应的比例分别为 53.21%、44.04%、24.92%，表明社会、生态、经济应对能力的直接效应较为显著，间接效应也较显著。各因子与社区恢复力均呈正相关关系，对社区总恢复力有促进作用。

其中，个体经济应对能力主要复合作用在所有影响因子中最强，通过政府的生态、社会、经济应对能力产生的间接效应分别为 0.0874、0.028、0.1804，共同对社区总恢复力产生的主要复合作用强度高达 0.2958。虽然个体经济应对能力对社区总恢复力直接效应较低，但受政府应对能力三大要素影响，尤其是政府经济应对能力的影响，进一步提升了社区总恢复力。个体生态应对能力通过政府的生态、社会应对能力产生的间接效应分别为 0.1276、0.0233，共同对社区总恢复力产生的主要复合作用强度达到 0.1509，表明个体的生态保护行为、生态保护意识等生态应对能力，需要政府生态和社会应对能力的配合。个体社会应对能力通过生态退化、政府的社会应对能力和经济应对能力产生的间接效应分别为 0.0081、0.0724、0.0561，共同对社区总恢复力产生的主要复合作用强度为 0.1366，说明政府的社会和经济应对能力共同协助个体的社会应对能力，对社区总恢复力起到促进作用。

3. 社区脆弱性对社区总恢复力的影响

脆弱性总复合作用较强，直接效应和间接效应并存。脆弱性的生态退化 C2 对社区总恢复力有抑制作用，其对社区总恢复力的单一作用很强，作用强度为-0.0922，与社区总恢复力呈负相关关系；它与其他主要影响因子对社区总恢复力产生的总复合作用强度为-0.1548；直接效应占总效应的比例为 59.56%，直接效应与间接效应相当。生态退化 C2 通过个体社会应对能力 A11、政府经济应对能力 A13 产生的间接效应分别为-0.0156、-0.0429，但若加上与个体和政府所有应对能力因子的间接效应，则主要复合作用强度为 0.0585，说明个体社会应对能力和政府经济应对能力能够在一定程度上缓解生态退化与社区总恢复力之间的矛盾。

（三）治理子系统恢复力的影响因素分析

1. 政府治理弹性 R1 的通径分析

各自变量对政府治理弹性 R1 的单一作用强度绝对值从大到小依次为 A23、A21、A22、C1、C3，总复合作用强度与单一作用强度排序相同。政府应对能力和脆弱性对政府治理弹性 R1 产生影响，而个体应对能力的 3 个因子对政府治理弹性的影响不具有统计显著性，反映了个体应对能力对政府治理弹性影响有限（图 8-11、表 8-12）。

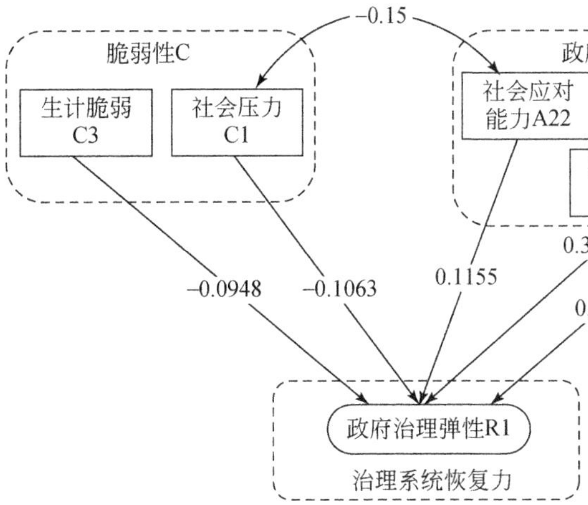

图 8-11　因子间相关性及对政府治理弹性的直接效应

表 8-12　政府治理弹性影响因子通径分析

作用因子	直接效应（单一作用）	间接效应（因子相互作用关系）					主要复合作用	总效应（总复合作用）
		→C1	**→C3**	**→A21**	**→A22**	**→A23**		
C1	**−0.1063**		0.0004	−0.0070	**−0.0173**	−0.0091	**0.0173**	−0.1393
C3	**−0.0948**	0.0005		0.0168	0.0076	0.0050	0	−0.0649
A21	**0.3103**	0.0024	−0.0051		−0.0021	0.0068	0	0.3123
A22	**0.1155**	**0.0159**	−0.0062	−0.0057		0.0020	**0.0159**	0.1215
A23	**0.3487**	0.0028	−0.0014	0.0061	0.0007		0	0.3569

注：加粗数字表示相关系数显著的因子间效应；→表示第一列作用因子对该因子的间接效应。

（1）政府应对能力对政府治理弹性的影响

政府应对能力总复合作用最强，以直接效应为主。政府应对能力对政府治理弹性起直接主导作用，3 个维度均对政府治理弹性的影响显著。政府的经济应对能力 A23、生态应对能力 A21、社会应对能力 A22 对政府治理弹性的单一作用最强，作用强度从大到小依次为 0.3487、0.3103、0.1155，尤其是政府经济应对能力、生态应对能力表现得最为明显；它们与其他主要影响因子对政府治理弹性产生的总复合作用强度分别为 0.3569、0.3123、0.1215；直接效应占总效应的比例依次为 97.70%、99.36%、95.06%，表明政府的经济、生态、社会应对能力的直接效应最为显著，但间接效应很低。

（2）社区脆弱性对政府治理弹性的影响

脆弱性总复合作用较强，也以直接效应为主。脆弱性的社会压力 C1、生计脆弱 C3 对政府治理弹性有抑制作用，且对政府治理弹性的单一作用较强，作用强度为−0.1063、−0.0948，与政府治理弹性呈负相关关系；它们与其他主要影响因子对政府治理弹性产生的总复合作用强度为-0.1393、-0.0649。生计脆弱 C3 在应对能力的复合作用下，对政府治理弹性的抑制作用有所缓和，但直接效应仍起显著作用。

2. 社区治理能力 R4 的通径分析

各自变量对社区治理能力 R4 的单一作用强度绝对值从大到小依次为 A23、A21、C2，总复合作用强度也与单一作用强度排序相同。政府应对能力和脆弱性对社区治理能力产生影响，个体应对能力的 3 个因子对社区治理能力的影响同样不具有统计显著性，反映了个体应对能力对社区治理能力影响也比较有限（图 8-12、表 8-13）。

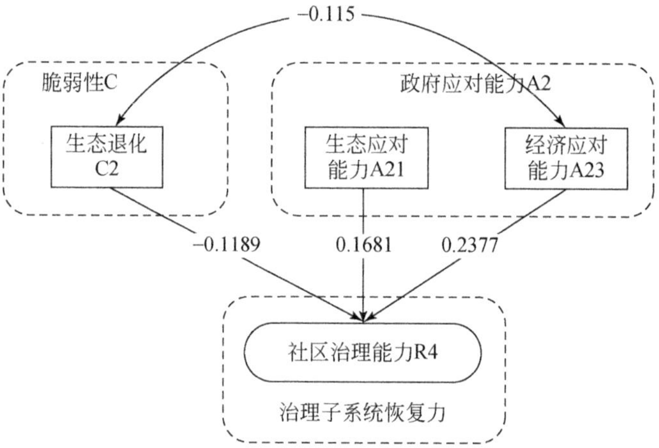

图 8-12　因子间相关性及对社区治理能力的直接效应

表 8-13　社区治理能力影响因子通径分析

作用因子	直接效应（单一作用）	间接效应（因子相互作用关系）			主要复合作用	总效应（总复合作用）
		→C2	**→A21**	**→A23**		
C2	-0.1189		-0.0030	**-0.0273**		-0.1492
A21	0.1681	0.0021		0.0046		0.1748
A23	0.2377	**0.0137**	0.0033			0.2547

注：加粗数字表示相关系数显著的因子间效应；→表示第一列作用因子对该因子的间接效应。

（1）政府应对能力对社区治理能力的影响

政府应对能力总复合作用最强，以直接效应为主。政府是推动旅游地社区发展的主导力量，在社区治理能力中起直接决定作用。政府的经济应对能力 A23、生态应对能力 A21 对社区治理能力的单一作用最强，作用强度从大到小依次为 0.2377、0.1681；它们与其他主要影响因子对政府治理弹性产生的总复合作用强度分别为 0.2547、0.1748；直接效应占总效应的比例依次为 96.17%、93.33%，表明政府的经济、生态应对能力直接效应最为显著。

（2）社区脆弱性对社区治理能力的影响

脆弱性总复合作用较强，以直接效应为主。脆弱性的生态退化 C2 对社区治理能力有抑制作用。其单一作用较强，作用强度为-0.1189，与社区治理能力呈负相关关系；它与其他主要影响因子对社区治理能力产生的总复合作用强度为-0.1492，表明直接效应显著。但也通过政府的经济应对能力产生的间接效应发挥作用，作用强度为-0.0273，从社区治理能力来看，其政府经济应对能力的提高反而会在一定程度上加大生态退化。

（四）社会子系统恢复力的影响因素分析

1. 社会参与平等性 R8 的通径分析

各自变量对社会参与平等性 R8 的单一作用强度绝对值从大到小依次为 A21、A22、A23，总复合作用强度与单一作用强度排序相同。仅政府应对能力对社会参与平等性产生影响，而脆弱性、个体应对能力对社会参与平等性的影响不具有统计显著性（图 8-13、表 8-14）。

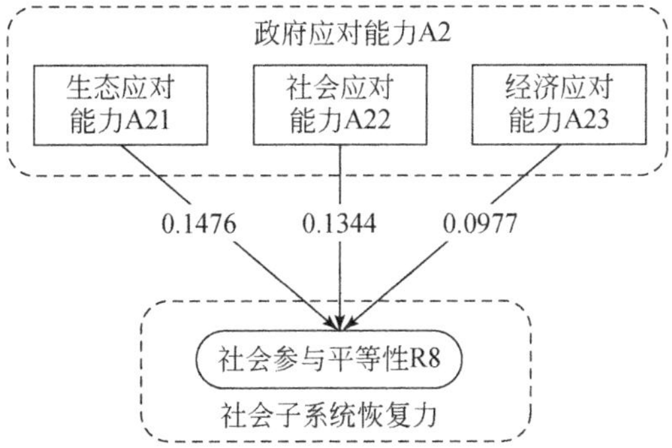

图 8-13　因子间相关性及对社会参与平等性的直接效应

表 8-14　社会参与平等性影响因子通径分析

作用因子	直接效应（单一作用）	间接效应（因子相互作用关系）			主要复合作用	总效应（总复合作用）
		→A21	**→A22**	**→A23**		
A21	0.1476		−0.0025	0.0019	0	0.147
A22	0.1344	−0.0027		0.0006	0	0.1323
A23	0.0977	0.0029	0.0008		0	0.1014

注：→表示第一列作用因子对该因子的间接效应。

政府应对能力对社会参与平等性 R8 产生直接效应，3 个应对能力因子独立地直接影响着社会参与平等性。政府的生态、社会、经济应对能力对社会参与平等性的单一作用强度从大到小依次为 0.1476、0.1344、0.0977，政府是推动旅游地社会参与平等性的主导力量，其中政府的生态和社会应对能力对社会参与平等性的影响更为显著。

2. 社会资本网络化 R2 的通径分析

各自变量对社会资本网络化 R2 的单一和总复合作用强度绝对值从大到小依次为 A11、A22、A13、A21、C1。个体应对能力、政府应对能力、脆弱性对社会资本网络化均产生影响（图 8-14、表 8-15）。

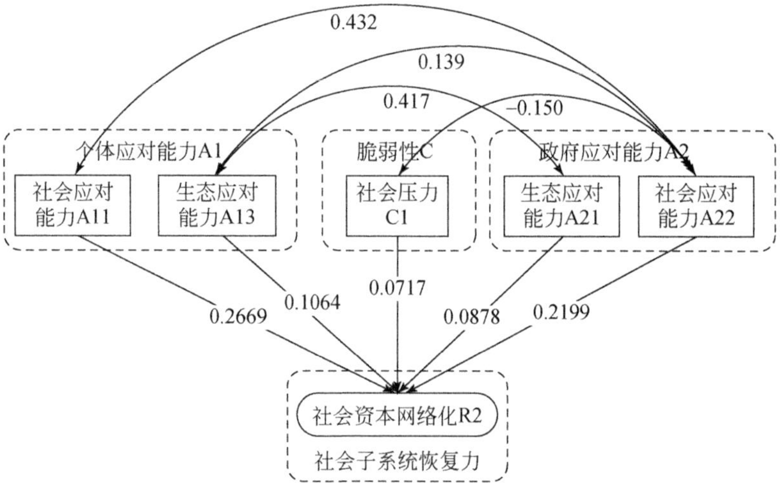

图 8-14　因子间相关性及对社会资本网络化的直接效应

表 8-15　社会资本网络化影响因子通径分析

作用因子	直接效应（单一作用）	间接效应（因子相互作用关系）					主要复合作用	总效应（总复合作用）
		→C1	**→A11**	**→A13**	**→A21**	**→A22**		
C1	0.0717		−0.0183	−0.0042	−0.0020	**−0.0329**	0.0329	0.0143
A11	0.2669	−0.0049		−0.0014	0.0060	**0.0950**	0.095	0.3616
A13	0.1064	−0.0028	−0.0036		**0.0366**	**0.0306**	0.0672	0.1672
A21	0.0878	−0.0016	0.0182	**0.0444**		−0.0041	0.0444	0.1447
A22	0.2199	**−0.0107**	**0.1152**	**0.0148**	−0.0016		0.1407	0.3376

注：加粗数字表示相关系数显著的因子间效应；→表示第一列作用因子对该因子的间接效应。

（1）个体应对能力对社会资本网络化影响

个体社会应对能力总复合作用极强，以直接效应为主。个体社会应对能力对社会资本网络化起重要促进作用。个体的社会应对能力 A11、生态应对能力 A13 对社会资本网络化的单一作用极强，作用强度依次为 0.2669、0.1064；总复合作用强度依次为 0.3616、0.1672；直接效应占总效应的比例依次为 73.81%、65.14%，表明社会、生态应对能力的直接效应显著，间接效应也不可忽视。个体社会应对能力通过政府社会应对能力产生的间接效应为 0.0950；个体生态应对能力通过政府的生态、社会应对能力产生的间接效应分别为 0.0366、0.0306。各相关因子与社会资本网络化均呈正相关关系，对其有促进作用。

（2）政府应对能力对社会资本网络化影响

政府社会应对能力总复合作用也极强，以直接效应为主，大大促进了社会资本网络化。政府的社会、生态应对能力的单一作用强度依次为 0.2199、0.0878；总复合作用强度分别为 0.3376、0.1447；直接效应占总效应的比例分别为 65.14%、60.68%，直接效应大，间接效应也较为显著。其中，政府的社会应对能力主要复合作用在所有影响因子中最强，通过脆弱性的社会压力 C1、个体的社会应对能力 A11、个体的生态应对能力 A13 产生的间接效应分别为-0.0107、0.1152、0.0148，共同对社会资本网络化产生主要复合作用。政府的生态应对能力通过个体的生态应对能力产生的间接效应为 0.0444，说明只有政府和个体生态应对能力共同提高，才能更有效地促进社会资本网络化。

（3）社区脆弱性对社会资本网络化影响

脆弱性总复合作用为 0.0143，虽然在各影响因子中较低，但却是社会资本网络化的重要影响因子之一，且以直接效应为主。其对社会资本网络化的单一作用强度为 0.0717。脆弱性对个体及政府应对能力的抑制作用，导致其对社会资本网络化的促进作用有所降低。

（五）生态子系统恢复力的影响因素分析

1. 自然景观原生性 R3 的通径分析

各自变量对自然景观原生性 R3 的单一和总复合作用强度绝对值从大到小依次为 C2、C3、A12、A11。个体应对能力、脆弱性对自然景观原生性产生影响，而政府对自然景观原生性的作用有限（图 8-15、表 8-16）。

（1）社区脆弱性对自然景观原生性的影响

社区脆弱性总复合作用最强，以直接效应为主。脆弱性的生态退化 C2、生计脆弱 C3 对自然景观原生性的单一作用强度分别为-0.1528、0.0946。其中，生态退化通过个体社会应对能力产生间接效应，总复合作用最强，与自然景观原生性呈负相关关系；生计脆弱通过个体社会、经济应对能力产生间接效应。

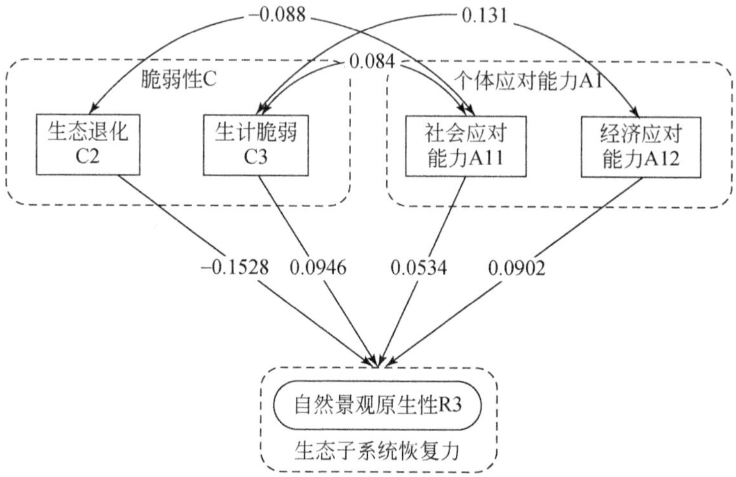

图 8-15　因子间相关性及对自然景观原生性的直接效应

表 8-16　自然景观原生性影响因子通径分析

作用因子	直接效应（单一作用）	间接效应（因子相互作用关系）				主要复合作用	总效应（总复合作用）
		→C2	→C3	→A11	→A12		
C2	-0.1528		-0.0005	**-0.0047**	0.0063	0.0047	-0.1517
C3	0.0946	0.0007		**0.0045**	**0.0118**	0.0163	0.1116
A11	0.0534	**0.0134**	**0.0079**		0.0005	0.0213	0.0752
A12	0.0902	-0.0107	**0.0124**	0.0003		0.0124	0.0922

注：加粗数字表示相关系数显著的因子间效应；→表示第一列作用因子对该因子的间接效应。

（2）个体应对能力对自然景观原生性的影响

个体应对能力总复合作用较强，也以直接效应为主。个体经济应对能力 A12、社会应对能力 A11 对自然景观原生性的单一作用相对较强，作用强度依次为 0.0902、0.0534；总复合作用强度依次为 0.0922、0.0752。各相关因子与自然景观原生性均呈正相关关系，对其有促进作用。其中，经济应对能力通过生计脆弱性发挥间接效应，社会应对能力通过生态退化和生计脆弱 2 个因子产生间接效应。

2. 人工设施控制力 R6 的通径分析

各自变量对人工设施控制力 R6 的单一和总复合作用强度绝对值从大到小依次为 C5、A13。个体应对能力、脆弱性对人工设施控制力产生影响，而政府对人工设施控制力作用有限（图 8-16、表 8-17）。

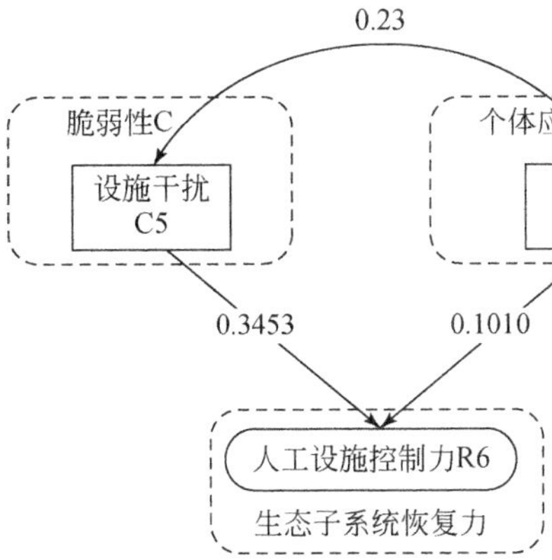

图 8-16　因子间相关性及对人工设施控制力的直接效应

表 8-17　人工设施控制力影响因子通径分析

作用因子	直接效应（单一作用）	间接效应（因子相互作用关系）		主要复合作用	总效应（总复合作用）
		→C5	**→A13**		
C5	0.3453		**0.0236**	0.0236	0.3689
A13	0.1010	**0.0808**		0.0808	0.1818

注：加粗数字表示相关系数显著的因子间效应；→表示第一列作用因子对该因子的间接效应。

（1）脆弱性对人工设施控制力的影响

脆弱性中的设施干扰 C5 总复合作用最强，单一作用也最强，强度为 0.3453；它与个体应对能力对人工设施控制力产生的总复合作用强度为 0.3689；直接效应占总效应的 93.6%，设施干扰直接影响生态系统的人工设施控制力。

（2）个体应对能力对人工设施控制力的影响

个体的生态应对能力 A13 总复合作用较强。其中，单一作用强度为 0.1010；总复合作用强度为 0.1818；直接效应占总效应 55.56%，个体生态应对能力对人工设施控制力产生直接作用，但也通过设施干扰对人工设施控制力产生较强的间接效应。

（六）经济子系统恢复力的影响因素分析

1. 经济多元化 R5 的通径分析

各自变量对经济多元化 R5 的单一作用强度绝对值从大到小依次为 A23、A11、C3、C4、C5；而对经济多元化产生的总复合作用强度从大到小依次为 A23、A11、C5、C4、C3。政府经济应对能力、个体社会应对能力对经济多元化起关键作用，脆弱性对经济多元化的影响相对较低（图 8-17、表 8-18）。

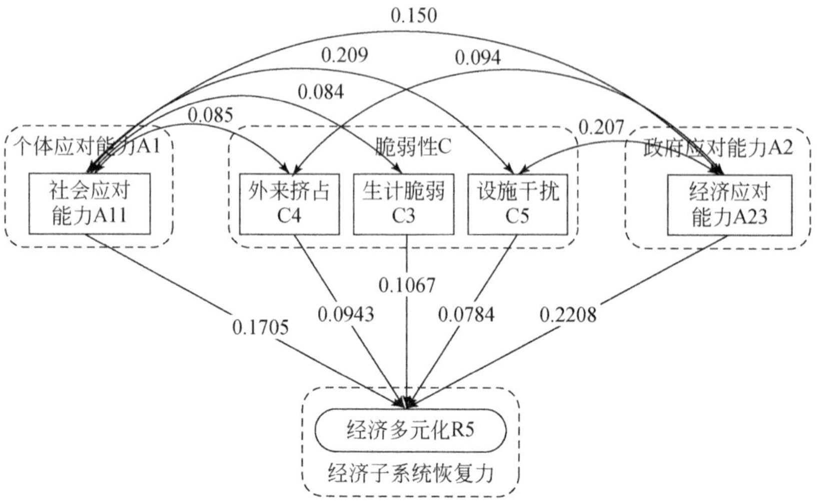

图 8-17 因子间相关性及对经济多元化的直接效应

表 8-18 经济多元化影响因子通径分析

作用因子	直接效应（单一作用）	间接效应（因子相互作用关系）					主要复合作用	总效应（总复合作用）
		→C3	**→C4**	**→C5**	**→A11**	**→A23**		
C3	0.1067		−0.0009	−0.0017	**0.0143**	0.0032	0.0143	0.1216
C4	0.0943	−0.0010		0.0000	**0.0145**	**0.0207**	0.0352	0.1285
C5	0.0784	−0.0023	0.0000		**0.0357**	**0.0458**	0.0815	0.1576
A11	0.1705	**0.0090**	**0.0080**	**0.0164**		**0.0332**	0.0666	0.2371
A23	0.2208	0.0015	**0.0088**	**0.0163**	**0.0256**		0.0507	0.273

注：加粗数字表示相关系数显著的因子间效应；→表示第一列作用因子对该因子的间接效应。

（1）政府应对能力对经济多元化影响

政府经济应对能力单一作用和总复合作用均最强。单一作用强度为 0.2208，总复合作用强度为 0.273，直接效应占总效应的 80.88%，对经济多元化产生了较为明显的直接影响。间接影响中，通过脆弱性的外来挤占、设施干扰和个体社会应对能力产生的间接效应分别为 0.0088、0.0163、0.0256，共同对经济多元化产生了复合作用。由此可见，政府经济应对能力对经济多元化起重要促进作用。

（2）个体应对能力对经济多元化影响

个体的社会应对能力单一和总复合作用也较强。其对经济多元化的单一作用强度为 0.1705，总复合作用强度为 0.2371，直接效应占总效应的 71.9%。但也通过脆弱性的生计脆弱、外来挤占、设施干扰和政府经济应对能力发挥间接作用，作用强度分别为 0.0090、0.0080、0.0164、0.0332。其中，政府的经济应对能力发挥较大间接作用，表明个体利用社会资源和政府经济应对措施，有助于提高经济多元化。

（3）社区脆弱性对经济多元化影响

相对于政府和个体应对能力，脆弱性的生计脆弱、外来挤占、设施干扰对经济多元化影响相对较低。其单一作用强度依次为 0.1067、0.0943、0.0784；总复合作用强度依次为 0.1216、0.1285、0.1576；直接效应依次占总效应的 87.75%、73.39%、49.75%，生计脆弱和外来挤占以产生直接效应为主，设施干扰的直接与间接效应并存。值得注意的是，脆弱性的 3 个因子对经济多元化起正向直接作用。旅游发展引起了外来资本的注入、服务设施和基础设施增加，虽然这些均会对生态系统造成一定的压力，但有助于带动千岛湖经济发展，提供更多的赚钱机会、就业机会、创业机会和外来企业的发展机会。

2. 漏损最小化 R7 的通径分析

各自变量对漏损最小化 R7 的单一作用强度绝对值从大到小依次为 A12、C4、C1、C3，总复合作用强度从大到小依次为 A12、C4、C3、C1。脆弱性、个体应对能力对漏损最小化产生影响，政府应对能力对漏损最小化影响有限（图 8-18、表 8-19）。

（1）个体应对能力对漏损最小化影响

个体经济应对能力 A12 对漏损最小化起着关键作用，单一和总复合作用最强。其单一作用强度为 0.2191，总复合作用强度为 0.2672，直接效应占总效应的 82%。但也通过脆弱性的生计脆弱、外来挤占发挥间接作用，作用强度分别为 0.0118、0.0303。

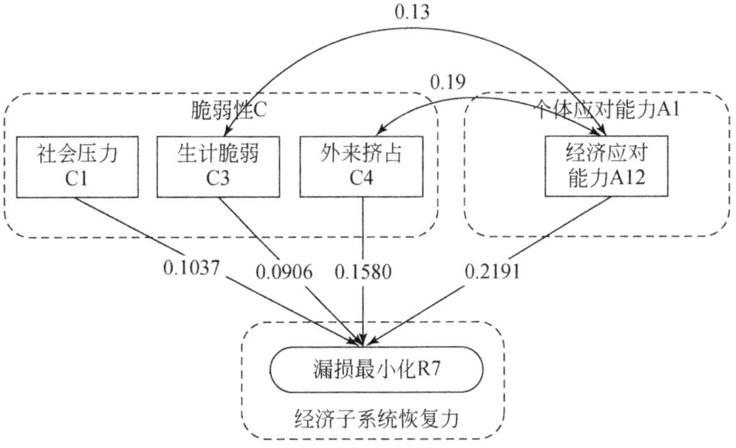

图 8-18　因子间相关性及对漏损最小化的直接效应

表 8-19　漏损最小化影响因子通径分析

作用因子	直接效应（单一作用）	间接效应（因子相互作用关系）				主要复合作用	总效应（总复合作用）
		→C1	→C3	→C4	→A12		
C1	0.1037		−0.0004	−0.0033	0.0126	0	0.1126
C3	0.0906	−0.0004		−0.0015	**0.0286**	0.0286	0.1173
C4	0.1580	−0.0021	−0.0008		**0.0420**	0.042	0.1971
A12	0.2191	0.0060	0.0118	0.0303		0.0421	0.2672

注：加粗数字表示相关系数显著的因子间效应；→表示第一列作用因子对该因子的间接效应。

（2）脆弱性对漏损最小化影响

脆弱性的外来挤占 C4、社会压力 C1、生计脆弱 C3 对漏损最小化产生的单一作用强度分别为 0.1580、0.1037、0.0906；总复合作用强度分别为 0.1971、0.1126、0.1173，也以直接效应为主。但外来挤占、生计脆弱也通过个体经济应对能力发挥间接作用，作用强度分别为 0.0286、0.0420。研究发现，脆弱性的 3 个因子对漏损最小化起正向直接作用。这说明虽然旅游发展导致外来移民增加、物价水平上涨、本地更加拥挤、传统文化受到威胁、收入不稳定、就业不稳定等问题，导致社区脆弱性的增强，但是，由于旅游快速发展，带动了当地原材料采购增加，推动当地企业、当地商品等快速发展，一定程度上减少了经济漏损。

三、社区恢复力认知综合影响机制

（一）社区恢复力认知综合影响特征

通过以上分析可以发现，社区脆弱性、个体应对能力和政府应对能力的各变量对社区总恢复力及各维度认知呈现错综复杂的关系，直接效应与间接效应并存，正向影响与负向影响并存，影响强劲与影响低弱并存（表 8-20）。总体上，具有以下特点。

表 8-20　社区恢复力认知综合影响

变量	社区总恢复力	治理子系统恢复力		社会子系统恢复力		生态子系统恢复力		经济子系统恢复力	
	→R	→R1	→R4	→R8	→R2	→R3	→R6	→R5	→R7
政府应对能力	★○	★○	★○	■	★	★	●	★○	/
个体应对能力	●	/	/	/	★○	/	/	★	★○
社区脆弱性	●△	★△	★△	/	★	★○△	★○	★	★

注：★表示直接效应为主，伴有间接效应（间接效应约在 40%以下）；■表示直接效应；○表示影响最强；●表示直接效应与间接效应并存（间接效应约在 40%以上）；△表示负向影响；/表示该项无明显影响；→表示第一列作用因子对该因子的效应。

1）影响方式。大多数变量对恢复力的影响都是复合的，在复合影响中以直接影响为主、间接影响为辅居多。在当前政治经济体制下，政府及其政策对整个社会发展起着直接导向与促进作用，因此居民感知最强烈，对社区恢复力认知的直接效应最明显；个体应对能力的间接效应也主要通过政府应对能力显现。由此，提升社区总恢复力，需推动政府的收入公平能力、就业保障能力、经济贡献能力等经济应对能力，不断完善政府商业化控制行为、生态技术推广能力、生态保护投入能力、生态管理监控能力、生态保护贡献能力等生态应对能力。

2）影响性质。以正向影响为主，负向影响主要表现在社区脆弱性对恢复力的影响上。恢复力大小是脆弱性与应对能力相互作用的结果，凭借不断增强的政府和个体应对能力，就总复合作用而言，某些社区脆弱性的负向影响叠加应对能力的缓解作用，综合结果仍呈现出正向影响。但也应看到，旅游发展所引发的经济多样性减少、物价上涨、生态退化等现实问题，对居民的直观感知有着较为强烈的冲击，并形成社区脆弱性负面感知，导致千岛湖旅游地社会—生态系统恢复力认知值处于中等偏下水平。社区居民对旅游业发展的支持度、满意度是提高旅游地社会—生态系统恢复力的重要方面，旅游地在不断创造社会资本的同时，更应注重自然资本的积累，维护生态系统完整性，维护经济和社会发展稳定性，提高居民生活福利，进而促进旅游地社会—生态系统的可持续发展。

3）影响程度。政府应对能力对恢复力认知的影响相对最强，个体应对能力和社区脆弱性对恢复力认知影响相对较弱，尤其是个体应对能力对多数恢复力认知维度未产生明显影响。恢复力认知测度结果显示了政府治理弹性的重要作用，但同时也表明当前社区居民主人翁意识的缺乏和对系统发展的漠视。在对恢复力提高责任主体的访谈中，只有约39.96%的居民认为老百姓对社会—生态系统的可持续发展需承担一定的责任；71.74%的居民认为旅游发展的决策者是政府，将当地发展的责任完全归于政府，给政府造成了巨大的压力。实际上，政府社会应对能力对社区总恢复力的作用，也需要发挥个体应对能力的间接作用。政府的社会宣传引导行为、社会风险控制能力、旅游宣传引导行为、社会文化贡献能力，也依赖个体的自我学习能力、文化保护行为、关系协调能力。因此，社区总恢复力的提高需要进一步发挥个体作用，鼓励居民参与，增强个体社会责任意识。

（二）社区恢复力认知综合影响机制

社区恢复力认知与人口学特征因素、脆弱性、个体应对能力、政府应对能力等各因子关系复杂，相互联系，共同作用，单因子变动也将引起其他相关因子产生连锁反应，直接影响社区恢复力的稳定性和安全性。综合社区恢复力及各维度恢复力的影响因子和各因子之间相互依赖、相互制约关系，建立恢复力综合影响机制（图8-19）。

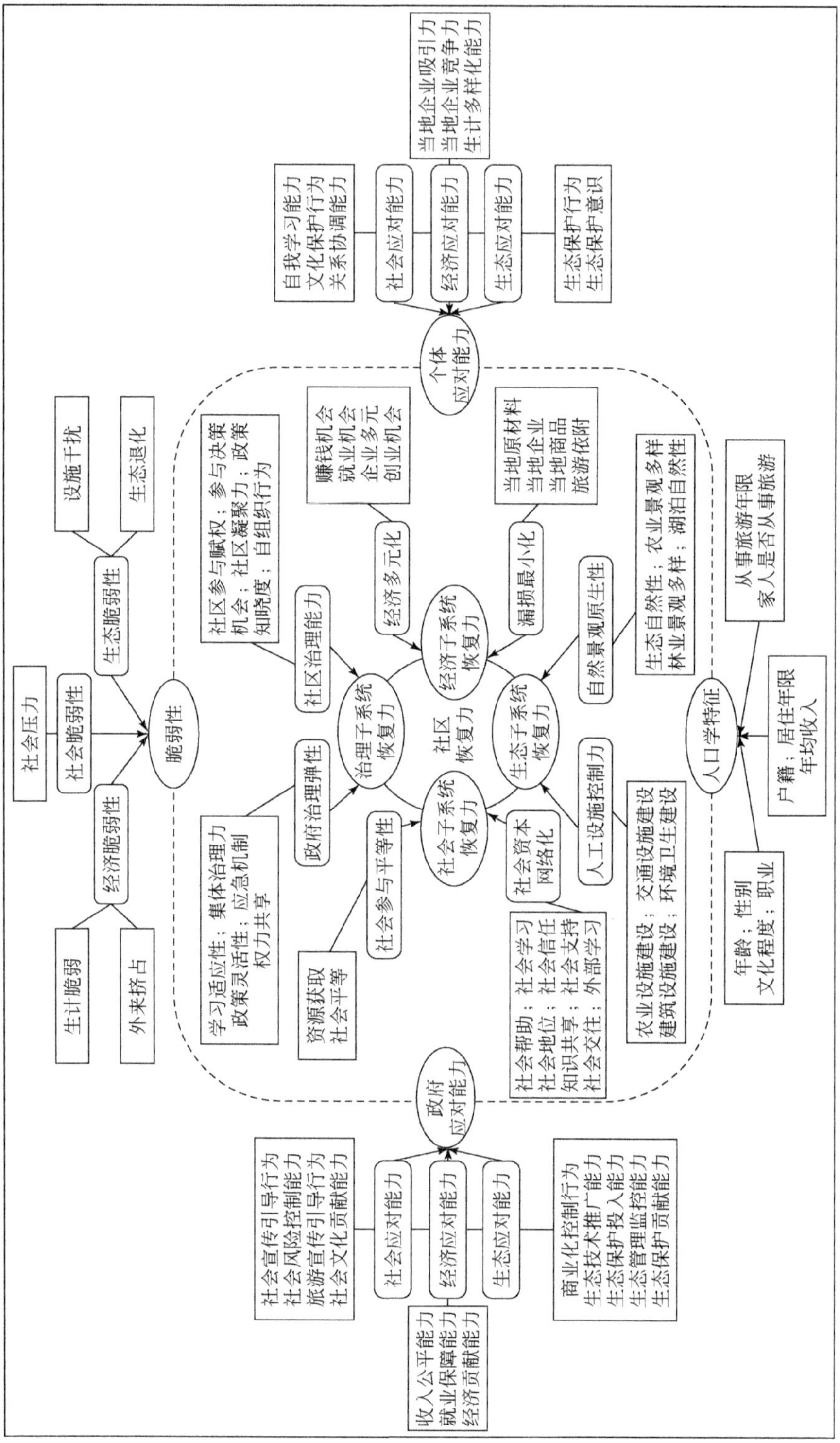

图8-19　社区恢复力认知综合影响机制

社区总恢复力认知可由 4 个子系统、8 个公因子和若干个因子进行测度，其受到人口学特征、脆弱性、个体应对能力、政府应对能力等要素影响，而脆弱性、个体与政府的应对能力又可以分成社会、经济和生态三个方面。区域不同、对象不同等，社区及各维度恢复力认知的影响要素也不尽相同。此外，由于旅游地社会—生态系统的复杂性、不确定，各要素对恢复力认知影响的方向和强度也不同，尤其是通过其他要素对恢复力产生的复合效应更为复杂。

本章小结

1）脆弱性认知可提取为 5 个公因子，涉及社会脆弱性（社会压力）、经济脆弱性（生计脆弱、外来挤占）和生态脆弱性（设施干扰、生态退化）三个方面。从 5 个因子来看，社会压力、生态退化的解释方差最大，表明社会、环境在社区脆弱性中的作用最为显著；其次，生计脆弱、外来挤占，也在社区脆弱性中的作用较为显著。从生态、经济和社会三个方面来看，生态脆弱性认知总体最为强烈，指数最高；其次是经济脆弱性，但其中物价上涨认同度非常高；社会脆弱性认知相对最低。居民对社区脆弱性认知项得分均值处于 2.6～3.9，赞成率介于 21%～72%。总体上，居民对千岛湖社区脆弱性的认知较为强烈，且对社区脆弱性的认知具有明显的分化倾向。

2）个体应对能力认知可分社会、经济和生态三个方面进行测度。社会应对能力的解释方差最大，在个体应对能力中的作用最为显著，其次为经济应对能力和生态应对能力。居民对个体应对能力认知项的得分均值处于 3.20～3.99，赞成率介于 37.7%～77.8%。总体上，居民对千岛湖社会—生态系统个体应对能力的认知处于中等。

3）政府应对能力认知也可分社会、经济和生态三个方面进行测度。生态应对能力的解释方差最大，表明生态在政府应对能力中的作用最为显著；其次为社会应对能力和经济应对能力。居民对政府应对能力认知项的得分均值处于 3.20～3.91，赞成率介于 38.6%～73.5%。总体上，居民对千岛湖社会—生态系统政府应对能力认同度较高。

4）社区恢复力认知维度可提取 8 个公因子，涉及治理子系统恢复力（政府治理弹性、社区治理能力）、社会子系统恢复力（社会参与平等性、社会资本网络化）、生态子系统恢复力（自然景观原生性、人工设施控制力）、经济系统恢复力（经济多元化、漏损最小化）四个方面。在这 8 个公因子中，政府治理弹性的解释方差最大，表明政府治理在社区恢复力中的作用最为显著；其次，社会资本网络化在社区恢复力中的作用也较为显著。居民对社区恢复力认知项的得分均值处于 2.86～3.99，赞成率介于 19.0%～77.4%。四个子系统中，社会子系统恢复力认知值最高，其次是治理子系统恢复力，生态子系统和经济子系统恢复力认知值最低。从总体来看，居民对千岛湖社区恢复力认知的综合平均值为 2.42，处于中等偏下水平。

5）社区恢复力认知的关键影响要素可分为人口学特征、脆弱性、应对能力（个体应对能力和政府应对能力）三个方面，各相关因子的作用关系、作用机理、作用方向、作用强度不同。人口学特征中，不同文化程度和不同职业的居民在社区恢复力认知之间的差异最显著。社区总恢复力认知方面，7 个公因子对社区恢复力认知的影响极大，是最主要的影响因子，具体主要包括脆弱性（涉及 1 个生态退化公因子）、个体应对能力（涉及个体社会、经济、生态 3 个应对能力公因子）、政府应对能力（涉及政府社会、经济、生态 3 个应对能力公因子）。其他各维度恢复力的影响因子各不相同。

6）社区脆弱性、个体应对能力和政府应对能力的各变量对社区总恢复力及各维度认知呈现错综复杂的关系。影响方式上，多数呈现以直接影响为主、间接影响为辅的复合影响；影响性质上以正向影响为主，负向影响主要表现在社区脆弱性对恢复力的影响上；影响程度上，政府应对能力对总恢复力及各维度认知的影响相对最强，个体应对能力和脆弱性对总恢复力认知的影响较强，但对各恢复力各维度的认知相对较弱，尤其是个体应对能力对多数恢复力认知维度未产生明显影响。

第九章　千岛湖旅游地社会—生态系统可持续判定

根据第七章的分析，可以看出千岛湖的区域恢复力在应对能力的强大作用下不断增强，然而第八章社区居民认知调查结果却显示千岛湖的恢复力只居于中等水平，主客观的恢复力测度结果具有较大的差异。实际上，伴随着我国经济的快速发展和物质财富的不断增长，自然生态系统确实承受着前所未有的压力（Walker and Salt，2010）。应对能力的增长往往掩盖了部分生态系统存在的问题。本章基于前述研究，采用比较分析法揭示千岛湖旅游地社会—生态系统及各子系统在脆弱性、应对能力及恢复力测度方面的主客观差异，并进一步依据第四章的旅游地社会—生态系统情景模型、运行轨迹及可持续判定方法，判断千岛湖旅游地社会—生态系统运行轨迹与可持续状况。

第一节　千岛湖系统主客体恢复力测度结果比较

将客体角度的区域恢复力与主体角度的社区恢复力认知测度进行比较，结果如表 9-1 所示。

一、脆弱性主客体比较

区域总脆弱性处于中等偏上水平，且受生态脆弱性影响最大；其次是经济脆弱性的影响。社区脆弱性认知虽然较为强烈，但呈现两极分化倾向，即生态脆弱性加大和经济脆弱性中的“物价上涨”认同度很高，但其他经济脆弱性和社会脆弱性认同度较低。两者的测度结果具有一致性，努力减小生态脆弱性和经济脆弱性，是适应性管理中脆弱性管理的重中之重。

二、应对能力主客体比较

区域总应对能力较强，受经济应对能力影响最大，生态和社会应对能力的提高也需要强大的经济支持。社区认知中，个体应对能力认知中等，受个体社会应对能力影响最大；政府应对能力认知偏上，受政府生态应对能力影响最大。两者的测度结果具有一定的差异性，客体测度中，随着社会及经济的发展，各子系统及总系统应对能力均逐年上升，并呈现相对较强的状态；而主体认知测度中，个体和政府总应对能力虽然处于中等和偏上状态，但各子系统应对能力认知区别很大。适应性管理中需避免过于注重社会能力的创造，也需将旅游带来的经济效益等惠及全社会与老百姓，提高其个体和政府的经济应对能力认知，进而提高恢复力认知，促进社会和谐。

三、恢复力主客体比较

区域总恢复力较强，受社会和经济子系统恢复力影响较大，各子系统恢复力也进入相对较强状态。社区认知中，总恢复力认知中等偏下，受治理和社会子系统影响较大；除社会子系统恢复力较多认同外，对总恢复力影响最大的治理子系统恢复力，居民却基本保持中立态度；而对目前的生态和经济子系统恢复力认同度均较低。两者的测度结果具有较大的差异性，应对能力对客体的恢复力起着决定性作用；而应对能力认知对总恢复力认知没有产生明显的因果关系，脆弱性认知的结果对总恢复力认知具有较大的影响，居民认知总体上比较理性。由此也看出脆弱性与应对能力关系的不确定。适应性管理中，一方面要加大系统风险管理；另一方面也要加强对人的管理，合理创造社会能力，并提高政府和个体应对能力认知，共同增强旅游地社会—生态系统恢复力，促进系统沿着可持续轨迹发展。

此外，在区域恢复力测度中，绝大多数指标的权重与结果是相对应的，但多年影响曲线呈不规律性；而在社区恢复力认知测度中，却发现社区脆弱性、个体和政府应对能力、治理子系统恢复力等测度结果与其各公因子解释方差的重要性存在一定的差异。这更说明恢复力影响的复杂性、不确定性，存在诸多的线性与非线性关系。

表 9-1　区域与认知恢复力测度结果比较

类别	区域恢复力测度现状	社区恢复力认知测度现状	
生态脆弱性	中等偏上	认知值偏上	
经济脆弱性	中等偏上，略高于生态脆弱性	认知值中立	
社会脆弱性	中等偏下	认知值偏下	
总脆弱性	中等偏上，受生态系统脆弱性影响最大	认知较为强烈，但具有明显的分化倾向	
生态应对能力	总体较强，相对最弱	个体生态应对能力认知偏上，相对最强	政府生态应对能力认知偏上（除个别因子），介于政府经济和社会应对能力之间

续表

类别	区域恢复力测度现状	社区恢复力认知测度现状	
经济应对能力	总体较强，相对居中	个体经济应对能力认知偏下，相对最弱	政府经济应对能力认知偏下，相对最弱
社会应对能力	总体较强，相对最强	个体社会应对能力认知中等，介于个体生态和经济应对能力之间	政府社会应对能力认知偏上，相对最强
总应对能力	总体较强，受经济应对能力影响最大	个体应对能力认知中等，受个体社会应对能力影响最大	政府应对能力认知偏上，受政府生态应对能力影响最大
生态恢复力	总体较强，相对最弱	认同度相对较低，恢复力相对较低	
经济恢复力	总体较强，相对居中	认同度相对最低，恢复力相对最低	
社会恢复力	总体较强，相对最强	居民大多持认同态度，恢复力中等偏上	
治理恢复力	/	居民总体保持中立态度，恢复力中等偏下	
总恢复力	总体较强，受社会和经济子系统恢复力影响较大	中等偏下，受治理和社会子系统恢复力影响较大	

第二节　千岛湖旅游地社会—生态系统可持续判定与发展导向

一、千岛湖旅游地社会—生态系统可持续判定

结合第四章的理论分析，从旅游地社会—生态系统情景模型来看，千岛湖旅游地随着旅游的不断深化发展，聚集了大量的外来人口和外来资本，尤其是高星级酒店群和旅游综合体的落户，使得千岛湖资金流、物质流、能源流、人流、信息流不断地输入输出，目前属于外生型情景模型。

从旅游地社会—生态系统运行轨迹来看，根据千岛湖旅游地社会—生态系统区域恢复力测度结果，自 1987 年以来，尽管系统总恢复力、应对能力逐年提升，但系统脆弱性也在逐年上升。这种恢复力的提升较偏重于物质资本和财富的积累，其应对能力的增长是以一定的自然资本损耗为代价的，对旅游地社会—生态系统造成了较大的压力。根据千岛湖旅游地社会—生态系统恢复力认知测度结果，目前居民对千岛湖脆弱性总体认知度也较高，虽然对政府应对能力认知度较高，但恢复力总体认知结果偏低，进一步暴露了千岛湖社会—生态系统运行中产生的环

境质量下降、人为干扰过多、外来投资偏重、居民福利不均等一系列问题。综合来看，千岛湖旅游地社会—生态系统运行应属外生型发展模式。总体上，千岛湖脆弱性的上升、应对能力与恢复力的提高所围合的空间，形成了目前非理想的可持续状态。

二、千岛湖旅游地社会—生态系统发展导向

对千岛湖而言，长期以来，观光旅游一直是主体，这种观光旅游实际上就是将自身定位为向游客展示千岛湖的自然资源和风光的看台，强调的是自然资源和风光本身的价值，而非自然和文化的可消费性，因此依赖“门票经济”，收入模式单一，游客消费形式也很单一。2004 年起，千岛湖所在的淳安县正式提出了向“休闲度假模式”转型，成为区域重要的休闲度假目的地，乡村旅游异军突起，全县要求实现景区化，避免游客纯粹湖泊观光的单一性，一方面减轻了湖泊承载压力；另一方面也大大丰富了旅游产品，提高了旅游经济效益。但各类商业大量注入，也给系统带来了明显的问题，如业态雷同开发（漂流、农家乐等）、外来资本的不断入侵、物价上涨、周边地产开发等，更重要的是，打破了原有的宁静氛围和自然环境，注入了更多的人工烙印。此外，在行业市场秩序专项整治上，千岛湖作为 5A 级景区，2015 年 4 月 2 日被国家旅游局予以警告通报，这从侧面反映了千岛湖旅游管理与运行方面尚存在诸多问题，对其可持续发展也产生了一定的负面影响。

当然，千岛湖旅游地社会—生态系统的外生型发展模式只是一个过渡形式。若决策正确，治理有效，很容易转变为内生型发展模式。系统轨迹演化与转变的关键因素应是生态压力和决策因素。综合千岛湖当前社会、经济、生态等各方面的现状，生活体验型旅游开发应成为今后千岛湖旅游发展的方向。生活体验型旅游既重视旅游开发及效益，将旅游作为当地可持续发展的重要产业载体，又对引进旅游地的各种新业态、新要素、新产品和新人口进行筛选，控制旅游地的空间承载力和精神承受力，强调人与自然的和谐共生；旅游地发展不应为迎合外来游客而改变自身特性，而要凭借和发挥自身的独特性，吸引游客，从而共同维护当地可持续发展（任国才等，2015）。

本 章 小 结

1）从主客观恢复力测度结果比较来看，脆弱性方面，两者具有一致性，努力减小生态脆弱性和经济脆弱性，是适应性管理中脆弱性管理的重中之重；应对能力方面，客体测度呈现相对较强的状态，而主体认知测度中，个体和政府总应对

能力虽然处于中等和偏上状态，但是适应性管理中需避免过于注重社会能力的创造，也需将旅游带来的经济效益等惠及全社会及老百姓，提高其个体和政府的经济应对能力认知。恢复力方面，区域总恢复力较强，应对能力对客体的恢复力起着决定性作用，而社区认知中，总恢复力认知中等偏下，应对能力认知对总恢复力认知没有产生明显的因果关系。由此也看出脆弱性与应对能力关系的不确定。

2）对应第四章旅游地社会—生态系统情景模型、运行轨迹，可以判定千岛湖目前尚处于非理想的可持续状态。生活体验型旅游开发应成为今后千岛湖旅游发展的方向。

第十章　千岛湖旅游地社会—生态系统适应性管理

适应性管理是提高旅游地恢复力的主要途径。20 世纪 60 年代末，生态学家提出“适应性环境评估与管理”，创建了适应性管理的基本思想，目的在于突破静态评价和环境管理的局限性（Walters and Holling，1990；Holling，1978）。适应性管理是一种边做边学的过程，是通过精心设计和严格执行的管理措施，尤其是实验，来探究系统对管理措施的响应，以提高对资源管理认知的确定性水平（Walters，1997，1986）。旅游地社会—生态系统的适应性管理目标应是保证其恢复和适应能力，一方面需要全面分析区域系统发展状况，另一方面需要考虑系统中的人。对于旅游来说，利益主体主要是当地社区居民，其他的利益主体包括管理者、科学家和旅游业界（Strickland-Munro，2010）。在一个成功的适应性管理计划和实施中，公众参与应该是要受到高度重视的（Alejandro et al.，2010）。适应性管理也是各利益主体相互协调的结果。因此，本章以人为中心，调查相关利益主体的适应性管理认知，结合恢复力比较结果、社会—生态系统运行轨迹、利益主体调查结果，提出千岛湖旅游地适应性管理对策。

第一节　研究设计

采用一对一访谈法调查利益主体管理认知。其中访谈法具体步骤与样本如下。

针对适应性管理认知的关键变量，设计相关访谈问题。2013 年 7 月、2014 年 7 月两次赴千岛湖，选择与旅游发展较为相关的 7 个乡镇的政府干部和职员、企业人员、酒店工作人员、导游、农家乐经营者、学生、普通居民等，进行实地面对面提纲式访谈。共访谈样本 92 人，每人访谈约 0.5～1.5 小时。除社区及乡镇常住居民外，其他各访谈人员职业、单位及年限如表 10-1，样本覆盖各代表乡镇、各行业，具有一定的代表性。

表 10-1　访谈样本单位、职业、工作年限

样本单位	职业	工作年限/年	样本单位	职业	工作年限/年
规划局	领导	18	工商管理局	领导	30
规划馆	讲解员	1	工商管理局	职员	5
滨湖路	保安	13	某广场	保安	5
某宾馆	仓库管理员	2	旅游管理部门	离休人员	/
进贤湾	大学生	/	美容店	职员	2
某超市	职员		某房产公司	职员	1
某社区	负责人	20	美发店	经营者	11
某社区	工作人员	7	喜来登	职员	2
某社区	物业管理者	9	开元度假村	领班	3
某水果店	经营者	20	丽景酒店	旅游顾问	2
某医院	医生	10	龙庭开元酒店	前台服务员	1
消防站	消防员	2	某农家乐	经营者	2
卫生服务站	职员	5	某农家乐	经营者	4
坪山某饭店	经营者	8	某农家乐	员工	1
坪山某超市	经营者	4	某农家乐	经营者	3
某村	退休老师	27	某村	大学生村官	1
某施工队	职员	19	汾口镇政府	职员	4
某社区居委会	职员	15	姜家镇镇政府	领导	25
眼镜店	职员	2.5	秀水街	餐馆服务员	2

第二节　千岛湖旅游地社会—生态系统适应性管理评价

利益主体访谈问题分为适应管理关键变量认知、潜在风险认知和管理意愿三个方面，相关结果分析如下。

一、千岛湖旅游地社会—生态系统适应管理关键变量

适应性共管研究中包含 12 个关键变量：组织机构连接、冲突、有利条件、激

励、知识、领导、学习、网络、组织相互作用、权力共享、共担责任、信任；其中关注度最高的 5 个变量是学习、知识、网络、权力共享和组织相互作用（沈苏彦，2014；Plummer et al.，2012）。本节选取这 5 个变量进行访谈分析。

（一）组织相互作用

在中国，组织机构连接、领导和组织相互作用往往是相互联系的，因此将组织机构连接和领导变量也融入组织相互作用变量中，通过“决策层对旅游发展的支持程度如何”“旅游决策者的认知水平如何”“各级决策层是否能相互衔接”“组织决策是否能根据形势变化而很容易地改变”4 个问题，调查居民对领导主体、组织机构连接及组织能力的印象。

结果表明（图 10-1），82.61%的居民认为政府对旅游的支持度非常高，但只有 52.17%的居民认为决策者的认知水平较高，58.7%的居民认为各级决策层之间能够相互衔接，41.3%的居民认为决策组织的决策能够根据形势变化而变化。说明老百姓认为政府和政府决策决定着旅游地社会—生态系统的发展方向与程度，这与第八章治理子系统恢复力认知测度也是一致的。但对决策者认知水平、组织机构衔接、决策层适应力等尚没有足够的信心。

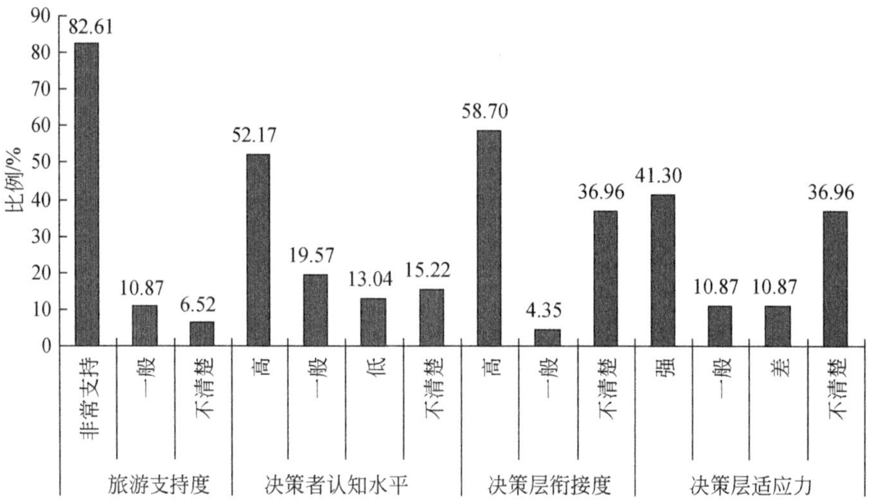

图 10-1　“组织机构连接、领导、组织相互作用”认知调查

（二）学习

学习主体包括当地居民和决策组织。Plummer 等（2012）指出广泛的学习涉及知识的积累及其在适应性共管中的应用。通过“当地人是否能够不断加强自身的知识学习”问题调查，发现 71.74%的被调查者都认为当地人能够且愿意不断加

强自身的学习，且更多的人会结合自身实际需要进行有选择性地学习，说明系统中个体具有较好的活力（图 10-2）。

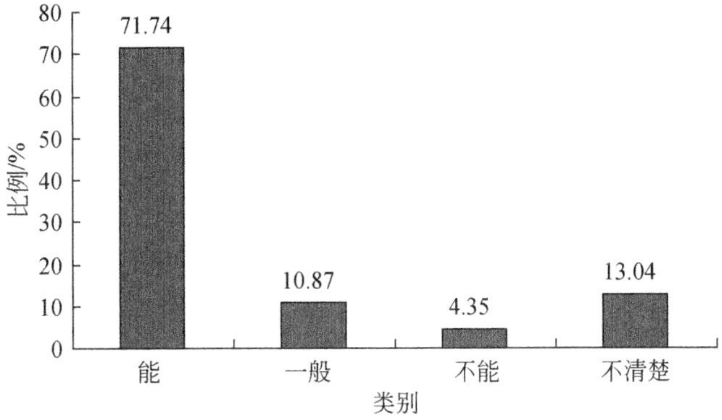

图 10-2 “能否加强自身学习”认知调查

对于开放性提问“决策组织应如何增强其决策的透明度和学习能力”，大多数被调查者都认为决策组织应“经常开会”“招贤纳士”“公示”“建立网站”“知晓民意”“学习类似城市旅游发展”等。

“我认为政府要做好公示，知晓民意，不断学习类似城市旅游发展先进经验，吸引优秀旅游人才。”

——千岛湖镇某社区居委会职员

（三）网络

网络关注实体之间的连接和对适应性共管产生重要影响的主题关联性（Plummer et al.，2012）。系统网络关系包括多尺度、多层次及多类型相关事物之间的复杂关联关系。通过“旅游发展和其他产业发展是否能做到相互学习”“本地人或村镇之间的相关信息能否相互交流”“本地人或村镇之间在发展旅游方面能相互学习吗”“当地人旅游发展是否能够互助”“当地旅游是否有合作伙伴”“当地旅游发展是否有交流平台或旅游发展优惠政策”等问题，调查系统中人与人、村镇与村镇、本地与外地、居民与政府、旅游与其他产业等之间的网络关系。

调查发现（图 10-3），千岛湖旅游地社会—生态系统总体上具有良好的网络关系和连通度，也是促成旅游业成为当地主导产业之一的前提条件。旅游业和其他产业（农业、林业、渔业等）进行了较好的产业融合，如乡村旅游、林果采摘、捕鱼节等；各乡镇之间根据资源同质性、差异性，在旅游发展方面相互交流和学习，如各乡镇的漂流、农家乐项目等；旅游发展拥有众多的合作伙伴，尤其是高星级酒店、旅游综合体等外来投资。但相比较来看，当地人真正的旅游互助相对较少，旅游发展也缺少良好的交流平台，公众更多的是通过媒体宣传等被动地了解旅游信息。

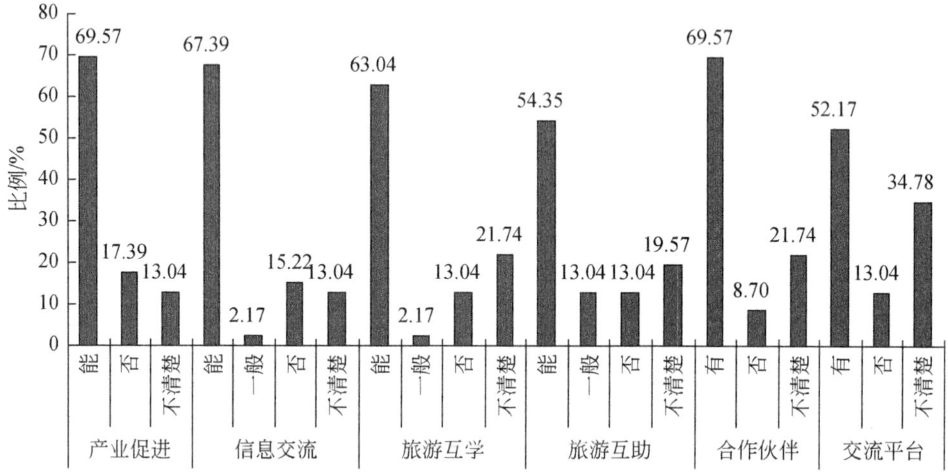

图 10-3　系统“网络”认知调查

（四）知识

知识既包括当地人对当地政治、历史、文化、经济、地理等各类事物的了解，又包括当地人根据自身知识水平如何认知系统状态、适应系统状态等。通过“本地是否有多种经济并存”“本地主要经济利益来源于什么”“当地面对旅游发展带来的变化，适应性能力如何”等问题，调查居民对本地经济和适应性的认识状况。

结果发现（图 10-4），86.96%的居民认为当地是农业、林业、渔业、工业、旅游业等多种经济并存的，但 69.56%的居民认为在多种经济并存中，是以旅游业或旅游业和其中的某一两种产业为主的，说明居民对旅游业在当地国民经济发展中的地位有较为深刻的感知。面对旅游发展带来的变化，却只有 45.65%的居民认为其具有较好的适应性。值得关注的是，15.22%的居民认为其根本不存在适应性，因为很多旅游项目或旅游景区的建设与居民生产生活无关，居民仍然维持原来的生计，旅游景区或项目似乎也成为旅游“飞地”。姜家镇龙池湾景区就是一个典型的例证。

“目前旅游开发对老百姓影响不大，老百姓基本上谈不上什么适应性，龙池湾景区内实行“吃住一条龙”服务，游客车辆直接驶入景区内，与村民没有关系，唯一的好处就是在里面提供了 40～50 个就业岗位。”

——姜家镇某政府职员

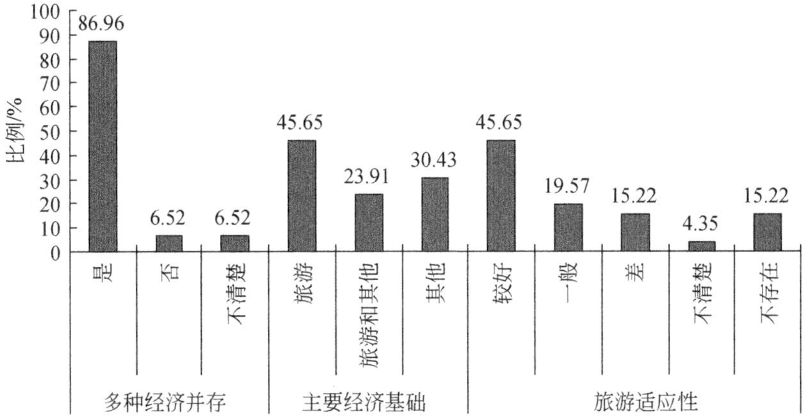

图 10-4　系统“知识”认知调查

进一步通过开放式提问“旅游产生的间接利益有哪些”“老百姓应如何回应系统内干扰或危机”，发现旅游产生的间接利益主要有：促进了思想文化的沟通交流，提高当地知名度和影响力，有利于城镇建设，城市基础设施和城市面貌改善很多，提高了国民素质等。间接利益涉及思想、文化、产业、社会风貌、国民素质等各方面，说明居民对旅游业产生的利益持认可态度。而面对系统内的干扰或危机，大多数老百姓除了通过社区、村庄等向上级反映，等待政府解决外，自身似乎没有做好任何应对危机或干扰的准备。更确切地说，是认为应对干扰或危机都是政府或他人的事，与自己无关。

（五）权力共享

分享权力是适应性共管的一个基本前提，并通常被认为是一个结构性因素。通过“旅游发展的决策者是谁”“利益主体能否经常一起讨论旅游发展决策”等访谈发现，78.26%的居民认为政府是旅游发展的主要决策者。同时，在居民印象中，千岛湖旅游地社会—生态系统中利益主体参与度不够，只有 30.43%的人认为利益主体能够经常一起参与旅游决策的讨论；39.13%的人认为当地人没有机会参与旅游发展的讨论，旅游决策都是少数人的集合；23.91%的人根本不清楚是否有讨论的机会，更说明政府决策需要进一步增强透明度和学习能力，提高公众参与度（图 10-5）。

二、千岛湖旅游地社会—生态系统适应性管理潜在风险

（一）生态潜在风险

环境退化是千岛湖旅游地社会—生态系统发展面临的最大生态潜在风险。访谈中约 50%的当地居民认为旅游开发与大量游客的到来导致自然环境退化、水质

变坏等。旅游发展暂时没有促进当地新能源的利用。

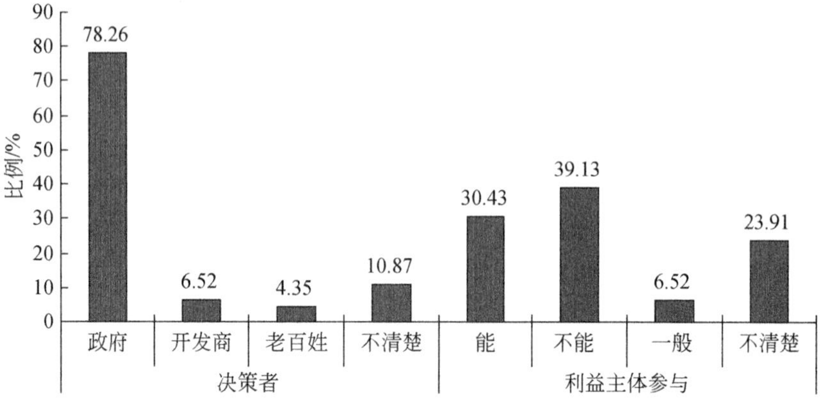

图 10-5　系统"权力共享"认知调查

"旅游发展引起了环境退化，比如万象高尔夫球场建设，对环境就有很大污染，草坪打农药，一个星期一次，很污染水质的。还有些别墅，规划局未批就建设。"

——进贤湾某大学生

"自然景观破坏严重，开发过多，政府控制力度不够。另外，工业园区也存在污染，比如坪山、鼓山工业园区等。"

——某社区负责人

"饭店排污也很厉害的，尤其是农家乐的发展，不利于垃圾、废水集中排放，排污难度大，环境污染不好治理。"

——千岛湖镇某居民

（二）经济潜在风险

经济潜在风险是当地居民认为的首要风险。千岛湖是多种经济并存的，旅游业是当地最主要的经济利益来源。由于旅游业快速发展而导致的经济风险主要表现在两方面：一是老百姓收入与消费不匹配，物价过高；二是老百姓旅游获利相对较少。旅游业的脆弱性加之其比例过高，也是重要的经济风险。

"经济收入不公平，物价过高，收入与消费不均衡，从事旅游业与非旅游业差距很大。"

——某房产公司职员

"经济与生态问题的冲突，都说把这里的水保护好就可以了，但是老百姓也没有得到实惠。旅游对老百姓而言，没有多大意义，相反提高了物价，去景区还要掏腰包。"

——汾口镇某政府职员

“外地人进来开店的多，本地人经济实力不够，本地经济水平低，消费水平高，本地居民经济还存在贫富差距。”

——秀水街某服务员

“旅游发展后，千岛湖水质变化很大，物价上涨，大多数老百姓没有感受到旅游带来的良好效益。”

——左口乡某居民

（三）社会潜在风险

目前，社会潜在风险主要因经济问题而起，主要表现在以下方面。

1）资源分享机会不平等。访谈中约 54.35%的居民认为千岛湖因为区位、地位、经济、城乡等差别，存在不平等的资源分享机会，甚至根本就没有分享资源的机会；只有 15.22%的人认为具有平等的机会；部分居民也认为会因为人的能力不同而有所区别（图 10-6）。这虽然比第八章恢复力认知测度中的相关结果略高，不同情境、不同被访人员可能会存在同一问题的不同感受，但都证明了该事实的客观存在，是当前社会潜在风险的重要组成部分。

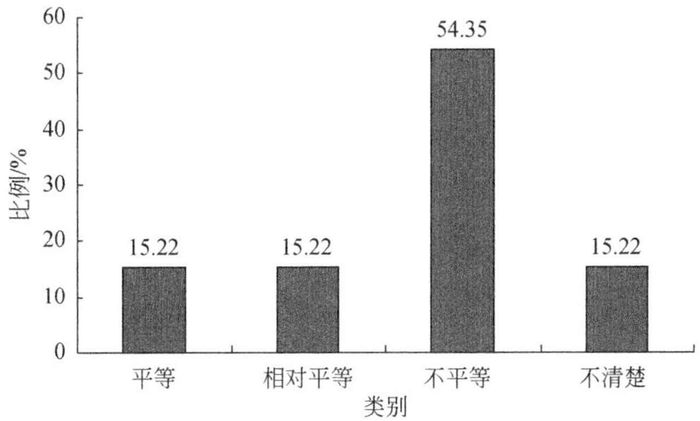

图 10-6 资源分享机会平等性认知调查

“政府与老百姓之间隔阂较远，信息沟通有障碍，少数官员富商有优先权。政府占比例比较大。”

——某农家乐经营者

“城镇与农村有差别，旅游中心地与非旅游中心地也有差别。离旅游地近的居民以及富有的部分人享有的资源比较多。”

——消防站某工作人员

“财政支持力度、资源区位差别导致不均等，城乡有一定差距。”

——某物业管理人员

“跟区位有关系，地理位置不一样，资源分享不均等。城区好一些，农村差一些。靠湖分享，不靠湖就不能分享。乡镇也有大小，各乡镇基础也不一样。”

——汾口镇某政府职员

“土地没有了，谈不上公平。”

——某退休教师

“机会平等，但因人能力不同会有不同。能力有多少，就享受多少，没有绝对的公平。”

——千岛湖开元度假村某部门领班

2）旅游负面影响可能导致居民好客程度降低，甚至引发社会冲突。随着千岛湖旅游的发展、旅游人数的增多、品牌影响力的扩大，旅游的负面影响也在放大，地价上涨，房价上涨，与百姓生活密切相关的水果蔬菜价格上涨，亲朋好友游览千岛湖还要自掏腰包，单位接待负担越来越重，节假日交通管制出行不便，环境恶化等，存在游客与百姓争资源，开发商与百姓抢利益的问题，多数居民不但没有从旅游发展中得到利益，反而要承受因为旅游发展而带来的副产品——生活成本提高、生活环境恶化。这些负面影响可能导致居民好客程度降低，甚至引发社会冲突。

“经济不均衡，容易引发社会冲突。生态环境也在退化。”

——姜家镇某居民

“居民对旅游发展很重要，企业投资要照顾居民利益，不然容易发生冲突。现在发展自驾游，自驾游经济漏损严重，而且自驾游带来许多负影响（如环境、垃圾等）。”

——宋村乡某居民

“除了物价上涨，大多数老百姓没有感受到旅游带来的良好效益。不过交通便利了许多，娱乐休闲设施增多了。”

——千岛湖镇某居民

“交通拥挤，旅游业给当地带来好处，但对自己没有好处。而且我觉得旅游发展后，我们当地人的素质和游客的素质都降低了。”

——界首乡某居民

（四）治理潜在风险

前已述及，约90%的老百姓都认为旅游发展的决策者是政府，将当地发展的责任完全归于政府，给政府造成了巨大的压力。恢复力认知测度中也显示了政府治理弹性的重要作用。此外，这种意识也使得政府很多决策及措施的执行缺乏百姓的支持和配合。

“老百姓没有机会参与讨论。”

——石林镇某居民

“政府治理市场混乱，体制不足，岛上产品更新少，变化不大，开发力度不足，政府介入岛上的管理，没有私人的投放力度大，积极性也不足，应该合并岛屿开发。”

——工商局某领导

三、千岛湖旅游地社会—生态系统适应性管理意愿

（一）责任主体意愿

恢复力提高的中心是人，管理政策需要由人来制定，也需要通过人来执行，因此，选择合适的群体来制定、执行和维护，至关重要。通过“政府、外来企业、本地企业、旅游从业人员、居民、游客等利益主体中，哪些主体对维护地方可持续发展最重要？（可多选）”的调研，测度当地居民认为哪些责任主体担负着提高当地恢复力的任务。

调查发现（图 10-7），在这些责任主体中，按重要性排序依次是政府、本地企业、居民、旅游从业人员、外来企业和游客。政府最为重要，约占 71.74%，这与居民认为旅游发展的决策者是政府，也是高度一致的。此外，从排序来看，居民认为提高当地恢复力最重要的责任主体仍然是当地人，政府是决策者、导向者，本地企业更加稳固，居民生居于此，他们源于本地，对当地更加热爱，当地恢复力的提高对他们来说也最为重要。

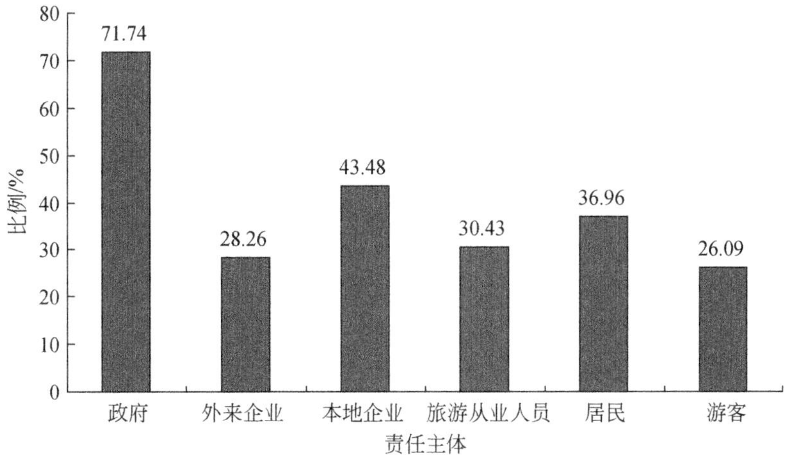

图 10-7　管理责任主体认知调查

“居民也是旅游发展的一份子，应该更加重视居民的意见。”

——某社区居委会职员

（二）环境保护意愿

第七章区域恢复力测度结果中，千岛湖社会—生态系统恢复力总体上呈不断上升趋势，但是生态子系统脆弱性也呈现出上升趋势，生态因子也是当地系统最敏感的因子。因此，做好环境保护对真正提高系统恢复力具有重要意义。通过“您认为本地既能发展旅游，又能够保护好环境的办法有哪些？（可多选）”，调查居民对环境保护措施的看法。

结果表明，保持当地自然性和环境教育被认为是最重要的环保措施，其次是减少建筑环境对景观的影响和外来开发影响的最小化。而“限制游客人数”这一项最直接的环保措施却不被当地居民认可，说明尽管旅游给当地环境造成了一定的负面影响，但当地居民对旅游带来的经济效益总体上还是持认可的态度，也认为环境保护和旅游发展是可以兼得的（图 10-8）。

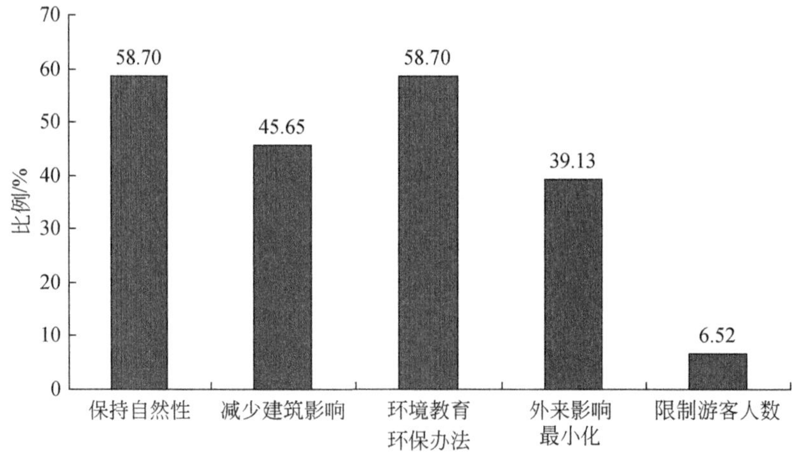

图 10-8　环保办法认知调查

（三）恢复力提升意愿

居民对恢复力提高措施的意愿，一方面可以为决策者提供参考意见，另一方面也可以使决策获得更多居民的支持。通过“您认为我们这地方推动旅游可持续发展，应该从哪些方面做”，调查居民对提高当地恢复力、推动可持续发展的意见。

结果表明，加大财政支持、完善基础和服务设施是居民们的强烈呼吁；其次是希望旅游信息传播和当地人参与；再次是旅游发展意识、旅游教育和质量标准制定；而形象营销和旅游从业准入制则最少。说明当地居民非常希望旅游能够给当地带来更多的经济收入和投入，进而改善整个社会面貌和便利程度；同时也希望当地人能够得到更多的相关信息，并能够参与到当地旅游发展当中，增强主人翁意识和责任感（图 10-9）。

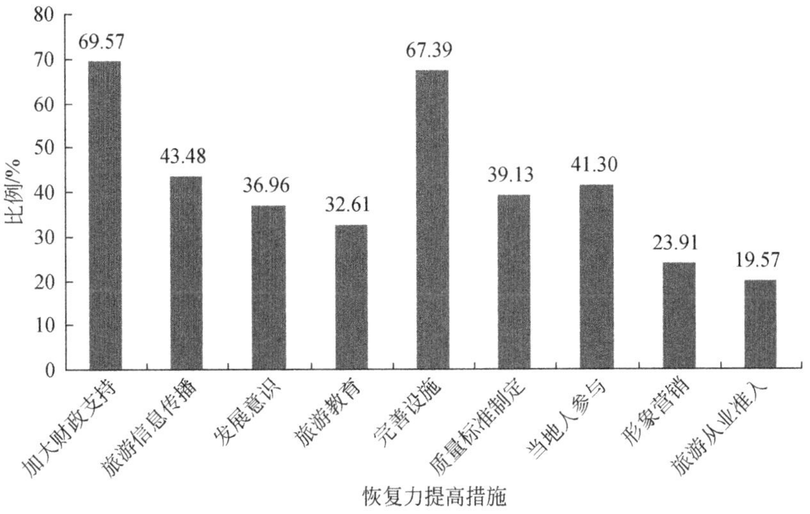

图 10-9 恢复力提高措施认知调查

第三节　千岛湖旅游地社会—生态系统适应性管理对策

一、提高政府决策能力，加大公众参与

就目前中国国情而言，政府在旅游地发展中仍起着主导作用，政府政策指导最为重要。在社区恢复力认知测度与访谈中，居民也将更多的希望寄托在政府身上。因此，提高政府决策能力、加大公众参与应成为适应性管理的首要措施。

政府可建立门户网站、热线，增强决策透明度和学习能力。也可以就一些具体旅游发展方向及举措，召开项目座谈会、民众会，吸取民意，建立旅游反馈机制。加大合作网络，拓宽岛上开发的投资主体，政府合理规划，引导片区重点发展，教育与法规相配合。

二、加大资源分享机会，促进社会公平

淳安各乡镇基本分布千岛湖四周，千岛湖是淳安人民的共同财富，淳安人民负有共同维护千岛湖环境的责任与义务，同时千岛湖居民也希望有共同分享资源的机会。这种分享一方面表现在千岛湖旅游业的蓬勃发展带动了地方经济及地方基础设施与服务设施的建设，提高了社会福利水平；另一方面也表现在居民个体从旅游发展中所获得的参与机会、就业机会、收入分配机会等，尽力促进公众认知基础上的公平。

三、力促居民收支均衡，拓宽旅游获利

克服旅游带来的负面经济影响，如物价上涨、房价上涨等，努力促进居民收支均衡。加强旅游与相关产业相融合发展，减少单一经济带来的风险。鼓励本地投资与经营，增加本地居民就业渠道，努力拓宽居民生计多样性和旅游获利渠道，提高个体旅游经济利益所得，进而获得居民更多的支持。

四、坚持自然生态保护，防止环境退化

关注生态，政府应支持生态立县、生态文化建设，克服旅游带来的负面环境影响，环湖地区可适度弱化发展。采用更综合的区域规划方法，推行全县环境保护建设，防止环境退化。当然，这其中也应避免过度人工环境印迹，尽量保护环境的原生性。同时，加强与新安江上游流域省份的联系，共同治理与保护，减少环境外部不经济性。政府及当地居民应成为生态保护的主体力量。

五、开展学校乡土教育，丰富居民本地知识

教育对社会—生态系统恢复力提高具有巨大的正向促进作用。可通过学校可持续教育，提高当地人对本地的理解，增强当地人的本土知识。幼儿园、小学、中学均可开设关于本地生态、经济、社会等知识的课程。课程可融理论与实践一体，并注重本土实践与考察，增加当地人对本地天文、地理、历史、经济、社会等知识的了解与熟悉程度，潜移默化地培养当地人对本土的关心与热爱，并促进其理性地认识本土、保护本土、适应本土。经过一代又一代地培养，当地人将逐

渐积累起丰富的本地知识，形成强大的凝聚力，进而有利于进行适应性共管，提高恢复力。

本章小结

1）学习、知识、网络、权力共享和组织相互作用5个适应性共管关键变量调查显示，居民较为认同系统具有良好的网络关系和连通度；当地人能够不断加强自身的知识学习；旅游业在当地国民经济发展中具有重要的地位；政府和政府决策决定着旅游地社会—生态系统的发展方向与程度；但居民普遍认为在千岛湖旅游地社会—生态系统中利益主体参与度不够，对决策者认知水平、组织机构衔接、决策层适应力等尚没有足够的信心，决策组织应进一步增强其决策的透明度和学习能力。

2）千岛湖旅游地社会—生态系统适应性管理存在着生态、经济、社会和治理四大风险。环境退化是系统发展面临的最大生态潜在风险；物价过高、居民旅游获利少等经济潜在风险是当地居民认为的首要风险，由此导致资源分享机会不平等、居民好客程度降低等社会风险；居民将当地发展的责任完全归于政府，给政府造成了一定程度的治理风险。

3）千岛湖旅游地社会—生态系统适应性管理意愿调查表明，政府是恢复力提高的主要责任主体，保持当地自然性和环境教育被认为是最重要的环保措施，加大财政支持、完善基础和服务设施是居民的重要意愿。

4）提高政府决策能力、加大资源分享机会、力促居民收支均衡、坚持自然生态保护、开展学校乡土教育应是千岛湖旅游地社会—生态系统适应性管理的重要内容。

第十一章　结论与讨论

社会—生态系统恢复力研究是一个非常复杂的课题，本书尝试从理论与实证层面进行了一系列探索性研究，在研究视角、方法及内容上都有所创新，得出了一些有益的结论，但仍存在许多值得进一步探讨的问题。

第一节　主要研究结论

研究在旅游地社会—生态系统恢复力的相关理论思考基础上，对千岛湖旅游地社会—生态系统的适应性循环过程、外部干扰、区域恢复力和社区恢复力认知等进行分析、测度，揭示其社会—生态系统系统运行轨迹，判定可持续发展状况，提出适应性管理对策。主要结论如下：

1）旅游是旅游地社会—生态系统变化的主要动力，旅游地社会—生态系统更具开放性与脆弱性。恢复力是社会—生态系统的主要属性之一，社会—生态系统恢复力测度可从脆弱性和应对能力相互作用的视角，分为区域客体测度和社区认知两大板块以及社会、经济、生态和治理四个子系统进行，其结果可为系统是否沿着可持续轨迹发展提供依据。

2）旅游地社会—生态系统运行轨迹可分为内生型、外生型和变异型三种。脆弱性不断下降、应对能力和恢复力不断上升所围合的空间，方为理想的可持续发展状态。

3）湖泊、旅游、社区是千岛湖旅游地社会—生态系统的三大关键要素，先后经历了从传统种植农业经济到林茶经济再到旅游经济的适应性循环过程，新安江水库建设和旅游发展是其系统循环的主要干扰。1982 年进入旅游地社会—生态系统以来，历经初级开发、整合开发、保护性开发及保护与开发平衡阶段，外部主要受区域发展和市场需求干扰，内部主要受内在经济发展和资源限制驱动。

4）千岛湖作为杭州中心城市的周边旅游地，受中心城市大系统扰沌作用明显。1987～2012 年，两者综合发展水平均呈上升趋势，并存在很强的耦合发展关系。但耦合协调度却经历了从失调状态—基本协调—高级协调的转变，其中以 2002 年和 2009 年为分界点，1987～2002 年处于失调阶段，2003～2008 年进入基本协调阶段，2009～2012 年迈进了高级协调阶段。杭州市区与千岛湖旅游地间耦合协调类型主要为旅游地发展滞后型，中心地系统对耦合协调度起决定作用。

5）区域恢复力测度上，1987～2012 年，千岛湖旅游地社会—生态系统脆弱性指数处于中等水平，呈缓慢上升趋势；应对能力指数呈现由相对较弱至较强的快速上升趋势，恢复力指数呈稳步上升趋势。总系统脆弱性受生态子系统脆弱性影响最大，应对能力受经济子系统应对能力影响最大，总恢复力受社会和经济子系统恢复力影响较大。从总脆弱性、总应对能力和总恢复力相关性来看，总应对能力对恢复力起着决定性作用，其中社会和经济子系统应对能力作用更加突出。千岛湖旅游地社会—生态系统目前具有较好的稳定性，但其发展应注重物质资本积累，避免过于偏向社会能力的创造，因为每一项应对能力的出台都有可能对系统造成创造性毁灭，产生出新的问题，新问题又诱发新应对能力，如此循环，可能会潜移默化地伤害系统本底资源，直至系统瘫痪。对于千岛湖湖泊型旅游地来说，更应关注生态子系统的脆弱性及应对能力，因为水质、生物等资源一旦被破坏，将很难恢复到原来的状态。同时，也应注意旅游需大力带动相关产业化发展，防止单一经济系统过度支配而带来脆弱性的增加。

6）旅游地社会—生态系统影响因子与恢复力之间大致呈现两种影响方式六种曲线类型。与恢复力呈现线性关系的主要涉及社会、经济、生态子系统中最基本的要素，包括生态本底条件、社会稳定、产业生计和生态治理措施等，可分为线性递增和线性递减两种类型。与恢复力呈现 *U* 形或倒 *U* 形曲线关系的主要涉及脆弱性指标中旅游发展所带来的变化及应对能力指标，可分为 *U* 形递增、*U* 形递减、倒 *U* 形先快速上升后缓慢下降和倒 *U* 形先缓慢上升后快速下降四种类型。总体上以非线性影响为主，且各因子影响的方向、速率具有差异性和不确定性，这更印证了恢复力非线性思想和集对分析非线性方法测度的适用性。

7）社区恢复力认知测度上，脆弱性认知可提取为社会脆弱性（社会压力）、经济脆弱性（生计脆弱、外来挤占）和生态脆弱性（设施干扰、生态退化）3 个维度 5 个公因子。总体上，社会压力、生态退化作用最为显著，居民对千岛湖社区脆弱性的认知较为强烈，且对社区脆弱性的认知具有明显的分化倾向。个体应对能力认知中，社会应对能力作用最为显著，居民对千岛湖社会—生态系统个体应对能力认知处于中等。政府应对能力认知中，生态应对能力作用最为显著，居民对千岛湖社会—生态系统政府应对能力认同度较高。

8）社区恢复力认知测度可提取 8 个公因子，涉及治理子系统恢复力（政府治理弹性、社区治理能力）、社会系统恢复力（社会参与平等性、社会资本网络化）、生态子系统恢复力（自然景观原生性、人工设施控制力）、经济系统恢复力（经济多元化、漏损最小化）4 个维度 8 个公因子。8 个公因子中，政府治理弹性的作用最为显著，其次是社会资本网络化。4 个维度中，社会子系统恢复力认知值最高，其次是治理子系统恢复力，生态子系统和经济子系统恢复力认知值最低。总体上看，居民对千岛湖社区恢复力认知综合平均值为 2.42，处于中等偏下水平。

9）社区恢复力认知的关键影响要素可分为人口学特征、脆弱性、应对能力（个体应对能力和政府应对能力），各相关因子的作用关系、作用机理、作用方向、作用强度不同。人口学特征中，不同文化程度和不同职业的居民在社区恢复力认知之间差异最显著。社区总恢复力认知方面，最主要的影响公因子包括 7 个，具体主要包括脆弱性（涉及 1 个生态退化公因子）、个体应对能力（涉及个体社会、经济、生态 3 个应对能力公因子）、政府应对能力（涉及政府社会、经济、生态 3 个应对能力公因子）。社区脆弱性、个体应对能力和政府应对能力的各变量对社区总恢复力及各维度认知呈现出错综复杂的关系。影响方式上，多数呈现以直接影响为主、间接影响为辅的复合影响；影响性质上，以正向影响为主，负向影响主要表现社区脆弱性对恢复力的影响上；影响程度上，政府应对能力对总恢复力及各维度认知的影响相对最强，个体应对能力和脆弱性对总恢复力认知的影响较强，但对各恢复力各维度认知相对较弱，尤其是个体应对能力对多数恢复力认知维度未产生明显影响。

10）千岛湖系统目前处于外生型发展模式，非理想可持续状态，应努力转化为内生型发展模式，以生活体验型为旅游发展方向。环境退化、物价上涨、社会不公平、政府压力过大等潜在风险不同程度地存在。政府目前是最主要的治理主体，应提高政府决策能力，加大资源分享机会，力促居民收支均衡，坚持自然生态保护，并逐步开展学校乡土教育，促进适应性共管，提高恢复力。

第二节　主要创新点

恢复力是可持续发展研究的一个新视角，本书尝试从恢复力观点解析旅游地社会—生态系统运行状态及发展趋向，是旅游可持续发展研究的一个全新动向。主要创新点如下。

1）研究视角的创新。社会—生态系统研究国内刚刚起步，旅游地社会—生态系统国内研究尚处于萌发时期，而旅游地社会—生态系统恢复力测度更是其研究的重点和难点。从恢复力视角研究可持续，尝试从脆弱性和应对能力相结合、客体与主体相结合的层面，对区域恢复力和社区恢复力认知进行测度，并利用测度结果进行可持续判定，深化了旅游地社会—生态系统恢复力研究的深度和广度，拓宽了旅游地理学、旅游社会学研究范畴，促进旅游学科研究的繁荣。

2）研究方法的创新。在社会—生态系统和恢复力思想的指导下，根据恢复力的不确定性、非线性及正负向等影响特征，运用耦合协调模型分析旅游地与中心地系统的相互干扰，运用集对分析法测度区域系统脆弱性、应对能力及恢复力，运用通径分析测度社区恢复力认知影响因子的单一和复合作用，进而探讨旅游地社会—生态系统的发展历程和状态测定，是一种全新的方法尝试。

3）研究内容的创新。以人地关系研究为指向，依据社会—生态系统恢复力的相关基础理论，构建了旅游地社会—生态系统及恢复力相关理论体系，并运用于实证研究，形成了较为缜密的“概念性框架——适应性循环历程——恢复力测度——适应性管理”的研究链，建立了可操作性的生态、经济、社会、治理维度的区域恢复力和社区认知恢复力测度体系，对比测度结果，评价适应性共管要素，判断系统运行轨迹与可持续状态，提出适应性管理对策。

第三节 有待进一步探讨的问题

旅游地社会—生态系统受多种因素影响，是一个非常复杂的系统，研究内容庞大，恢复力测度在实践上具有较大的难度，目前尚未形成统一的范式和标准。研究仅是根据社会—生态系统的属性特征，尝试从主客体两方面对恢复力进行测度、比较，在研究的深度和广度上都存在着许多有待于进一步探讨的问题。

1）不同阶段恢复力影响因素比较。研究试图分 2～3 个阶段对千岛湖 26 年间区域恢复力的影响因素重要性进行阶段比较，但是比较结果差异性不是很明显。从千岛湖旅游发展现状来看，26 年仍是社会—生态系统中一个相对短暂的阶段，影响因素的区别可能需要更长的时间来进行区分。

2）恢复力测度其他方法的尝试。研究采用集对分析和五级李克特量法，是在闭合的区间段，对恢复力客体和主体认知进行多属性评价，其恢复力测度结果具有相对性。例如，对恢复力客体测度中，不同的时间跨度，恢复力测度值不同。若截取 1998～2012 年 15 年间的恢复力进行测度，发现 1998 年恢复力值约为 0.28，2012 年约为 0.65；对比 26 年间测度的结果，则 1998 年约为 0.41，2012 年约为 0.87，说明时间间隔的长短，决定了某年度值的相对性。也就是说，从历史角度来看，旅游地社会—生态系统发展阶段及恢复力都具有相对性。这种方法对根据恢复力判断其在适应性循环中的位置具有一定的局限性。但若采取无闭合区间的相关方法，又根据何种参照标准衡量恢复力在整个系统发展历程中的大小，进而判断系统的转化力和适应力等，都值得进一步探讨。

3）恢复力的空间分异测度。研究在区域恢复力测度上仅是从时间和客体角度对千岛湖所在的淳安县进行恢复力测度；在社区恢复力认知测度上，曾尝试对千岛湖的几个重点乡镇的脆弱性、应对能力及恢复力进行空间差异比较，由于同属一个旅游地社会—生态系统，系统稳态和扰沌一致，因此结果差异不明显。说明恢复力的空间差异可能需从中观及以上尺度，或不同社会—生态系统间进行比较。可尝试对千岛湖所在的杭州都市圈下的各旅游地社会—生态系统恢复力进行分别测度对比，探索在杭州都市圈外部扰沌下各旅游地社会—生态系统及恢复力发展的差异性。此外，也可以选取不同区域旅游地社会—生态系统进行恢复力客体和认知测度，探索不同空间的系统恢复力、适应和学习能力。

4）旅游地社会—生态系统的阈值确定。事实上，旅游地社会—生态系统的域值确定具有巨大的难度。因为旅游地是一个更为复杂的社会—生态系统，系统要素具有分散性，每一个指标分别展示每一个可持续因素的形势，反映了每个维度的变化，但改变不总是发生在同一个方向或同一个时间（Blancas，2010）。因此，阈值替代物的选取某种程度上不太现实。可进一步尝试对旅游地社会—生态系统恢复力的各影响要素进行性质划分和重要性排序，从而更好地判断系统的适应力和转化力。

5）社区恢复力居民认知类型识别。居民认知具有一定的主观性，但也有一定的规律性，可识别不同的群体，进行更有针对性的适应性管理。研究尝试以社区恢复力综合指数评价值为因变量，以脆弱性、个体应对能力、政府应对能力综合指数为自变量。从脆弱性、个体应对能力、政府应对能力等对社区恢复力认知的影响上，采用多维交互决策树分析方法识别居民认知类型，模拟不同群体对恢复力认知的表现。但可能由于因子太多，形成的三个层次显著节点组合的类型较多，尚未提炼出具有代表性的群体认知类型。今后，可对认知因子进行进一步筛选，根据恢复力、应对能力、脆弱性认知的低、中、高，在决策树中，形成一条从树的根节点到叶节点的分类规则，识别出可能的社区恢复力居民认知类型。

6）旅游地社会—生态系统适应共管模型的建立。限于时间和能力，研究没有对旅游地社会—生态系统适应性管理进行深入研究。可进一步尝试从适应性管理、适应性治理和适应性共管相联系的角度，将恢复力测度结果运用于实践，根据适应性共管的关键变量，以及可能涉及的结果重要程度与实现难度分析，建立更具适应性的恢复力基础上的旅游地社会—生态系统适应共管模型。

参 考 文 献

蔡晶晶，毛寿龙. 2011. 复杂社会—生态系统的适应性治理：扩展集体林权制度改革的视野[J]. 农业经济问题，(6)：82-88.

曹利军，王华东. 1998. 可持续发展评价指标体系建立原理与方法研究[J]. 环境科学学报，18（5）：526-532.

陈端吕，彭保发，熊建新. 2013. 环洞庭湖区生态经济系统的耦合特征研究[J]. 地理科学，33（11）：1338-1346.

陈佳，杨新军，王子侨，等. 2015. 乡村旅游社会—生态系统脆弱性及影响机理——基于秦岭景区农户调查数据的分析[J]. 旅游学刊，30（3）：64-75.

陈明星，陆大道，张华. 2009. 中国城市化水平的综合测度及其动力因子分析[J]. 地理学报，64（4）：387-398.

陈顺霞，马明儒，李扣庆，等. 1996. 商学概论[M]. 上海：上海财经大学出版社.

陈思，段汉明，刘辉. 2010. 西宁市 PREE 系统恢复力的定量评价[J]. 城市环境与城市生态，23（3）：19-22.

陈威，刘滨谊. 2009. 湖泊型旅游度假区规划——以"浙江省淳安千岛湖旅游度假区"为例[J]. 中国园林，(8)：42-46.

陈娅玲. 2013. 陕西秦岭地区旅游社会—生态系统脆弱性评价及适应性管理对策研究[D]. 西北大学博士学位论文.

陈娅玲，杨新军. 2011. 旅游社会—生态系统及其恢复力研究[J]. 干旱区资源与环境，25（11）：205-211.

陈娅玲，杨新军. 2012. 西藏旅游社会—生态系统恢复力研究[J]. 西北大学学报（自然科学版），42（5）：827-832.

淳安县人民政府. 2012. 淳安县旅游经济发展情况汇报. 内部资料.

淳安县人民政府，浙江省环境保护科学设计研究院. 2008. 淳安县生态环境功能区规划. 内部资料.

方修琦，殷培红. 2007. 弹性、脆弱性和适应——IHDP 三个核心概念综述[J]. 地理科学进展，26（5）：11-22.

符淙斌，董文杰，温刚，等. 2003. 全球变化的区域响应和适应[J]. 气象学报，61（2）：4-10.

付莲莲. 2014. 国内农产品价格波动影响因素的结构及动态演变机制[D]. 南昌大学博士论文.

付莲莲，邓群钊，翁异静. 2014. 参考国际原油价格波动对国内农产品价格的传导作用量化分析——基于通径分析[J]. 资源科学，36（7）：1418-1424.

高江波，赵志强，李双成. 2008. 基于地理信息系统的青藏铁路穿越区生态系统恢复力评价[J]. 应用生态学报，19（11）：2473-2479.

韩东，韦颜秋. 2014. 港城互动模式下城市空间格局演进路径研究——以天津为例[J]. 城市发展研究，21（9）：24-29.

李崇明，丁烈云. 2004. 小城镇生态环境与社会协调发展评价模型及其应用研究[J]. 系统工程理论与实践，24（11）：134-139.

李景奇. 1997. 我国湖泊旅游资源研究[J]. 中国园林，13（1）：50-51.

李杨，张亮. 2011. 智能城市系统恢复力评价体系及区域差异研究[J]. 科技创新导报，11：33-35.

廖晓昕. 2010. 稳定性的理论、方法和应用[M]. 武汉：华中科技大学出版社.

刘耀彬，李仁东，宋学锋. 2005. 中国城市化与生态环境耦合度分析[J]. 自然资源学报，20（1）：105-112.

陆林，鲍捷. 2010. 基于耗散结构理论的千岛湖旅游地演化过程及机制[J]. 地理学报，65（6）：755-768.

陆林，虞虎. 2014. 湖泊旅游研究进展及启示[J]. 自然资源学报，29（1）：177-188.

马世骏. 1984. 社会—经济—自然复合生态系统[J]. 生态学报，4（1）：1-9.

钱江. 2013. 千岛湖的旅游转型及营销管理研究[D]. 浙江财经大学硕士论文.

任国才，韦佳. 2015. 古镇古村的三代旅游开发模式[N]. 中国旅游报.

沈苏彦. 2012. 恢复力：旅游影响研究的新视角[J]. 商业时代，3：4-7.

沈苏彦. 2014. 弹性思维下的旅游开发与管理研究[M]. 合肥：合肥工业大学出版社.

生延超，钟志平. 2009. 旅游产业与区域经济的耦合协调度研究——以湖南省为例[J]. 旅游学刊，24（8）：23-29.

史培军，汪明，胡小兵，等. 2014. 社会—生态系统综合风险防范的凝聚力模式[J]. 地理学报，69（6）：863-876.

苏飞，张平宇，李鹤. 2008. 中国煤矿城市经济系统脆弱性评价[J]. 地理研究，27（4）：907-916.

苏飞，张平宇. 2010. 基于集对分析的大庆市经济系统脆弱性评价[J]. 地理学报，65（4）：454-464.

苏美蓉，杨志峰，王宏瑞，等. 2006. 一种城市生态系统健康评价方法及其应用[J]. 环境科学学报，26（12）：2072-2080.

孙晶，王俊，杨新军. 2007. 社会—生态系统恢复力研究综述[J]. 生态学报，27（12）：5371-5381.

谭跃进，邓宏钟. 2001. 复杂适应系统理论及其应用研究[J]. 系统工程，19（5）：2-6.

陶犁，王立国. 2010. 湖泊旅游开发探索研究——以洱海、千岛湖、日内瓦湖为例[J]. 生态经济，（12）：155-158.

佟金萍，王慧敏. 2006. 流域水资源适应性管理研究[J]. 软科学，20（2）：59-61.

Walker B，Salt D. 2010. 弹性思维：不断变化的世界中社会—生态系统的可持续性. 彭少麟等 译. 北京：高等教育出版社.

汪兴玉. 2008. 黄土高原典型农村社会—生态系统适应性循环机制及对干旱的恢复力[D]. 西北大学硕士学位论文.

汪兴玉，王俊，白红英，等. 2008. 基于农户尺度的社会—生态系统对干旱恢复力研究——甘肃省榆中县为例[J]. 水土保持通报，28（1）：14-18.

王俊，刘文兆，汪兴玉，等. 2008. 黄土高原农村社会—生态系统适应性循环机制分析[J]. 水土保持通报，28（4）：94-99.

王俊，孙晶，杨新军，等. 2009a. 基于 NDVI 的社会—生态系统多尺度干扰分析——以甘肃省榆中县为例[J]. 生态学报，29（3）：1622-1628.

王俊，张向龙，杨新军，等. 2009b. 半干旱区社会—生态系统未来情景分析——以甘肃省榆中县北部山区为例[J]. 生态学杂志，28（6）：1143-1148.

王俊，杨新军，刘文兆. 2010. 半干旱区社会——生态系统干旱恢复力的定量化研究[J]. 地理科学进展，29（11）：1385-1390.

王良建. 2001. 旅游可持续发展评价指标体系及评价方法研究[J]. 旅游学刊，16（1）：67-70.

王明全，王金达，刘景双. 2009. 基于集对分析和主成分分析的吉林西部生态承载力演变研究[J]. 中国生态农业学报，17（4）：795-799.

王琦妍. 2011. 社会—生态系统概念性框架研究综述[J]. 中国人口资源与环境，23（3）：440-443.

王群，陆林，杨兴柱. 2014a. 国外旅游地社会—生态系统恢复力研究进展与启示[J]. 自然资源学报，29（5）：894-908.

王群，陆林，杨兴柱. 2014b. 山岳型旅游地水资源系统安全评价——以黄山风景区为例[J]. 地理研究，33（6）：

1059-1072.
王少剑，方创琳，王洋. 2015. 京津冀地区城市化与生态环境交互耦合关系定量测度[J]. 生态学报，35（7）：1-12.
王文杰，潘英姿，王明翠，等. 2007. 区域生态系统适应性管理概念、理论框架及其应用研究[J]. 中国环境监测，23（2）：1-7.
王文圣，李跃清，金菊良，等. 2010. 水文水资源集对分析[M]. 北京：科学出版社.
王毅，丁正山，余茂军，等. 2015. 基于耦合模型的现代服务业与城市化协调关系量化分析——以江苏省常熟市为例[J]. 地理研究，34（1）：97-108.
魏小安. 2010. 休闲构建和谐湖泊，从容培育健康生活[EB/OL]. "2010 上海淀山湖湖区经济·青浦论坛"演讲. http：//blog. sina. com. cn/s/blog_61d172d20100n7mj. html[2017-05-16].
徐广才，康慕谊，史亚军. 2013. 自然资源适应性管理研究综述[J]. 自然资源学报，28（10）：1797-1807.
许峰. 2006. 可持续旅游开发多中心管理模式研究——以湖泊旅游为例[J]. 旅游学刊，21（10）：39-44.
闫海明，战金艳，张韬. 2012. 生态系统恢复力研究进展综述[J]. 地理科学进展，31（3）：303-314.
杨宏浩. 2011. 千岛湖旅游效应与演化路径分析[C]//中国旅游研究院. 中国旅游评论. 北京：旅游教育出版社：175-183.
叶笃正，符淙斌. 2004. 全球变化科学领域的若干研究进展[J]. 中国科学院院刊，19（5）：336-341.
于翠松. 2007. 山西省水资源系统恢复力定量评价研究[J]. 水利学报，增刊：495-499.
余中元，李波，张新时. 2014a. 湖泊流域社会生态系统脆弱性分析——以滇池为例[J]. 经济地理，34（8）：143-150.
余中元，李波，张新时. 2014b. 社会生态系统及脆弱性驱动机制分析[J]. 生态学报，34（7）：1870-1879.
喻忠磊，杨新军，杨涛. 2013. 乡村农户适应旅游发展的模式及影响机制——以秦岭金丝峡景区为例[J]. 地理学报，68（8）：1143-1156.
战金艳，闫海明，邓祥征，等. 2012. 森林生态系统恢复力评价——以江西省莲花县为例[J]. 自然资源学报，27（8）：1304-1315.
张向龙. 2009. 半干旱区社会—生态系统动态演化机制研究——以榆中县北部山区为例[D]. 西北大学硕士学位论文.
张向龙，王俊，杨新军，等. 2008. 情景分析及其在生态系统研究中的应用[J]. 生态学杂志，27（10）：1763-1770.
赵景柱，欧阳志云，吴钢. 1999. 社会—经济—自然复合系统可持续发展研究[M]. 北京：中国环境科学出版社.
赵克勤. 2000. 集对分析及其初步应用[M]. 杭州：浙江科学技术出版社.
赵庆建，温作民. 2009. 森林生态系统适应性管理的理论概念框架与模型[J]. 林业资源管理，（5）：34-38.
浙江省淳安县《新安江大移民》史料征编委员会. 2005. 新安江大移民[M]. 杭州：浙江人民出版社.
浙江省淳安县千岛湖风景旅游局. 2002. 辉煌的千岛湖旅游. 内部资料.
浙江省淳安县志编纂委员会. 1990. 淳安县志[M]. 上海：汉语大词典出版社.
郑伟. 2012. 基于植物多样性的喀纳斯景区山地草甸生态系统恢复力评价[J]. 草地学报，20（3）：393-400.
周玲强，林巧. 2003. 湖泊旅游开发模式与 21 世纪发展趋势研究[J]. 经济地理，23（1）：139-143.
Adam R. 2004. Defining and measuring economic resilience to earthquake[M]. Buffalo：MCEER Publication.
Adger W N. 1997. Sustainability and social resilience in coastal resource use[J]. Global environmental change working paper. Center for social and economic research on the global environment. University of East Anglia，London，UK.
Adger W N. 2000. Social and ecological resilience：Are they related? [J]. Progress in Human Geography，24(3)：347-364.

Adger W N, Hughes T P, Folke C, et al. 2005. Social ecological resilience to coastal disasters[J]. Science, 309: 1036-1039.

Alejandro J, Anna P, Irene L, et al. 2008. Reformulating the social-ecological system in a cultural rural mountain landscape in the Picos de Europa region（northern Spain）[J]. Landscape and Urban Planning, 88（1）: 23-33.

Alejandro J, Bárbara A W, María F S, et al. 2010. Changes in land uses and management in two Nature Reserves in Spain: Evaluating the social-ecological resilience of cultural landscapes[J]. Landscape and Urban Planning, 98（1）: 26-35.

Allan C, Curtis A. 2005. Nipped in the bud: Why regional scale adaptive management is not blooming [J]. Environmental Management, 36（3）: 414-425.

Allison H E, Hobbs R J. 2004. Resilience, adaptive capacity, and the "Lock—in Trap" of the Western Australian agricultural region[J]. Ecology and Society, 9（1）: 1-3.

Allison H E, Hobbs R J. 2006. Science and policy in natural resources management: Understanding system complexity[M]. Cambridge: Cambridge University Press.

Amy E F, Chris S R, Scott B M. 2013. Evaluating post-disaster ecosystem resilience using MODIS GPP data[J]. International Journal of Applied Earth Observation and Geoinformation, 21（3）: 43-52.

Anderies J M, Janssen M A, Ostrom E. 2004. A framework to analyze the robustness of social-ecological systems from an institutional perspective[J]. Ecology and Society, 9（1）: 18.

Arrowsmith C, Inbakaran R. 2002. Estimating environmental resiliency for the Grampians National Park, Victoria, Australia: a quantitative approach[J]. Tourism Management, 23（3）: 295-309.

Baggio R. 2008. Symptoms of complexity in a tourism system[J]. Tourism Analysis, 13: 1-20.

Balint P J. 2006. Improving community—based conservation near protected areas: The importance of development variables[J]. Environmental Management, 38（1）: 137-148.

Bengtsson J. 2002. Disturbance and resilience in soil animal communities[J]. Soil Biology, 38: 119-125.

Beisner B E, Haydon D T. 2003. Cuddington K. Alternative stable states in ecology[J]. Frontiers in Ecology and the Environment, 1（7）: 376-382.

Bennett D, McGinnis D. 2008. Coupled and complex: Human-environment interaction in the Greater Yellowstone Ecosystem, USA[J]. Geoforum, 39（2）: 833-845.

Bennett E M, Cumming G S, Peterson G D. 2005. A systems model approach to determining resilience surrogates for case studies[J]. Ecosystems, 8: 945-957.

Berkes F, Folke C. 1994. Investing in cultural capital for the sustainable use of natural capital[C]//Jansson A, Hammer M, Folke C, Costanza R. Investing in natural capital: The ecological economics approach to sustainability. London: Island Press: 128-149.

Berkes F, Folke C. 2000. Linking social and ecological systems for resilience and sustainability[C]// Folke C, Berkes F, Colding J. Linking social and ecological systems: Management practices and social mechanisms for building resilience. Cambridge: Cambridge University Press: 13-23.

Berkes F, Seixas C. 2005. Building resilience in Lagoon socio-ecological systems: a local—level perspective[J]. Ecosystems,（8）: 967-974.

Berkes，F，Colding J，Folke C. 2003. Introduction[C]// Berkes F，Colding J，Folke C. Navigating social-ecological systems：building resilience for complexity and change. Cambridge：Cambridge University Press：1-29.

Berta M L，Marina G L，Ignacio P，et al. 2011. The conservation against development paradigm in protected areas：Valuation of ecosystem services in the Doñana social-ecological system（southwestern Spain）[J]. Ecological Economics，70（8）：1481-1491.

Biggs D. 2011. Understanding resilience in a vulnerable industry：The case of reef tourism in Australia[J]. Ecology and Society，16（1）：30.

Bingeman K，Berkes F，Gardner J S. 2004. Institutional responses to development pressures：Resilience of social-ecological systems in Himachal Pradesh，India[J]. International Journal of Sustainable Development and World Ecology，11（1）：99-115.

Blancas F J，Caballero R，Gonzólez M，et al. 2010. Goal programming synthetic indicators：An application for sustainable tourism in Andalusian coastal counties[J]. Ecological Economics，69（11）：2158-2172.

Bramwell B，Lane B. 2009. Economic cycles，times of change and sustainable tourism[J]. Journal of Sustainable Tourism，17（1）：1-4.

Brand F S，Jax K. 2007. Focusing the meaning of resilience：Resilience as a descriptive concept and a boundary object[J]. Ecology and Society，12（1）：23.

Brian W，Holling C S，Carpener S R，et al. 2004. Resilience，adaptability and transformability in social-ecological systems[J]. Ecology and Society，9（2）：5-12.

Buckle P，Graham M，Smale S. 2000. Assessing resilience and Vulnerability：Principles，strategies and actions[R]. Emergeney Management Australia，Department of Defence Project，15.

Buikstra E，Ross H，King C A，et al. 2010. The components of resilience：Perceptions of and Australian rural community[J]. Journal of Community Psychology，38（8）：975-991.

Butler R. 2009. Tourism in the future：Cycles，waves or wheels? [J]. Futures，41（6）：346-352.

Béné，Wood R G，Newsham A，et al. 2012. Resilience：New utopia or new tyranny? Reflection about the potentials and limits of the concept of resilience in relation to vulnerability reduction programmes[J]. IDS Working Paper，405：1-61.

Carlsson L，Berkes F. 2005. Co-management：Concepts and methodological implications[J]. Journal of Environmental Management，75（1）：65-76.

Carpenter S R. 2003. Regime shifts in lake ecosystems：Pattern and variation[C]//（volume 15）Excellence in Ecology Series. Ecology Institute，Old endorf/Luhe，Germany.

Carpenter S R，Brock W. 2008. Adaptive capacity and traps[J]. Ecology and Society，13（2）：40.

Carpenter S R，Frances W，Turner M G. . 2005. Surrogates for resilience of social ecological systems[J]. Ecosystems，8：941-944.

Carpenter S R，Walker B，Anderies J M，et al. 200l. From metaphor to measurement：resilience of what to what?[J]. Ecosystems，4：765-781.

Carpenter S R，Walker B H，Anderies J M. 2001. From metaphor to measurement：Resilience of what to what[J]? Ecosystems，4：765-781.

CARRI. 2013. Definitions of community resilience：An analysis[R]. Community & Regional Resilience Institute.

Casagrandi R，Rinaldi S. 2002. A theoretical approach to tourism sustainability[J]. Conservation Ecology，6（1）：13-16.

Cumming G S，Barnes G，Perz S，et al. 2005. An exploratory framework for the empirical measurement of resilience[J]. Ecosystems，8（2）：975-987.

Cumming G S，Collier J. 2005. Change and identity in complex systems[J]. Ecology and Society，10（1）：29.

Davide G，Dorje D. 2009. Environmental impact assessment of mountain tourism in developing regions：A study in Ladakh，Indian Himalaya[J]. Environmental Impact Assessment Review，29（4）：229-242.

Dawson J，Maher P，Slocombe D S. 2007. Climate change，marine tourism and sustainability in the Canadian Arctic：Contributions from systems and complexity approaches[J]. Tourism in Marine Environments，4（2/3）：69-83.

Defrank L. 2009. Resilience of new orleans following Hurricane Katrina：A study of communities three years after the Storm[D]. Baton Rouge：Louisiana State University.

Dredge D. 2006. Networks，conflict and collaborative communities[J]. Journal of Sustainable Tourism，14（6）：562-581.

Elmqvist T，Folke C，Nystrom M，et al. 2003. Response diversity，ecosystem change，and resilience[J]. Frontiers in Ecology and the Environment，1（9）：488-494.

Emma C，Janet C. 2009. Comparative destination vulnerability assessment for Thailand and Sri lanka[R]. Stockholm Environment Institute.

Emma Calgaro. 2010. Building resilient tourism destination futures in a world of uncertainty：Assessing destination vulnerability in Khao Lak，Patong and Phi Phi Don，Thailand to the 2004 Tsunami[D]. Macquarie University.

Evans N. 2010. Social-ecological resilience through education for sustainability：A case study of community scale resilience[D]. Australia，James Cook University.

Farrell B H，Twining W L. 2005. Seven steps towards sustainability：Tourism in the context of new knowledge[J]. Journal of Sustainable Tourism，13（2）：109-122.

Farrell B H，Twining W L. 2004. Reconceptualizing tourism[J]. Annals of Tourism Research，31（2）：274-295.

Fennell D A. 2004. Towards interdisciplinarity in tourism：Making a case through complexity and shared knowledge[J]. Recent Advances and Research Updates，5（1）：99-110.

Folke C. 2003. Social-ecological resilience and behavioral responses[C]//Biel A，Hansson B，Mårtensson M. Individual and structural determinants of environmental practice. London：Ashgate Publishers：226-287.

Folke C. 2006. Resilience：The emergence of a perspective for social-ecological systems analyses[J]. Global Environmental Change，16（3），253-267.

Folke C，Berkes F，Colding J. 1998. Ecological practices and social mechanisms for building resilience and sustainability[C]//Folke C，Berkes F. Linking Social and Ecological Systems. Cambridge：Cambridge University Press：414-436.

Folke C，Carpenter S，Elmqvist T，et al. 2002. Resilience and sustainable development：Building adaptive capacity in a world of transformations[J]. Ambio，31（5）：437-440.

Forest Ecosystem Management Assessment Team. 1993. Forest ecosystem management：An ecological，economic，and social assessment[R]. US Government Printing Office：Washington D C.

Frankenberger T，Mueller M，Spangler T，et al. 2013. Community resilience：Conceptual framework and measurement feed the future learning Agenda[M]. Rockville，MD：Westat.

Gallaher J E. 2010. Ecotourism as a social-ecological system：A case study in Guanacaste，Costa Rica[D]. The University of Arizona.

Gladwell M. 2002. The tipping point：How little things can make a big difference[M]. Boston，USA：Back Bay Books.

González J A，Montes C，Rodríguez J，et al. 2008. Rethinking the Galapagos Islands as a complex social-ecological system：Implications for conservation and management[J]. Ecology and Society，13（2）：13.

Gunderson L H. 2000. Ecological resilience—in theory and application[J]. Annual Review of Ecology and Systematics，31：425-439.

Gunderson L H，Holling C S，Light S S. 1995. Barriers and bridges to the renewal of ecosystems and institutions[M]. NewYork：Columbia University Press.

Habron G. 2003. Role of adaptive management for watershed councils[J]. Environmental Management，31（1）：29-41.

Hamid A，Mahdi B，Pouya J. 2011. Assessment the feasibility of sustainable tourism in urban environments employing the cumulative linear model[J]. Procedia Engineering，21：24-33.

Hampton M P. 2005. Heritage，local communities and economic development[J]. Annals of Tourism Research，32（3）：735-759.

Harris C C，McLaughlin W J，Brown G. 1998. Rural communities in the Interior Columbia Basin：How resilient are they?[J]. Journal of Forestry，96（3）：11-15.

Harris C，McLaughlin W，Brown G，et al. 2000. Rural communities in the inland Northwest：An assessment of small rural communities in the interior and upper Columbia River basins[M]. US Department of Agriculture，Forest Service，Pacific Northwest Research Station.

Holladay P. 2011. An integrated approach to assessing the resilience and sustainability of community based tourism development in the Commonwealth of Dominica[D]. Clemson University.

Holling C S. 1973. Resilience and stability of ecological systems[J]. Annual Review of Ecology and Systematic，7（4）：1-23.

Holling C S. 1978. Adaptive environmental assessment and management[M]. London：John Wiley：377.

Holling C S. 1996. Engineering Resilience versus Ecological Resilience[C]// Schelze P. Engineering within Ecological Constraints，Washington DC：National Academy Press：31-34.

Holling C S. 2001. Understanding the complexity of economic，ecological and social systems[J]. Ecosystems，6（4）：390-405.

Holling C S. 2004. Foreword：The backloop to sustainability[C]// Berkes F，Colding J，Folke C. Navigating Social-Ecological Systems. Building Resilience for Complexity and Change. Cambridge：Cambridge University Press：33-47.

Holling C S，Gunderson L H. 2002. Resilience and adaptive cycles[C]//Gunderson L H，Holling C S. Panarchy：Understanding Transformations in Human and Natural Systems. London：Island Press：25-62.

Holling C S，Meffe G K. 1996. Command and control and the pathology of natural resource management[J]. Conserv. Biol，（10）：328-337.

Janssen M A，Ostromb E. 2006. Resilience，vulnerability，and adaptation：A cross-cutting theme of the International Human Dimensions Programme on Global Environmental Change[J]. Global Environmental Change，16（3）：237-239.

Joanne E G. 2010. Ecotourism as a social-ecological system：A case study in Guanacaste，Costa Rica[D]. Tucson：The University of Arizona.

Johnston R J，Sutinen J G. 1996. Uncertain biomass shift and collapse：Implications for harvest policy in the fishery[J]. Land Economics，72（4）：500-518.

Johnston R J，Tyrrell T J. 2005. A dynamic model of sustainable tourism[J]. Journal of Travel Research，44（2）：124-134.

Khan S. 2012. Vulnerability assessments and their planning implications：A case study of the Hutt Valley，New Zealand[J]. Nature Hazards，64（2）：1587-1607.

Kinzig A P，Ryan P，Etienne M，et al. 2006. Resilience and regime shifts：Assessing cascading effects[J]. Ecology and Society，11（1）：1599-1604.

Klein R J T，Smith M J，Goosen H，et al. 1998. Resilience and vulnerability：coastal dynamics or Dutch dikes [J]? The Geographical Journal，164（3）：159-268.

Lacitignola D，Petrosillo I，Cataldi M，et al. 2007. Modelling socio-ecological tourism-based systems for sustainability[J]. Ecological Modelling，206（1-2）：191-204.

Lacitignola D，Petrosillo I，Zurlini G. 2010. Time-dependent regimes of a tourism-based social-ecological system：Period-doubling route to chaos[J]. Ecological Complexity，7（1）：44-54.

Lee K N. 1993. Compass and gyroscope：Integrating science and politics for the environment [M]. Washington D C：Island Press.

Lee Y J. 2014. Social vulnerability indicators as a sustainable planning tool[J]. Environmental Impact Assessment Review，44：31-42.

Lepp A. 2008. Attitudes towards initial tourism development in a community with no prior tourism experience：The case of Bigodi，Uganda[J]. Journal of Sustainable Tourism，16（1）：5-22.

Li K. 2009. Temporal changes of coastal community resilience in the gulf of Mexico region[D]. Nankai University.

Lim C. 1997. Review of international tourism demand models[J]. Annals of Tourism Research，24（4）：835-849.

Liu J，Dietz T，Carpenter S R，et al. 2007. Complexity of coupled human and natural systems[J]. Science，317：1513-1515.

Lyytimaki J，Hilden M. 2007. Thresholds of sustainability：Policy challenges of regime shifts in coastal areas[J]. Sustainability：Science，Practice，and Policy，3（2）：61-69.

MacQuarrie P R. 2012. Resilience of Large River Basins：Applying social-ecological systems theory，conflict management，and collaboration on the Mekong and Columbia Basins[D]. Oregon State University.

Magis K. 2008. Community resilience measurement protocol：Key terms and protocol framework[R]. Silverton，OR：Leadership Institute.

Magis K. 2010. Community resilience：An indicator of social sustainability[J]. Society & Natural Resources，23（5）：401-416.

Marshall N A. 2005. A Conceptual and Operational Understanding of social resilience in a Primary Resource Industry[D]. James Cook University.

McCool S F. 2009. Constructing partnerships for protected area tourism planning in an era of change and messiness[J]. Journal of Sustainable Tourism，17（2）：133-148.

McKercher R. 1999. A chaos approach to tourism[J]. Tourism Management，20（4）：425-434.

McMinn S，Cater E. 1998. Tourist typology：Observation from Belize[J]. Annals of Tourism Research，25（3）：675-699.

Merriam-Webstercs. 11th Collegiate Dictionary. 2003. Copyright by Merriam-Webster，Incorporated，MA，USA.

Milestad R，Hadatsch S. 2003. Organic farming and social ecological resilience：The Alpine Valleys of Solktaler，Austria[J]. Conservation Ecology，8（1）：3-15.

Miller F，Osbahr H，Boyd E，et al. 2010. Resilience and vulnerability：Complementary or conflicting concepts [J]. Ecology and Society，15（3）：11.

Nelson D R，Adger W N，Brown K. 2007. Adaptation to environmental change：Contributions of a resilience framework[J]. Annual Review of Environment and Resources，32：395-419.

Newsome D，Moore S A. 2002. Dowling R. Natural area tourism：Ecology，impacts，and management[M]. Tonawanda：Channel View Publications.

Nilsson C N，Grelsson G. 1995. The fragility of ecosystems：A review[J]. Journal of Applied Ecology，32：677-692.

Nyberg J B. 1998. Statistics and the practice of adaptive management[C]//Sit V，Taylor B. Statistical Methods for Adaptive Management Studies. B. C. Ministry of Forests，Victoria B C.

Ostrom E. 1992. Crafting institutions for self-governing irrigation systems[M]. San Francisco：Institute for Contemporary Studies Press.

Ostrom E. 2009. A general framework for analyzing sustainability of social-ecological systems[J]. Science，325：419-422.

Pain R，Barke M，Gough J，et al. 2001. Introducing social geographies[M]. London，UK：Arnold.

Parma A M. 1998. What can adaptive management do for our fish，forests，food，and biodiversity? [J]. Integrative Biology：Issues，News，and Reviews，1（1）：16-26.

Peterson G D，Cumming G S，Carpenter S R. 2003. Scenario planning：A tool for conservation in an uncertain world[J]. Conservation Biology，17（2）：358-366.

Petrosillo I，Cataldi M，Zurlini G. . 2005. Fragility estimates of seasonal tourism-based socio-ecological systems[C]// Petrosillo I，Zurlini G. ，Kepner W，et al. Landscape Assessment and Quality of Life. EcoSys，Kiel University Press：107-121.

Petrosillo I，Zurlini G，Grato E，et al. 2006. Indicating fragility of social-ecological tourism-based systems[J]. Ecological Indicators，6（1）：104-113.

Plodinec M J. 2009. Definitions of resilience：An analysis[M]. Oak Ridge：CARRI.

Plummer R，Crona B，Armitage D，et al. 2012. Adaptive comanagement：A systematic review and analysis[J]. Ecology and Society，17（3）：11.

Plummer R，Fennell D A. 2009. Managing protected areas for sustainable tourism：Prospects for adaptive co-management[J]. Journal of Sustainable Tourism，17（2）：149-168.

Rasmus K L，Emma C，Frank T，et al. 2011. Governing resilience building in Thailand's tourism-dependent coastal communities[J]. Global Environmental Change，21（2）：481-491.

Resilience Alliance. 2007a. Assessing and managing resilience in social-ecological systems：A practitioners workbook[EB/OL]. www. resalliance. org/3871.

Resilience Alliance. 2007b. Assessing resilience in social-ecological systems：A scientist's workbook [EB/OL]. http：//www. resalliance. org/3871. php.

Resilience Alliance. 2009. Urban resilience [EB/OL]. www. resalliance. org.

Rogers K H. 2003. Adopting a heterogeneity paradigm：Implications for management of protected savannas[C]//Toit J，Rogers K H，Biggs H C. The Kruger experience：Ecology and management of Savanna heterogeneity. London：Island Press：41-58.

Rosenau J N. 1997. Many damn things simultaneously：Complexity theory and world affairs[C]// Alberts D S，Czerwinski T J. Complexity，Global Politics and National Security，Washington，DC：National Defense University：73-100.

Rotmans J，Martens P，Asselt M B. 2002. Introduction[C]// Martens P，Rotmans J. Transitions in a globalizing world. Lisse，The Netherlands：Swets and Zeitlinger Publisher.

Ruiz-Ballesteros E. 2011. Social-ecological resilience and community-based tourism：An approach from Agua Blanca，Ecuador[J]. Tourism Management，32（3）：655-666.

Russell R，Faulkner B. 1999. Movers and shakers：Chaos makers in tourism development[J]. Tourism Management，20（4）：411-423.

Scheffer M，Carpenter S R，Folke J，et al. 2001. Catastrophic shifts in ecosystems[J]. Nature，413：591-696.

Seixas C S，Berkes F. 2004. Dynamics of social-ecological changes in a lagoon fishery in Southern Brazil[C]// Berkes F，Colding J，Folke C. Navigating social-ecological systems. Building Resilience for Complexity and Change. Cambridge：Cambridge University Press：271-297.

Sirakaya E，Teye V，Sonmez S. 2002. Understanding residents' support for tourism development in the central region of Ghana[J]. Journal of Travel Research，41（1）：57-67.

Smith M S，Moran M，Seeman K. 2008. The 'viability' and resilience of communities and settlements in desert Australia[J]. Rangeland Journal，30（1）：123-135.

Stankey G H. 2003. Adaptive management at the regional scale：Breakthrough innovation or mission impossible? A report on an American experience [C]//Wilson BP. Agriculture for the Australian Environment. Proceedings of the 2002 Fenner Conference on the Environment. Charles Sturt Univeristy，Albury.

Strickland-Munro J. 2010. Understanding the interactions among local communities，protected areas and tourism：Case studies of Kruger National Park and Purnululu National Park[D]. Murdoch University.

Strickland-Munro J K，Allison H E，Moore S A. 2010. Using resilience concepts to investigate the impacts of protected area tourism on communities[J]. Annals of Tourism Research，37（2）：499-519.

Timmerman P. 1981. Vulnerability，Resilience and the collapse of society：A review of models and possible climatic applications [M]. Toronto：Toronto University.

Tompkins E L，Adger N W. 2004. Does adaptive management of natural resources enhance resilience to climate change?[J]. Ecology and Society，9（2）：10.

Torres-Sovero C，González J A，Martín-López B，et al. 2012. Social-ecological factors influencing tourist satisfaction in three ecotourism lodges in the southeastern Peruvian Amazon[J]. Tourism Management，33（3）：545-552.

Trosper R L. 2002. Northwest Coast Indigenous Institutions that supported resilience and sustainability[J]. Ecological Economics，41：329-344.

Tsao C，Ni C. 2016. Vulnerability，resilience，and the adaptive cycle in a crisis-prone tourism community[J]. Tourism Geographies，18（1）：80-105.

Tyrrell T J，Johnston R J. 2008. Tourism sustainability，resiliency and dynamics：Towards a more comprehensive perspective[J]. Tourism and Hospitality Research，8（1）：14-24.

Walker B，Meyers J A. 2004. Thresholds in ecological and social-ecological systems：A developing database[J]. Ecology and Society，9（2）：Article 3.

Walker B，Salt D. 2006. Resilience thinking：Sustaining ecosystems and people in a changing world[M]. London：Island Press.

Walker B H，Abel N，Anderies J M，et al. 2009. Resilience，adaptability and transformability in the Goulburn-Broken Catchment，Australia[J]. Ecology and Society，14（1）：10-15.

Walker B，Carpenter S，Anderies J，et al. 2002. Resilience management in social ecological systems：A working hypothesis for a participatory approach[J]. Conservation Ecology，6（1）：14.

Walker B，Gunderson L，Kinzig A P，et al. 2006. A handful of heuristics and some propositions for understanding resilience in social-ecological systems[J]. Ecology and Society，11（1）：709-723.

Walker B，Holling C S，Carpenter S R，et al. 2004. Resilience，adaptability and transformability in social ecological systems[J]. Ecology and Society，9（2）：5-12.

Wall G. 1997. Is ecotourism sustainable? [J]. Environmental Management，21（4）：482-491.

Walters C. 1997 Challenges in adaptive management of riparian and coastal ecosystems[J]. Conservation Ecology，1（2）：1-24.

Walters C J. 1986. Adaptive management of renewable resources[M]. New York：McMillan Press.

Walters C J，Holling C S. 1990. Large-scale management experiments and learning by doing [J]. Ecology，71（6）：2060-2068.

Williams B K. 2011. Adaptive management of natural resources—Framework and issues[J]. Journal of Environmental Management，92（5）：1346-1353.

Williams B K. 2011. Passive and active adaptive management：Approaches and an example [J]. Journal of Environmental Management，92（5）：1371-1378.

Wilson G A. 2012. Community resilience and environmental transitions[M]. London，England：Earthscan from Routledge Press.

Wintle B A，Lindenmayer D B. 2008. Adaptive risk management for certifiably sustainable forestry [J]. Forest Ecology and Management，256（6）：1311-1319.

Zurlini G，Amadio V，Rossi O. 1999. A landscape approach to biodiversity and biological health planning：The map of Italian Nature[J]. Aquatic Ecosystem Health & Management，5（2）：296-311.

附录一：调查问卷

您好！

我们是安徽师范大学国家自然科学基金项目研究小组，此次对“千岛湖旅游地可持续发展”进行专项研究，需要考虑您对此的相关感受，调查中不涉及您任何个人隐私，请在相应答案上划“√”即可，非常感谢您的配合！

一、社区脆弱性

指标表述	非常反对	反对	一般	赞成	非常赞成
一、社会子系统					
SV1. 旅游发展使得这里的淳朴民风渐渐丧失	1	2	3	4	5
SV2. 旅游发展使得社会犯罪率、赌博等社会不良现象上升	1	2	3	4	5
SV3. 旅游发展使得原有的乡村习俗渐渐丧失	1	2	3	4	5
SV4. 旅游发展让本地更加拥挤	1	2	3	4	5
SV5. 旅游发展使得人心更加散漫	1	2	3	4	5
SV6. 旅游发展使得这里传统文化受到威胁	1	2	3	4	5
二、经济子系统					
EV1. 旅游发展后，农林牧渔业及工业发展受到限制	1	2	3	4	5
EV2. 旅游发展后，外来移民大量增加挤占本地就业市场	1	2	3	4	5
EV3. 旅游发展后，当地物价比以前上涨了	1	2	3	4	5
EV4. 旅游发展后，外来企业投资大量增加影响本地企业生存	1	2	3	4	5
EV5. 淡旺季旅游差异导致我（我家）的旅游收入不稳定	1	2	3	4	5
EV6. 旅游业的脆弱性导致我（家人）在旅游行业内就业不稳定	1	2	3	4	5
三、生态子系统					
BV1. 旅游发展后，这里商业数量比以前大大增多了	1	2	3	4	5
BV2. 旅游发展后，土壤退化、侵蚀严重了	1	2	3	4	5
BV3. 旅游发展后，这里建筑设施比以前增多了	1	2	3	4	5
BV4. 旅游发展后，这里野生动物少了不少	1	2	3	4	5

续表

指标表述	非常反对	反对	一般	赞成	非常赞成
BV5. 旅游发展后，水质比以前差了	1	2	3	4	5
BV6. 旅游发展后，空气污染比以前严重了	1	2	3	4	5
BV7. 旅游发展后，这里比以前吵闹了	1	2	3	4	5
BV8. 旅游发展后，水电能耗比以前更多了	1	2	3	4	5

二、个体应对能力

指标表述	非常反对	反对	一般	赞成	非常赞成
一、社会子系统应对能力					
SA1. 老百姓的自我组织与学习能力大大加强	1	2	3	4	5
SA2. 我的社会文化保护意识与行动大大加强	1	2	3	4	5
SA3. 我与别人遇到矛盾，更愿意通过沟通、理性方式解决	1	2	3	4	5
二、经济子系统应对能力					
EA1. 我积极拓宽收入渠道，旅游收入不是家庭唯一收入来源	1	2	3	4	5
EA2. 当地企业努力提高本地商品和原材料的吸引力	1	2	3	4	5
EA3. 当地企业尽量减少外来企业对本地企业的冲击	1	2	3	4	5
EA4. 当地企业努力发展多种产业经济	1	2	3	4	5
三、生态子系统应对能力					
BA1. 我愿意为环境保护做出一些实际行动，如不乱倒垃圾，不污染水源等	1	2	3	4	5
BA2. 环境保护宣传与教育意识大大加强	1	2	3	4	5

三、政府应对能力

指标表述	非常反对	反对	一般	赞成	非常赞成
一、社会子系统应对能力					
SA4. 政府更加注重社会良好道德风尚的树立	1	2	3	4	5
SA5. 政府对交通管制、社会治安及安全保障设施大大加强	1	2	3	4	5
SA6. 政府对旅游社会效益宣传与教育大大加强	1	2	3	4	5
SA7. 政府对社会文化保护做出了很大贡献	1	2	3	4	5
二、经济子系统应对能力					
EA5. 政府对旅游收益分配较为公平合理	1	2	3	4	5

续表

指标表述	非常反对	反对	一般	赞成	非常赞成
EA6. 政府为本地老百姓就业创造了更多机会	1	2	3	4	5
EA7. 政府为当地经济发展做出了很大贡献	1	2	3	4	5
三、生态子系统应对能力					
BA3. 政府大力进行城镇景观维护，严格控制商业化	1	2	3	4	5
BA4. 政府努力推广绿色产品	1	2	3	4	5
BA5. 农田、林地、湖泊保护力度加大	1	2	3	4	5
BA6. 生态资源与环境管理力度加大	1	2	3	4	5
BA7、政府为环境保护做了很大贡献	1	2	3	4	5

四、社区恢复力

指标表述	非常反对	反对	一般	赞成	非常赞成
一、社会子系统					
SR1. 当我需要帮助的时候，我觉得我可以得到当地人（本地人）的帮助	1	2	3	4	5
SR2. 通过与当地人相处，我能够学习到很多新东西	1	2	3	4	5
SR3. 这里每个人都有平等获得资源的机会	1	2	3	4	5
SR4. 这里每个人都有平等参与旅游的机会	1	2	3	4	5
SR5. 我觉得我是这里重要一员	1	2	3	4	5
SR6. 在这里，大多数人是可以信任的	1	2	3	4	5
SR7. 在这里，人与人之间会互相交流一些想法	1	2	3	4	5
SR8. 在这里，人与人之间会互相帮助、互相支持	1	2	3	4	5
SR9. 在这里，大部分人我都认识	1	2	3	4	5
SR10. 通过与游客相处，我能够学到很多新东西	1	2	3	4	5
二、经济子系统					
ER1. 这里赚钱的机会很多	1	2	3	4	5
ER2. 这里就业的机会很多	1	2	3	4	5
ER3. 这里有很多不同企业	1	2	3	4	5
ER4. 这里创业比较容易	1	2	3	4	5
ER5. 我主要从当地人手里买一些东西	1	2	3	4	5
ER6. 这里的大多数企业，从当地人那里采购材料	1	2	3	4	5
ER7. 这里大部分企业是当地自己人开的	1	2	3	4	5

续表

指标表述	非常反对	反对	一般	赞成	非常赞成
ER8. 这里大部分商品是当地生产的	1	2	3	4	5
ER9. 我的主要收入来源于与旅游相关的从业活动	1	2	3	4	5
ER10. 当地人员外出打工比以前少了	1	2	3	4	5
三、生态子系统					
BR1. 这里自然/生物环境变化不大，生态多样	1	2	3	4	5
BR2. 这里农业景观类型丰富	1	2	3	4	5
BR3. 这里林业景观类型丰富	1	2	3	4	5
BR4. 这里湖泊景观变化不大	1	2	3	4	5
BR5. 这里农林牧渔业发展具有更多的便利条件	1	2	3	4	5
BR6. 这里交通网络发达	1	2	3	4	5
BR7. 这里建筑风格统一	1	2	3	4	5
BR8. 这里绿化优美、环境卫生	1	2	3	4	5
四、治理子系统					
M1. 本地领导能够从他们的错误中吸取教训	1	2	3	4	5
M2. 本地领导能够很好地工作在一起	1	2	3	4	5
M3. 本地领导能够适应新的变化，做出很好的政策调整	1	2	3	4	5
M4. 面对危机事件，政府建立了迅速应急响应机制	1	2	3	4	5
M5. 政府、企业和老百姓建立了很好的合作机制	1	2	3	4	5
M6. 当地人拥有平等机会参与旅游发展	1	2	3	4	5
M7. 当地人拥有参与旅游发展决策的平台	1	2	3	4	5
M8. 当地人具有很强的凝聚力					
M9. 当地人能够及时知晓政府决策	1	2	3	4	5
M10. 当地人对各种知识的学习意识明显加强	1	2	3	4	5
五、总体态度					
T1. 对于我自己家来说，发展旅游是好事	1	2	3	4	5
T2. 对于我们当地来说，发展旅游是好事	1	2	3	4	5
T3. 总体来说，旅游发展促进了当地社会文化系统的保护	1	2	3	4	5
T4. 总体来说，旅游发展促进了当地经济系统的健康发展	1	2	3	4	5
T5. 总体来说，旅游发展促进了当地生态系统的保护	1	2	3	4	5
T6. 发展旅游，是维护当地可持续发展的很好方式	1	2	3	4	5

您的基本信息

1. 年龄：

A. 18 岁以下　B. 18～35 岁　C. 36～60 岁　D. 60 岁以上

2. 性别：

A. 男　B. 女

3. 文化程度：

A. 初中及以下　B. 中专及高中　C. 大专及本科　D. 本科以上

4. 职业：

A. 农民　B. 渔民　C. 林农　D. 个体经营户

E. 旅游从业人员　F. 乡镇企业人员　G. 机关事业单位人员

H. 其他，请注明：________

5. 户籍：

A. 本地户口　B. 外地户口

6. 居住年限：

A. 0～5 年　B. 6～10 年　C. 11～20 年　D. 21～30 年

E. 30 年以上

7. 年平均收入：

A. 1 万元以下　B. 1～3 万　C. 3～5 万　D. 5～10 万

E. 10 万以上

8. 若从业旅游，从业年限（不从业旅游，则不选）：

A. 0～5 年　B. 6～10 年　C. 11～20 年　D. 20 年以上

9. 家中是否有人从事旅游行业：

A. 无　B. 有，从业年限：______年

10. 家庭的主要收入来源于（可多选）：

A. 农业　B. 渔业　C. 林业　D. 旅游业

E. 个体经营　F. 拿工资　G. 其他，请注明：

11. 对于本地的将来发展，你认为（可多选）：

A. 以自然环境保护为主　B. 以旅游综合开发为主

C. 以工贸商业为主　D. 以农林牧渔业为主

E. 其他，请注明：________

附录二：访谈提纲

访谈时间：________访谈地点：________访谈人职务/职业：________

在所在单位或组织的工作年限：________所在单位或组织的名称：________

1. 您认为我们这地方推动旅游可持续发展，应该从哪些方面做？怎么做？（请选择并补充）

（1）财政支持：________________（2）旅游信息传播：________________

（3）旅游发展意识：________________（4）旅游教育：________________

（5）基础设施完善：________________（6）旅游质量标准制定：________________

（7）当地人参与：________________（8）形象营销：________________

（9）旅游从业准入：________________（10）其他：________________

____

2. 不管是发生好事或坏事，您认为：

（1）当地应建立什么样的旅游反馈链/机制？

____

____

（2）老百姓应如何回应这样的干扰或危机？

____

____

3. 对于本地经济，您认为：

（1）是否有多种经济并存（农业、林业、渔业、牧业、工业等）？________

（2）本地的主要经济利益（基础）来源于什么？________________

（3）旅游产生的间接利益有哪些？________________

（4）旅游发展和其他产业发展是否能做到相互学习？________________

（5）当地面对旅游发展带来的变化，适应性能力如何？________________

（6）政府对旅游发展的支持程度如何？________________

（7）本地潜在旅游市场是什么？应如何开拓？________________

____

4. 对于本地社会，您认为：

（1）本地人或村镇之间的相关信息能否相互交流？________________

（2）本地人或村镇之间在发展旅游方面能相互学习吗？________________

（3）当地人是否能够不断加强自身的知识学习？________________

（4）当地人是否具有平等分享资源的机会？如是不是，资源分享存在哪些问题？

____

5. 对于本地管理，您认为：

（1）旅游发展的决策者是谁？______________________

（2）当地决策者的旅游认知水平如何？______________

（3）各级政府间是否能相互衔接？__________________

（4）利益主体能否经常一起讨论旅游发展决策？________

（5）当地人旅游发展是否能够互助？________________

（6）当地旅游是否有合作伙伴？____________________

（7）当地旅游发展是否有交流平台或旅游发展优惠政策？________

其他意见：

____

____

6. 对于决策组织，您认为：

（1）决策组织应如何增强其决策的透明度和学习能力？

____

____

（2）这些组织的决策是否能根据形势变化而很容易地改变？

____

____

7. 您认为本地既能够发展旅游，又能够保护好环境的办法有哪些？（请选择并补充）

（1）保持自然性　　（2）减少建筑环境对景观的影响

（3）环境教育　　（4）外来开发影响的最小化

（5）限制游客人数等　　（6）其他：________________

____

8. 对于当地总体发展，您认为

（1）政府、外来企业、本地企业、旅游从业人员、居民、游客等利益主体中，哪些群体对维护地方可持续发展最重要？

____

（2）当地发展中目前存在的最大问题是什么？（请先选择）

A.社会问题（人口增长、道德下降、文化丧失等）：____________

B.经济问题（贫穷、经济单一、不均衡等）：________________

C.生态问题（能源、气候变化、环境退化等）：______________

D.管理问题（体制、经营、管理者水平、管理效率等）：________

E.其他问题：__________________________________

____

____

后　记

2002 年，我有幸成为安徽省第一届旅游管理专业硕士生，从事旅游生态方向研究，由此开启了学术象牙塔生涯。起初十年的时间，我一直注重从单个环境要素入手，研究人类旅游活动对环境要素的影响，探索旅游地可持续发展之路。随着研究心得的不断累积，逐渐由单个环境要素研究深入到整个旅游地社会—生态系统研究。2012 年，师从我国旅游地理学界知名学者陆林教授攻读博士，让我有了更强劲的动力来开展旅游地社会—生态系统研究，并以此为选题，完成了博士毕业论文的撰写，本书正是在我博士论文的基础上修改完成的。回首博士学位论文与本书写作过程以及多年的问学历程，无限的感激与感动不尽涌上心头！

感谢导师陆林教授！导师对学问的认真与执着时刻感染着我！导师对选题的指导，对调研的付出，对学生的学业规划、工作引领、生活关心等，学生永铭于心！尤记得，2013 年暑期，导师带领 21 人调研团队，冒着 42℃高温赴实地调研，其思想、其精力、其体力令学生汗颜；导师一天一次讨论，一天一句问候，其耐心、其细心、其关心让学生感动！常见到，导师为学生、为科研而心力交瘁，吾也因不能为导师、为团队有所分担而内疚不已！本书也是在导师的一再指导与催促下，才能得以完成。感谢师母鲍静老师传授我宝贵的育子之方、生活真谛、治学宽慰，师母经常用简单的人之常理孕育出无限的生活和学业真理，从师母身上，我更感受到了女性的付出与伟大！

感谢焦华富教授对本研究的大力指导，以及工作和生活的关心，并时刻给予我鼓励！感谢程先富教授、罗永龙教授、卢松教授、杨效忠教授、麻金继教授、方凤满教授等精心授学，以及在研究论证中的倾情指导！

感谢领导与同仁！感谢毕明福副校长、吴春雷书记、贾冠忠书记、罗振副书记、赵冬梅副院长、乔静副书记对我学习、工作和生活的关心！感谢王晓铃老师、金刚老师、余伶莲老师、刘雪梅老师、钱程老师、张鑫老师！感谢蔡善柱老师、王朝辉老师、张宏梅老师、李俊峰老师、黄剑锋老师、王咏老师、洪娟老师、韩卢敏老师、钱璐老师！有你们的关心和陪伴，学习一路是风景！

特别感谢我的硕士生导师丁祖荣教授和章锦河教授！因为导师工作的调动，我们虽早已相隔各地，恩师对学生的关心和指导却从不曾减退；虽见面已很少，偶尔的电话联系却胜过促膝长谈!感谢成长路上每一位曾经关心和帮助我的老师！

师者，贵人也，至尊也！师恩之情，学生终身铭记！

感谢博士同学刘少湃、曹玉红、丁新涛、何颖一起交流学习！感谢我的硕士研究生吴春柳、颜霞、梁静、仇婷婷、裴银平、张荣涛等对老师的理解与帮助，其中本书第六章“旅游地社会—生态系统外部干扰分析”来自颜霞的研究成果。感谢研究生吴静、查艳艳、孙井东、邓洪波、李子明、潘红、韩娅、陈振、刘定定等在酷暑中帮助我挨村窜户地调研。

感谢浙江省淳安县政府各部门及调研各乡镇人员的大力协助！虽萍水相逢，一颗纯洁向上的求学之心却得到你们的理解与支持，前行动力由此更加坚定！

感谢本研究众多参考文献的作者，前辈们的学术引领是本研究得以完成的重要基础。文献众多，若有引用疏漏或不当之处，恳请各位专家学者批评指正。

感谢国家自然科学基金项目（41671136、41230631）和安徽师范大学地理与旅游学院对本书前期调研及后期出版的资助。

感谢家人！感谢年迈的父母与公婆，无涯的学海让我对你们的孝敬拖了一茬又一茬！感谢爱人兼同事杨兴柱，生活分担、学术探讨，共同的生活理念与理想追求让我们珍惜拥有！感谢小儿欢欢，不绝于耳的稚嫩祝福总带给我无限的宽慰与动力。家有暖男，满满的都是爱！

感谢母校安徽师范大学赋予我书写人生的舞台！感谢读书生涯赋予我多彩的世界！回首过往，虽日思夜虑，砥砺奋进，仍深感功底欠丰、运力不足，对科研的敬畏始终深埋心底！

路漫漫其修远兮，吾仍将上下求索！

王　群

2017年12月于芜湖